华东师范大学思勉人文高等研究院
海外中国学研究中心系列研究

Review of International
Chinese Studies

海外中国学评论

（第 6 辑）

刘昶　　王燕／主编

上海古籍出版社

《海外中国学评论》编辑委员会

编辑弁言

《海外中国学评论》(第 6 辑)终于付印了,首先感谢本辑的作者慷慨赐稿,同时感谢上海古籍出版社和副总编吕瑞锋、编辑张靖伟的支持,还要感谢广大读者的耐心等待。

本辑收录了六篇专题论文、五篇书评和三篇文章评论。

赵元玲的文章是对西方和中国医学史研究的一个历史概览和评述。她首先简要介绍了西方医学史研究的概况。西方医学史的研究从 20 世纪中叶开始成为历史学家关注的一个领域,他们把医学史研究从医学院的楼馆搬到了历史系的研究室,成为医学史研究的主角,并从社会史的角度来探讨疾病与医疗问题,产生了大量的研究论著。在这些研究中疾病不再仅仅是个医疗现象,历史学家更关注的是体现在疾病医疗中的相关的社会、文化、政治现象和问题。接着文章讨论了中国医学史研究的情况。中国医学史研究的议题和趋势显然受到西方医学史研究的影响,但也有自己的特点。这篇文章对于我们了解医学史和中国医学史领域的进展和现状有很大的帮助。

专题论文中的第二篇是一个非常有特色和价值的学术史研究。作者吴原元在这篇文章中讨论了美国学人对民国留美华裔史家萧公权、瞿同祖、何炳棣、张仲礼等人学术贡献的评论。这篇文章让我们第一次比较全面地看到了美国学者对这一代华裔史家的赞誉和批评。我们的海外中国学通常是介绍评论海外学者的工作,而这篇文章则是介绍海外学者如何看待(留美)中国学人的研究。这是一种非常有必要的学术对话,但这样的对话却长期缺位。这篇论文因此格外值得我们注意。吴原元的论文不仅介绍了美国学人的相关看法,还试图进一步解释这些看法背后的原因。他认为这些华裔史家的工作对美国的中国学研究产生了深刻的影响,提醒美国学者去关注中国历史发展的内在逻辑,并对美国中国学领域中"中国中心观"的兴起有直接的促进作用。

张朝阳的论文虽然不长,但很有特色。他比较了西方学界对拜占庭帝国和帝制中国的中央集权制度的研究及其转向,指出西方史家对拜占庭帝国和中华帝国政治体制的传统看法一样,认为皇帝垄断了一切权力,通过官僚体系来控制整个帝国,集权专制是两者的共同特色。但是20世纪80年代以来西方史家的学术视角和旨趣发生转移,他们开始把眼光转向这两个帝国的地方社会。他们发现在皇权的专制统治下,地方社会实际上还是享有相当大的自主权,地方社会的真正权力常常把持在地方的强宗大族手里。他们的发现深刻改变了人们对这两个帝国政治体制的看法。而造成这种学术转向的根本原因则是这一时期东西方社会的现实发生了根本的变化。

本辑收录的第四、第五篇论文可以说是专题的个案研究。刘莉的文章是对孔飞力华人移民史的研究。许孝乐的文章则是对美国著名的中国佛教史和唐史专家芮沃寿学术贡献的研究。这两篇论文的共同特点是材料丰富扎实,分析深入,论述清晰,为我们了解这两位重量级美国中国研究专家的学术思想和学术贡献提供了很有分量的研究文本。刘莉指出,孔飞力把中国移民史的研究放在中国史研究的学术脉络里,又把它放在全球移民史和相关学术研究的大背景下,来对近代(16世纪)以来的中国在全球的移民史做全景式的研究,并通过多重的比较,如中国移民与世界上其他族群移民的比较,世界上不同地区华人移民之间的比较,不同历史时期华人移民群体的比较,等等,揭示不同时空华人移民的特点和共性。她的论文能帮助我们更好地了解孔飞力关于华人移民史研究的观点、方法及成就。许孝乐对芮沃寿的研究是中文学界第一次比较全面深入地对这位美国著名的中国史专家个人生平和学术事业的一个介绍和研究。论文在尽可能全面占有资料的基础上,着力介绍了芮沃寿在中国佛教史和唐史研究方面的成就。此外,文章还介绍了芮沃寿在美国和国际中国学领域所做的许多学术组织和领导工作,对我们了解二次世界大战前后美国中国学发展的情况也有很大的帮助。

第六篇论文与赵元玲文章的旨趣十分相同,是关于海外中国书籍史的研究。书籍史是20世纪80年代以来史学界新兴的一个研究领域,它从社会史文化史的角度研究书籍的生产、流通、销售、消费和阅读,并关注参与这些环节的不同社会群体,如作者、编者、刻书匠人、印刷出版者、销售商和读者等。在这篇长文中,作者侯琳不仅讨论了海外中国书籍史研究的现状、主要的研究学者及他们的论著,还追本溯源探讨了西方书籍史研究的脉络和这种研究所运用的理论和方法,比如

"交流循环理论"、文本社会学和"副文本理论"等。论文为我们了解海外书籍史研究和中国书籍史研究提供了丰富及时的资讯和深度的介绍与解读。

值得一提的是,这六篇文章中第四、五、六三篇都是脱胎于三位作者的硕士学位论文。他们三位都是近年来华东师范大学历史系海外中国学方向毕业的硕士。另外吴原元也是华东师大历史系海外中国学方向培养出来的博士。从他们的论文中我们可以看到华东师大海外中国学方向不俗的研究水准和实力。

目　　录

● **文章评论**

医学史：过去研究与新趋势

赵元玲

导　言

历史研究是个既流动且不断与当今对话的领域。随着当今的议题和问题的变更，历史研究中的主题也就面对着新的疑问。在历史学专门化的趋势下，我们发现专题科目也参与这些对话。作为一个已经被接纳进入主流的专题科目，医学史在西方历史学里面占有重要的地位，研究的题目从医学的领域出发，可以触及历史学关心的大问题。所以医学史家艾伦·勃兰特(Allan Brandt)在20年前的意见直到今天还能引起共鸣，他说："历史的研究无可避免地是一个与当今的对话；医学史的研究则无可避免地是一个与当代医学的对话。"我们今天看医学史领域时，就发现它所探讨社会与医学的各方面，在历史学里做出了重要的贡献。

然而在中国的历史学里，医学史却仍然站在边缘，并未进入历史研讨的主流。在此我们要强调的是：中国的历史研究应该遵从它自有的独特领域和历史规律，不需要盲从西方的研究模式。医学史的研究可以带动这个趋势，因为从研究医疗的各方面，例如医学知识的形成和传授、医者社会地位的确立、病人的经历和医疗选择，以及疾病的社会意义等等，都是从研究医疗的各方面去了解中国历史变动的特性，可以对于更深入理解中国历史文化做出相当的贡献。这也是最近梁其姿呼吁的让医疗史从"过去的另类"变成"未来的主流"。她指出进入医疗史这个新领域时，要具有冒险的精神。

本文并不打算全面检讨医学史领域的学术成果和方法论，而是希望点出西方和中国医学史中的一些关键主题与趋势,也鼓励中国年轻学者继续探讨医学史的各方面。本文分成两节:第一节勾画出西方医学史家们在探讨的一些关键主题;第二节则专注中国医学史的一些主要成果和新方向。

一　医学史中的关键主题与发展

亨利·希格里斯特(Henry Sigerist)无可争议地是医学史领域最重要的人物之一,他指出到了20世纪中叶对于医学来说,过去人文传统的切题性以及作为一门学科的内聚力有了一种通盘的危机感和不安感。这是出于医学变得更专科化,以及医学知识与行医变得不再基于过去的成就,而是基于科学和实验室衍生出来的知识,于是医学本身分割成越来越专精的分野。从事医学史研究的医生们因而专注于把新医学和旧知识挂钩,借以形成一个具有人文基础的医学专业。因此"历史是对许多人害怕这新世界之医疗会与过去脱节的解毒剂"。所以基于这种希望不要与过去脱节的愿望,那个时候多半是由医生在写医学史就不奇怪了。随着时间的推移,更迭中的政治转变与社会变迁,给历史研究以及对社会中医学的角色和功能的观感带来了重要的发展。以下则对这些发展略为讨论。

(一) 历史学家与对医学史的社会文化研究门径

从20世纪中叶以降,换成历史学家而非医生填充了医学史的领域,提出的问题和追求的主题转移到医学社会文化史。希格里斯特对医学史要用社会文化研究门径的呼吁,正好与总的历史研究趋势平行。这个呼吁被他的许多学生采纳了。不过从医生到历史学家的交接棒并没有一条清楚的界线。像艾克纳希特(Erwin H. Ackerknecht)、特姆金(Owsei Temkin)、罗森(George Rosen)等医生披荆斩棘,为罗森伯格(Charles Rosenberg)、华纳(John H. Warner)、莱维特(J. W. Leavitt)等后生学者铺了路。虽然像艾克纳希特这样的医生们对一些趋势表示了怀疑,坚持主张医生在医学史的首要地位,然而他也强调社会制度、经济、政治行动、人的能动性等如何影响医学,以及医学的研究如何把对社会的理解告知我们。

受社会科学影响的历史研究强调社会过程,而不是在历史发展中个别人的能动性。它也包括不属于精英的社会片段，即小农、妇女、劳工等。女性主义的声音也有助于给医学中妇女议题和性别议题带来注意力。据伊格尔斯（Georg G. Iggers）说："尽管传统史学专注的是个人的能动性以及难以化约成抽象概括的意向性的元素，新型的社会科学导向的历史则强调社会结构和社会变迁的过程。"

就在这个时期，由于比医生更多的历史学家从事了探究作为社会现象的医学，医学史的场地就从医学院的楼馆搬到历史系的研究室去了。这是个艾克纳希特晚年心不甘情不愿地承认的趋势。例如美国医学史学会的年会就看到历史学家比医生发表更多论文。今天，在北美和欧洲参加医学史会议者以历史学家占绝大多数。

20世纪60年代和70年代的政治行动主义、大学校园骚动、反权威情绪等助长了形成新问题来针对科学式医学的权威性，并接受了医生和医院的角色是有实效与进步的，疾病是不可避免的，而医生和病人的关系是清晰明确的。对医学的社会文化研究门径大大地扩张了调查的范围与方向。疾病不再仅仅是个医疗现象，而是在它的纠葛上形成的社会性与政治性。这个时期当然涵盖了一个广大范围的作者，并且在题目上有着巨大的多样性。在这里我仅将举出一些代表这个趋势关键著作的例子。

罗森伯格的《霍乱岁月》（*The Cholera Years: The United States in 1832, 1849, and 1866*）[1]说明了1832—1866年间在纽约市的三次霍乱大流行时医疗的、社会的和制度的反应如何辉映了彼时美国社会的变化。随着宗教让位给科学，霍乱从1832年的道德问题变成1866年的社会问题。较早的霍乱大流行被归咎于贫穷，尤其跟纽约的新移民联想在一起，它被视为一种个人的失德。然而，由于约翰·斯诺（John Snow）在1849年令人信服地证明了霍乱是由受污染的供给水造成的，所以1866年发生霍乱时公共卫生和社会改革的观念就大行其道。罗森伯格通过这三次霍乱大流行的透镜追溯了美国社会中社会、宗教、文化等等的价值观的转移。

另一项重要的著作就是艾伦·勃兰特对性病的研究。他寻求为什么在治疗传染病上已经取得成效的时候，性病却没有被有效处置的答案。性病是非常受到时代的道德观以及对妇女与家庭生活的态度来塑形的。在已经证明用抗生素对

---

〔1〕 Charles E. Rosenberg, *The Cholera Years: The United States in 1832, 1849, and 1866*, University of Chicago Press, 1987.

抗性病有效的时候,性病和道德的密切联系意味着利用行为和道德手段的传统手法而不是医疗和公共卫生措施,无论在军队中或对一般大众都遏阻了有效的应对。20世纪的医疗是以寻求"灵丹妙药"为特色,勃兰特相信这个典范局限性太大,并说"在找对疾病问题的解决办法时,我们必须把目光放到灵丹妙药的模型之外"。这点在许多方面也塑造了对艾滋病疫情的反应,该病在最早的阶段被称为男同性恋相关免疫疾病[Gay Related Immune Disease (GRID)]。艾滋病的这个社会建构,以及其高风险群体在美国社会已经被污名化的事实,都强力地塑造了对艾滋病的反应。没有"灵丹妙药"能有效地应对危机,但任何有效反应都将需要考虑社会文化的态度。

随着科学、现代性、工业成就等权威逐渐受到学者和批评者的挑战,我们就看到了这是一个代表后现代话语的转移。这些历史学家指出历史过程中的断绝而非连续,强调日常生活的意义而非较大的社会过程,并从事追求小历史(microhistory)而非大历史(macrohistory)。研究先前默不作声的群体和族群——例如病人——之经验和声音的医学史著作反映了这个趋势。另一个例子就是杜登(Barbara Duden)关于现代欧洲早期女性身体如何被理解的著作。杜登的研究所依据的不是什么名医,而是一位默默无闻德国小镇医生的病例和专文。由于体统规定了那位医生——约翰·斯托尔施(Johann Storch)——得跟女病人保持体面的规矩,他常常甚至不见女病人的面,而靠书面通讯以及偶尔透过口头询问来做诊断。对身体的经验与描述因而就变成了一连串重叠的叙述,没有浮现身体的统一意义。对身体的观念就不是个普通的生物性存在,而是通过多层次经验之后的实体,该领域中的研究告诉了很多这方面的内容。

即使21世纪挑战了后现代主义学者的一些基本观念和方法,还是有倾向于愿意对公认秩序和叙述提出挑战的一般趋势。在过去10年左右,有几个主题受到关注。这些主题包括行医道德的议题、国家与个人在对健康和身体的控制,以及社会中残障人士的位置。

(二) 医疗道德与国家对抗个人权利

在道德的问题上,对于公认的对科学以及社会公益有益和必要的实验和医疗惯行有了深刻反省。最有名的例子就是塔斯基吉实验(the Tuskegee experiments)了。在1932年到1972年之间,美国公共卫生署与亚拉巴马州的塔斯基吉研究所(the Tuskegee Institute in Alabama)合作,招募了 600 名乡下的贫穷非裔美国男子来参与一项对梅毒不治疗会如何进展的研究。这些男子中大约 400 人患有梅毒。实验对象被告知他们会受到免费医疗并有丧葬费用补助,但从未被告知实验的真正性质。甚至在 1947 年盘尼西林被证明能有效治疗梅毒以后,实验还持续。实验是在有人揭发、接着联邦政府关于医学研究的指导方针变得更严后才结束。塔斯基吉实验在 20 世纪 70 年代和 80 年代成为历史研究和撰述的题目,此外克林顿总统在 1997 年对还存活的 8 名幸存者做出了正式道歉。但之后它又重新成为该领域中的一项关键议题,而苏珊·雷佛比在 2000 年出版了她编辑的专书《塔斯基吉的真相》(*Tuskegee's Truths: Rethinking the Tuskegee Syphilis Study*)〔1〕。她在书中重新检讨了一些公认的结论。造成重燃对塔斯基吉实验的学术兴趣的原因在于它跟种族与科学、医学的专业特权、政府的角色与责任等等议题紧紧地绑在一起,而这些议题通常全都是历史学家主要关心的内容。

塔斯基吉丑闻涉及了在健康问题上国家与个人的议题,而这点进而在美国晚近对疫苗安全的顾虑中凸显出来。对自闭症与预防接种之间关联的社会焦虑的逐步提升反映了对医学权威渐增的不安与不信任,以及政府规定对个人生活的侵入。于是从对天花疫苗和脊髓灰质炎疫苗的历史研究到对预防接种的反应,关于疫苗的题目就出现在刊行的书籍和期刊文章中了。例如最近一期的《医学史纪要》(*Bulletin of the History of Medicine*)就有一篇埃琳娜·柯尼斯(Elena Conis)的文章《一位母亲的责任:妇女、医疗、与美国当代疫苗怀疑论的兴起》(A Mother's Responsibility: Women, Medicine, and the Rise of Contemporary Vaccine Skepticism in the United States)〔2〕。

(三) 残 障 史

在历史界残障如何被认知与体验的议题已脱颖而出,成为重要的研究方向。

---

〔1〕 Susan M. Reverby ed. , *Tuskegee's Truths: Rethinking the Tuskegee Syphilis Study*, University of North Carolina Press, 2000.

〔2〕 Elena Conis, "A Mother's Responsibility: Women, Medicine, and the Rise of Contemporary Vaccine Skepticism in the United States", *Bulletin of the History of Medicine*, Vol. 87, No. 3(Fall 2013), pp. 407 - 435.

凯瑟琳·库德利克(Catherine J. Kudlick)在 2003 年确立了残障史存在的理由。在过去 10 年间,残障也变成医学史的一个重要题目。《医学史纪要》(*Bulletin of the History of Medicine*)最近的定位论文章节就是关于残障,以贝丝·林克(Beth Linker)的文章《关于医学与残障史的边陲:一个对于领域的概观》(On the Borderland of Medical and Disability History: A Survey of the Fields)[1]为引导。正如她在文中所指出的,该领域晚到 20 世纪 90 年代还没有界定,可是现在已有自己的组织——残障史学会[the Disability History Association (DHA)],又有种种学术刊物曾经重点介绍该领域。在讨论历史的网络(H-net)中,有一个专门讨论残障史(H-Disability)。残障当然有多种不同形式,而书籍与文章的刊行也反映了这种多样性。

二 中国医学史的关键主题与发展

随着医学史领域的发展,许多地域分野就脱颖而出了,中国的医学史也包括在内。全球化也意味着涉足合作事业与进军新领域。科技医学史也看到不同领域与不同地区的研究者间更高的兴趣与更多的合作。

医学史在中国也有相当长的历史,学者如陈邦贤、郑观、范行准、李涛、赵璞珊、马伯英、李经纬等为后来者打好了扎实的基础,让新来者能够继续发挥。而近来的学者如朱建平、杨念群、余新忠等则将医学史带进新的领域。但是以一门历史学里的专题来说,医学史还是遇到两个主要的问题,先是学者对传统医学一直都与旧封建社会联系,这在现代化的过程中是需要挑战的;另外,在受到西方医学的冲击下,探讨和提倡“中西医合璧”是比较受到重视的。这也是梁其姿在她的《面对疾病》一书中,呼吁中国学者要摆脱思想上的包袱去研究疾病的社会原因。在台北“中央研究院”的“疾病,医疗与文化”的研究小组则已迈向社会文化史方面去研究。下面我们讨论在国外对中国医学史研究的方向。

在中国医学史中,研究主题与趋势当然跟一般的医学史领域共享,但中国领域也呈现了独特的挑战,并提供对理解医学和社会的新途径。自从 20 世纪中叶

---

[1] Beth Linker, "On the Borderland of Medical and Disability History: A Survey of the Fields", *Bulletin of the History of Medicine*, Vol. 87, No. 4(Winter 2013), pp. 499 - 535.

起在西方的中国科学史与医学史就有了两大发展：第一个就是科学家与学者开始了解并接受中国在科技医学上有个漫长的传统。这点可归功于李约瑟（Joseph Needham）以及他合作者们的著作，他们在确立中国科学传统的效力与成就上至关重要。李约瑟的代表作为剑桥大学出版社刊行的一大套《中国科学技术史》（*Science and Civilisation in China*），深入探究了在中国提供构架给科技的知性和人文传统，同时产生了对科技医学所有分支的百科全书式研究。在不仅李约瑟还有各自领域的顶尖学者们横亘半个多世纪的工作所产生的全部将近 30 卷著作中，中国科学的成就被详细铺陈出来了。这些学者的劳动对反驳连像费正清（John K. Fairbank）那么显赫的汉学家都说的中国在文化传统上既落后又反科学的形象和叙述做了很多。虽然李约瑟的一些前提受到了挑战，例如他声称在欧洲之所以发生科学革命是出于从中国进口的科学传统更早的影响，而且现代科学应被拿来当做研究科学史的尺度，但是他们的工作意义不容否认。

关于医学史，有席文（Nathan Sivin）所编的作为《中国科学技术史》第 6 卷《生物学及相关技术》第 6 分册的《医学卷》，已在 2000 年出版。该卷主要是李约瑟与鲁桂珍合写的 5 篇文章，包括《中国文化中的医学》（Medicine in Chinese Culture）、《保健法与预防医学》（Hygiene and Preventive Medicine in Ancient China）、《资格考试》（China and the Origin of Qualifying Examinations in Medicine）、《免疫学的起源》（China and the Origins of Immunology）、《法医学》（Forensic Medicine in Ancient China）等。

第二个大发展就是在研究中国科技医学上的理论构架的突破。与其尝试解决缠绕李约瑟和一些他同侪的所谓"李约瑟难题"，即为什么科学革命没在中国发生，学者与科学家开始把中国科学放进它们自己的历史脉络来研究调查。因此与其问"为什么没"的问题，不如把焦点移转到检视对科学与医学在中国的发展做出贡献的社会、知性、经济、政治等方面的动力。这个改变也反映在汉学的较广泛的领域上，在那儿学者们从努力解释和诠释文本证据转移到检视诸发展背后的基底动机与社会文化力量。

就像在西方比医生更多的历史学家去从事医学史，在中国的医学史研究上也变得如此了。该领域看到越来越多对社会史、思想史、文化史有兴趣的历史学家来从事研究了。这些研究产生了大量改变该领域的方向与性质的著作。自从席文在 1988 年写下那篇论文以来，四分之一世纪间一直没有一个对该领域的综合概观。我在这里并不打算详细论说，而是要点出几个愚意以为对本领域有意义的关键变化。有四大发展我想讨论：比较研究，尤其是西方医学传统与中国医学传统的比较；考古发现的重要性与医学抄本的意义；历史学家采取的社会文化研究门径与对地方研究、区域研究的强调；把中国放进东亚的科学与医学史脉络中。

(一) 比 较 研 究

比较研究使我们得以不仅更了解两个学科之间的差异，而且也促成对每个学科更深的认识。有两部担起比较希腊科学和医学以及中国科学和医学任务的著作我想讨论：第一部就是栗山茂久(Shigehisa Kuriyama)的《身体的语言——古希腊医学和中医之比较》(*The Expressiveness of the Body and the Divergence of Greek and Chinese Medicine*)[1]，由 Zone Books 于 1999 年出版；第二部为杰弗里·劳埃德(Geoffrey Lloyd)与席文合著的《道与名》(*The Way and The Word: Science and Medicine in Early China and Greece*)[2]，由耶鲁大学出版社于 2002 年出版。

两本书都比较了希腊医学和中国医学，但栗山更聚焦在身体的不同经验，而劳埃德与席文则对这两个文明中产生了科学和医学的社会、制度构架更感兴趣。比起特定的"思考方式"，对感官的特定用法，以及不同的触摸和诊视身体的方式，栗山更关心的是对身体的构想怎么跟身体"存在"(being bodies)的不同方式绑在一起。他聚焦在讨论不同风格的触摸、看和"存在"。虽然希腊医生与中国医生在诊断时都把脉，但在中国的切脉不只是查心跳，这与希腊的测量脉搏大不相同。它说的是一个视触摸的地方而定的故事，并且与气的观念密切关联。特别有意思的一章就是比较西方医疗传统中的放血和中国医疗传统中的针灸。在西方，放血之所以从一个相对次要的治疗法转变成最主要的治疗方式是基于对多血症(plethora)的害怕，即在对放血术(phlebotomy)那么投入的原因是对血太多的恐惧。然而，在中国并没有对血会太多的顾虑。人们相信疾病是出于虚，使外来的邪得以乘虚而入，尤其是风寒侵入身体后就造成疾病。栗山透过检视诊查身体上

〔1〕 Shigehisa Kuriyama, *The Expressiveness of the Body and the Divergence of Greek and Chinese Medicine*, Zone Books, 1999. 简体字汉译本：(日)栗山茂久：《身体的语言——古希腊医学和中医之比较》，陈信宏、张轩辞译，上海书店出版社，2009 年。

〔2〕 Geoffrey Lloyd and Nathan Sivin, *The Way and The Word: Science and Medicine in Early China and Greece*, Yale University Press, 2002.

的差异就能阐明这些不同构想的基础，以及对如何诊视身体与保持健康做出贡献。

在劳埃德与席文的书中，他们检视了中国与希腊两大古文明。两文明中人们都提出一些基本问题，并对广大范围的现象做出各种探究，试图根据系统性调查来回答基本问题。在两个社会中专家集团都在许多分野带头研究，并变成不仅是取得新知识的权威，也是提出与诠释新知识的权威。他们从事研究时，相信他们所学到的是为了要了解人在宇宙万物的安排中该置于何处。书中最有趣的一个讨论涉及了希腊的与中国的科学家和医生之间在社会与制度上的差异。希腊的哲学家和科学家与中国的同行对比起来相对地少受政治的干预和影响，他们没有皇帝要说服，也不必符合什么正统的世界观，他们靠与对手做对抗性辩论来建立名声。在希腊，哲学家与科学家是个人主义的，而且讲究竞争。反之在中国，服膺正统与成规则受到强调。在希腊，医学派与哲学派因而为的是自己成员的野心，而野心与学派间的对抗抑制了正统的形成（不像中国）。师生关系在中国与希腊不同，而且希腊学生有赢得自己名声的野心而不是蓄意对老师效忠。

（二）考古发现与医学抄本

考古在中国过去数十年间有了重大发现。许多发现都促使人们能更加深入了解中国古医学的发展，尤其是对经络、脉象、阴阳五行概念的知识。该领域中的一些关键著作包括夏德安(Donald Harper)的《古代中国医学文献：马王堆帛书医书研究》(*Early Chinese Medical Literature: The Mawangdui Medical Manuscripts*)[1]，于 1997 年由 Routledge 出版。1973 年在马王堆发现了包括写在 3 张帛上的 7 种医书，写作年代为公元前 163 年。该帛书作为《马王堆汉墓帛书》第 4 卷出版。夏德安对文本的翻译与分析增进了我们对医学观念与哲学观念之间密切关系的知识，并使我们更了解（尤其是来自南方的）法术和巫的传统对治病观念的冲击。他的注释提供给学者一个对这些抄本与其他考古发现以及与像《黄帝内经》或《史记》所载医生淳于意之间关系的分析。夏德安也纳入了一个有趣的对医疗美术在古中国的地位与希腊人技艺构想的地位的比较。一些比较重

---

[1] Donald Harper, *Early Chinese Medical Literature: The Mawangdui Medical Manuscripts*, New York: Routledge, 1997.

要的医书包括《足臂十一脉灸经》《阴阳十一脉灸经》《脉法》《五十二病方》《导引图》。《五十二病方》尤其重要，因为它是现存最古的治病医方文本（分成52个范畴）。这些医书反映了异于《黄帝内经》的疾病理论。例如《五十二病方》中的大部分疾病与伤害都是外致的，而且几乎不提内脏。另一个差别在于即使阴阳的概念被用来描述经络与脉象，但并不像《黄帝内经》那样当作一个对应的系统来解释疾病，而且不提五行理论。这些文本反映的是战国时代的医学传统，因此比汉代医书《黄帝内经》中出现的对应理论要早。

敦煌写本虽然早就被发现了，但对它们的严肃学术工作晚近才做。古克礼（Christopher Cullen）和罗维前（Vivienne Lo）所编《中世纪中国医学：敦煌医籍写本》（*Medieval Chinese Medicine: The Dunhuang Medical Manuscripts*）[1]书中收录论文即为其例，代表了对分散世界各地抄本研究的国际合作。这些抄本再次点出治病惯行的多样及它们与宗教信仰（佛道）的密切联系。它们也使我们对针灸与艾灸的复杂发展有所理解。这两者常被认为是互补的，但敦煌写本呈现出它们是独立发展的，偶尔还对立。文树德（Paul Unschuld）与郑金生合著的那章点出许多其他发掘出的医籍抄本已被证明对医学史家有用。这本文集也是该领域研究越来越多国际合作的例子。这些著作全都反映了医学、哲学、宗教、法术之间的密切连结与交互影响。

（三）历史学家与医学的社会文化史

在中国与西方，医学史和科学史大都由历史学家来从事。李约瑟虽然是训练有素的科学家，但他的许多学生却是历史学家和人类学家。历史学家席文与文树德是领域的先锋。思想史家的艾尔曼（Benjamin Elman）将他的研究扩展到科学史内，包括了医学史，他训练出好几位学生来专攻该领域。历史学家们在本领域中曾探究范围广大的课题，我将只谈三个主要者：性别的议题，区域研究与文化网络，以及19—20世纪的医学与对现代性的探索。

1. 性别的议题。分别有白馥兰（Francesca Bray）、费侠莉（Charlotte Furth）和吴一立（Yi-li Wu）的研究。吴一立在她的书中探究了明清时期的医书如何诠释女

---

〔1〕 Vivienne Lo and Christopher Cullen（eds.）, *Medieval Chinese Medicine: The Dunhuang Medical Manuscripts*, New York：Routledge，2005.

人的身体,还有医生们怎么表达怀孕、生产及产后等经验。她也探索了医学景观中转变的内容以及妇女如何受到它的影响。随着儒医在明清时开始创造出一个理想医生的形象,他们也声称更适合处理妊娠和生产,于是把一向支配该领域的专家群(包括僧侣、接生婆以及其他专家)边缘化了。博学的医生们透过作序与撰述转变了妇科的规范并建立起他们自己的权威。在台湾,李贞德 的《性别、身体与医疗》[1]也探讨性别与医疗的各方面。

2. 明清医生间的这种竞争。拙作也有研究,我检视了儒医如何用包括辩论、施行仪式、理论表述等种种策略来提升他们的权威与声誉。他们强调理想的医生为熟谙医典者而不是来自行医世家的人,这点反映了明清江南对权威的激烈竞争。

明清江南是医学理论的一个新学派——温病学派——的中心。这点已经是研究的题材,包括鄢人对苏州医生的研究。韩嵩(Marta Hanson)的著作《中国医学中的说疫：明清时期中国的疾病与地理想象》(*Speaking of Epidemics in Chinese Medicine: Disease and the Geographical Imagination in Late Imperial China*)[2]透过地理想象与流行病学来检视温病。梁其姿的关于麻风病的书把这个会毁容的疾病也当作全球性的疾病来检视,以及把患了麻风的身体当作社会建构来检视,在这里女性的身体常变成一个争执的场所。梁其姿在讨论对麻风病的治疗时,指出公共卫生措施如何和政治纠缠不清,因为当中国正在和帝国主义斗争时,对一个正力图建立合法性及变成现代国家的国家而言,麻风的管制就变成迫不及待了。

3. 正如梁其姿在她关于麻风病的书中所指出的,对身体的知觉与公共卫生策略经常由政治紧密地告知。传统医疗在政治动荡期间如何适应和改变呢?吉姆·泰勒(Kim Taylor)著的《共产中国早年的中医,1945—1963：一个革命的医学》(*Chinese Medicine in Early Communist China*, *1945 - 63*: *A Medicine of Revolution*)[3]试图处理共产中国早年的中国医学,以及检视它是如何成型以配合一个新政府的需要,如何变成中医[Traditional Chinese Medicine (TCM)]的。

---

[1] 李贞德:《性别、身体与医疗》,联经出版社,2008 年。

[2] Marta Hanson, *Speaking of Epidemics in Chinese Medicine: Disease and the Geographical Imagination in Late Imperial China*, New York: Routledge, 2011.

[3] Kim Taylor, *Chinese Medicine in Early Communist China*, *1945 - 1963*: *A Medicine of Revolution*, New York: Routledge, 2004.

罗芙芸(Ruth Rogaski)的《卫生的现代性:健康与疾病在中国通商口岸的意义》(*Hygienic Modernity: Meanings of Health and Disease in Treaty-Port China*)[1]探究了卫生在19世纪到20世纪初中国对现代化的追求上扮演了重要角色。

(四) 中国与东亚科技医学

全球化与越来越多的因分享资源和抄本数字化而成为可能的国际合作有助于重塑汉学的领域。这种全球化与国际合作也见于中国科技医学史上。这方面有两个关键议题:一个就是参与全球对话,另一个是重思在东亚的脉络中中国的地位。

早在20世纪90年代就有创造中国科学与国际社会对话的努力。科学不再被当成"西方科学"。于是首要的科学史期刊 *Osiris* 就把整个一期(2nd series, Vol. 13, 1998)投入"持续重新处理构成知识的过程与重画知性地图"。科学史家们,例如托比·胡弗(Toby Huff),也把非西方的文明纳入了他们的研究中。

莫里斯·罗(Morris Low)在 *Osiris* 学报关于中国科学的专辑中也指出重思中国与东亚的需要。*Osiris* 专辑所收的文章不只关于中国,还包括了关于韩国、印度尼西亚、日本、泰国、菲律宾等地的文章。中国被放进东亚的历史脉络内。这个转变也反映在国际东亚科技医学史学会[International Society for the History of East Asian Science, Technology, and Medicine (ISHEASTM)]的期刊从《中国科学》(*Chinese Science*)改名成《东亚科技医学》[*East Asian Science, Technology, and Medicine* (EASTM)]上。其他关于东亚医学史的主要期刊包括约翰·霍普金斯大学出版社出版的《亚洲医学:传统与现代》(*Asian Medicine: Tradition and Modernity*)、杜克大学出版社出版的《东亚科技与社会国际期刊》(*East Asian Science, Technology, and Society: An International Journal*)等。这些变化也反映了在更广泛的汉学领域的变化,现在美国亚洲研究协会(the Association for Asian Studies)的旗舰刊物《亚洲研究》(*The Journal of Asian Studies*)包含了更多关于韩国、日本、南亚以及东南亚的论文和书评。

---

[1] Ruth Rogaski, *Hygienic Modernity: Meanings of Health and Disease in Treaty-Port China*, Berkeley: University of California Press, 2004.

作为全球互动和国际对话的一部分，像亚洲传统医学国际会议（the International Conference of Traditional Asian Medicine）这样专门讨论亚洲医学的会议就定期举行，而国际东亚科技医学史学会（ISHEASTM）决定与国际科学史大会[the International Congresses for the History of Science (ICHS)]轮流举行会议并承诺在会议中充分出席。这些努力无疑有助于在东亚科技医学史的研究上创造对话与交换想法。

东亚诸区域也是产生研究的场所。在台湾的研究者一直积极地主办关于医学史的会议并出版著作。例如台湾的"中央研究院"在 2012 年主办了第四届国际汉学会议，祝平一在其间组织了一场关于医疗与卫生的会议，集合了来自世界各地的学者。

结　　语

本文绝非对领域中所有工作的详尽纵览，而是企图突出一些笔者相信是关键的发展与议题。作为结语，我想强调数据化资源在助长一个成长中的全球性学者共同体上的重要性，使他们不仅能分享资源，并且也能透过讨论网络和博客来交换想法。

对于中国的医学史，许多医学专文与图像都已经数据化了，而且这个过程还在进行。例如普林斯顿大学的葛思德东亚图书馆（Gest East Asian Collection）藏有大量关于明清医学的论述和图像，随着该图书馆取得经费来把这些材料数据化，已经逐渐可以在网上读到。因此在一个全球化的时代，疆界已被跨越，而国际合作可以结出更多丰盛的果实。

（作者系美国中田纳西州立大学历史系教授）

美国学人对民国移美史家之
中国近代史研究的评述

吴原元

20 世纪 30 年代末、40 年代初以来,一批在国内接受过文史方面系统学术训练的民国史家出于各种原因相继移美,如杨联陞、王伊同、瞿同祖、何炳棣、邓嗣禹、萧公权、张仲礼、刘广京、刘子健、钱存训、张馨保、房兆楹、杜联喆等。到美后,他们中有不少人从事中国近代史研究。比如,萧公权即由中国政治思想史领域转向从事近代中国研究,出版《19 世纪的中国乡村:论 19 世纪的帝国控制》;邓嗣禹由原来的中国文化和制度改以中国近代史为主,不仅其在哈佛大学的博士论文是以《张喜与南京条约》为题,而且此后亦潜心太平天国和秘密会社研究,出版了《太平天国起义史新论》《捻军及其游击队》《太平天国起义与西方列强》等;瞿同祖则由两汉社会研究转向致力探研清代地方政府的组织,出版《清代地方政府》一书;从事五朝史研究的王伊同,以《中日间的官方关系:1368—1549》为题的论文获得哈佛大学博士;刘广京移美后,致力于晚清经世、传教和自强运动等方面的研究,其最为世人所称道的是在中外航行史、招商局及剑桥中国近代史的著作;张仲礼在移美期间,著有《19 世纪的中国绅士》《中国绅士的收入》,并与梅谷合编《太平天国:历史与文献》等;何炳棣移美后,亦致力于中国近代史研究,出版有《中国人口史论》《明清社会史论》等。

中国移美史家的近代史著作,受到美国学界的高度关注,尤以瞿同祖的《清代地方政府》、萧公权的《19 世纪的中国乡村》、何炳棣的《中国人口史论》和《明清社会史论》、张仲礼的《19 世纪的中国绅士》和《中国绅士的收入》为代表。这些著作甫一出版,美国一流期刊即刊载书评予以评介。据笔者统计,何炳棣的《中国人口史论》出版后,《美国历史评论》《哈佛亚洲研究》《社会学评论》《美国经济学评论》

等多达 14 种一流期刊都刊有对其进行评介的书评;萧公权的《19 世纪的中国乡村》出版后,刊载在《亚洲研究季刊》《美国人类学》《社会学评论》等期刊上的书评达 10 多篇;瞿同祖的《清代地方政府》、张仲礼的《19 世纪的中国绅士》和《中国绅士的收入》等亦同样如此,每部著作都有不下 10 篇刊载在《美国历史评论》《美国社会学季刊》《美国人类学季刊》《经济史季刊》等期刊的书评。与此同时,由于萧公权、瞿同祖、何炳棣、张仲礼移美前都在国内接受过系统的学术训练,具有深厚的中国学术功底,他们的著作因此被认为代表的是"一个比较成熟的、从中国移植美国的史学研究"[1]。基于此,本文拟借美国学界评述萧公权、瞿同祖、何炳棣、张仲礼的中国近代史研究著述之书评,考察美国学人是如何评价中国史家的近代史研究;在美国学人的视阈中,中国史家的近代史研究有何可取之处及局限;美国学人对中国史家之近代史研究的评述,对今天的中国学术走向国际化有何启示等。不当之处,恳望方家批评!

一 移美史家之中国近代史研究的可取处

如前所述,萧公权、瞿同祖、何炳棣、张仲礼移居美国后,即以全部的心情和精力用于中国近代史研究。在美国学人看来,承继了中国史学传统的这批移美史家,其中国近代史研究值得关注。通览美国学人的评述,在他们看来中国移美史家的中国近代史研究具有的可取之处主要有以下几个方面:

其一,史料搜集与审别的博雅。受中国传统学术影响,这批移美史家在研究中国近代史时特别注重广罗史料及对史料的审别。对此,无论是传统的汉学家还是美国社会科学领域的学者都给予了高度肯定和赞誉。对于瞿同祖的《清代地方政府》,哥伦比亚大学的霍华德(Richard C. Howard)感慨道:"史料之丰富给人印象深刻","为了描述州县长官所肩负的各种职责,他利用于大量的清代法律条文、行政法规、官员手册以及文件汇编;为了论证地方官府的实际运作,他提供了丰富的且富有启发性的细节,这些细节大多来自那些曾在地方官府中服务过之人所撰

---

[1] 黄宗智:《三十年来美国研究中国近现代史(兼及明清史)的概况》,《中国史研究动态》1980 年第 9 期。

个人回忆录、书信和其他著述。"[1]迈克尔·加斯特(Michael Gaster)同样感慨道:"当我们打开此书时,留有深刻印象的是其丰富注释和孜孜不倦的文献。"[2]萧公权的《19 世纪的中国乡村》,所涉及的史料不仅有地方志、家谱、族谱、时人著作等,还广泛参阅了 19 世纪来华游历、传教的西方人士所撰写的见闻、回忆录等著述。人类学家莫里斯·弗里德曼(Maurice Freedman)感叹"这是一本令人敬畏的著作"[3]。费正清(J. K. Fairbank)评价说,这本著作为中外学者提供了有关中国乡村研究"详备的中西文资料索引"[4]。卜德(Derk Bodde)则如是赞叹道,"他将零散且不易获取的史料组织起来的结果是如此有价值,我们对其所完成的惊人的史料搜集任务深深感激"[5]。即使对萧著持有批评的施坚雅(G. William Skinner)亦对其史料予以高度评价,"作为一份有序史料汇编,萧的著作超越了任何其他西语研究"[6]。何炳棣的《明清社会史论》,被韦慕庭评价为"何教授的研究是迄今为止最为全面的,所运用的文献超过任何从事这一课题研究的学者"[7]。他的《中国人口史论》因"考察了约 3000 部中国地方志以及许多以前几乎不为西方学者所知的原始材料",被评价为"有着丰富史料的精湛学术性著作"[8]。张仲礼的《19 世纪的中国绅士》和《中国绅士的收入》亦不例外,柯睿格

---

〔1〕 Richard C. Howard, "Review Local Government in China Under the Ch'ing by T'ung-Tsu Ch'u", *Political Science Quarterly*, Vol. 78, No. 2 (Jun. ,1963), pp. 309 - 311.

〔2〕 Michael Gaster, "Review Local Government in China Under the Ch'ing. by T'ung-Tsu Ch'u", *The Journal of Asian Studies*, Vol. 23, No. 1 (Nov. ,1963), pp. 123 - 124.

〔3〕 Maurice Freedman, "Review Rural China: Imperial Control in the Nineteenth Century", *Pacific Review*, Vol. 36, No. 1 (Spring,1963), p. 88.

〔4〕 John K. Fairbank, "Review Rural China: Imperial Control in the Nineteenth Century", *The Journal of Asian Studies*, Vol. 20, No. 4 (Aug. , 1961), p. 520.

〔5〕 Derk Bodde, "Review Rural China: Imperial Control in the Nineteenth Century by Kung-chuan Hsiao", *Annals of the American Academy of Political and Social Science*, Vol. 338 (Nov. ,1961), pp. 175 - 176.

〔6〕 G. William Skinner, "Review Rural China: Imperial Control in the Nineteenth Century by Kung-Chuan Hsiao", *American Anthropologist*, Vol. 63, No. 5 (Oct. ,1961), pp. 1119 - 1122.

〔7〕 Ho Ping-ti, *The Ladder of Success in Imperial China*, *Aspects of Social Mobility, 1368 -1911*, New York: Columbia university press, 1962, Foreword.

〔8〕 L. Dudley Stamp, "Review Studies on the Population of China, 1368 - 1953, by Ping-ti Ho", *International Affairs*, Vol. 36, No. 4 (Oct. , 1960), p. 550.

(E. A. Kracke, Jr.)感慨其"展现的宏富史料不能不令人印象深刻"[1]。

美国学人之所以高度肯定中国移美史家的史料搜集,这与其受限于汉语言能力无法如此广博地搜集史料有关。众所周知,要如此博雅地搜集审别史料,需要娴熟的汉语言能力并熟稔中国史籍。然而,这却是美国学人所无法具备的。崔瑞德在评述时直言道,瞿同祖在研究清代地方政府时所使用地那些史料都是西方中国史家所最感棘手的著述,"他在使用这些史料时却显得从容,这非常令人注目"[2]。美国学人在评述张仲礼的《中国绅士的收入》时亦感慨到,"唯有出生在中国本土的学者,才希望在从事这类研究课题时要搜罗如此宏富的史料"[3]。民国学者梁盛志如是评价西人汉学家,"西文与汉语,性质悬殊,故彼等之通读汉籍,本非易事。欲其一目十行,渊贯经史,涉猎百家,旁通当代撰著,殊为奢望"[4]。中国移美史家所搜罗的宏富史料为美国学人提供了有益的资料指南或"资料宝库",这是美国学人高度肯定中国移美史家史料搜罗的另外一个原因所在。施坚雅在评述萧公权的《19世纪的中国乡村》时,就直言不讳言道,西方学者所应感激的是"他将中国所有经验性的史料以完美无瑕的文献形式呈现给西方学者"[5],"对于那些研究中国历史、法律、政治或社会的人来说是一个资料仓库",它"为中国社会研究者提供了无价的史料"[6]。在社会学家伯纳德·巴伯(Bernard Barber)看来,"对东西方社会进行比较分析时,遭遇的最大困难在于历史资料的缺

[1] E. A. Kracke, Jr, "Review The Chinese Gentry: Studies on their Role in Nineteenth-Century Chinese Society. by Chung-li Chang; Franz Michael", *The Far Eastern Quarterly*, Vol. 15, No. 2 (Feb. ,1956), pp. 276 - 279.

[2] D. C. Twitchett, "Review Local Government in China under the Ch'ing by T'ung-tsu Ch'u; Rural China: Imperial Control in the Nineteenth Century by Kung-chuan Hsiao; The Income of the Chinese Gentry: A Sequel to the Chinese Gentry: Studies on Their Role in Nineteenth-Century Chinese Society by Chung-li Chang", *Bulletin of the School of Oriental and African Studies*, *University of London*, Vol. 27, No. 3 (1964), pp. 650 - 655.

[3] G. W. C. Creighton, "Review The Income of the Chinese Gentry by Chung-li Chang", *The Geographical Journal*, Vol. 129, No. 3 (Sep. ,1963), p. 348.

[4] 梁盛志:《外国汉学研究之检讨》,《再建旬刊》第一卷第九期(1940年4月21日),第24页。

[5] G. William Skinner, "Reveiw Rural China: Imperial Control in the Nineteenth Century by Kung-Chuan Hsiao", pp. 1119 - 1122.

[6] Victor Purcell, "Review Rural China: Imperial Control in the Nineteenth Century by Kung-chuan Hsiao", *Journal of the Royal Asiatic Society of Great Britain and Ireland*, No. 3/4 (Oct. , 1961), pp. 116 - 117.

乏",何炳棣的《明清社会史论》"为我们将来的比较研究提供基础"〔1〕。

值得注意的是,中国移美史家在撰著时大多是有意识地尽可能广罗史料,以引起美国学人的注意或为其提供原始资料。正如何炳棣自己所言:"在过去几年,我得到的印象是:一些社会科学家比史学家与汉学家更不愿有系统地关注各种中国传记资料的不同性质问题,而这些资料却是许多现代研究传统中国社会流动的依据。造成这个现象的原因无疑地是语言文字的障碍,我可以无愧地说:在本书第三章第一节,研究传统中国社会流动,评估所依据的各种中国传记资料,充分目标是要引起那些不熟悉中文文献资料学者的注意。"〔2〕萧公权也曾在其回忆录中提到,有感于"若干颇负时誉的美籍大学教授所著关于中国历史的书籍论文,因为作者的中文修养不够充分,时有误会误解的论断",他在撰著《19世纪的中国乡村》一书时即有意识地尽可能搜寻原始中文史料并将其一一英译附录在书后。当有专家建议其削减书稿篇幅,并将书中引用的许多原始资料一概删除,改由作者简述其大意时,他当即表示了拒绝,因为"我只想把寻得来的资料经过整理之后贡献给读者。这些资料的绝对多数从中文书籍中斟酌摘录,一一注明出处,译成英文,以使读者稽考、覆按或引用"〔3〕。

其二,从"局内人"视角探寻传统中国的实际面相。由于出生在中国,并在中国学习、工作、生活多年,移美史家对中国传统文化、社会生活有着深刻的认识。因此,他们在研究近代中国史时注重采用"局内人"的视角或者说"内部的取向",解读维系传统中国的制度及其内涵,尤其注重探寻制度在实际中的执行,以再现传统中国社会历史的实际面相。萧公权在揭示清代统治者在乡村建立的控制体系时,重点探讨控制体系在乡村的实际效用。瞿同祖在《清代地方政府》一书中,考察了清代法律法令对地方政府人员组成、职能、运作程序等方面所作的规定,但全书重点是清代地方政府在现实生活中的实际运作。何炳棣的《明清社会流动史论》,则从社会史角度具体论述了中国社会内部存在的等级与层次差别、不同社会等级与层次之间的流动、绅士个人的宦海沉浮与家族地位的关系、社会流动的趋势所反映出的人口和经济因素变化。张仲礼对19世纪中国科举考试体制特点、

〔1〕 Bernard Barber, "Review The Ladder of Success in Imperial China: Aspects of Social Mobility, 1368 – 1911, by Ping-ti Ho", *American Journal of Sociology*, Vol. 69, No. 4 (Jan., 1964), pp. 426 – 427.

〔2〕 何炳棣著,徐泓译:《明清社会史论》,联经出版社,2013年,第二版自序。

〔3〕 萧公权:《问学谏往录——萧公权治学漫忆》,黄山书社,2008年,第212页。

法律基础和绅士阶层所享有的特权、社会地位、作用以及绅士阶层内部的等级和绅士阶层与政府的关系等进行了论述,大体上勾勒出复杂的"绅士世界"。

对于移美史家的这一研究取向,美国学人颇为赞赏。霍华德认为瞿著最有价值的是"作者对地方官员为解决其开支而施行的各种陋规以及对幕友重要地位所作的描述和分析",并认为"这是对帝制时代中国地方政府所作的第一部翔实研究之作","对我们迄今为止几乎没有探索过的中国政治制度作出了非常重要的贡献"[1];卫德明(Wolfram Eberhard)亦认为全书"极为关注的不仅是官员规则还有这套体制的实际运作","是关于中国基层地方政府的第一部有意义和可靠的研究"[2]。在迈克尔·加斯特看来,"瞿最为重要的贡献就在于他详细分析了萧公权所提到的'衙门的走卒'","最值得我们感激的是论证官府内那些非官方的亦非绅士甚至是没有受过教育的仆人在现实中是如何操作"[3]。对于萧公权的《19世纪的中国乡村》,费正清认为"在传统中国政府实际上是如何运行这一问题上,萧公权打开了一个比此前任何一位学者都更为开阔的领域"[4]。在罗梅因·泰勒(Romeyn Taylor)看来,何炳棣的《明清社会流动史论》一书"加深并刷新了关于中国社会的认识,它值得汉学家们反复阅读"[5]。包华德同样认为,何炳棣的这部著作"已提出中国社会和制度史的一大问题,并为西方理解五个半世纪的复杂社会生活作出了重要贡献"[6]。在弗雷德曼(M. Freedman)看来,张仲礼的《19世纪的中国绅士》"让西方人第一次清晰的知道19世纪中国的绅士是谁,他们从

---

〔1〕 Richard C. Howard, "Review Local Government in China Under the Ch'ing by T'ung-Tsu Ch'u", pp. 309 - 311.

〔2〕 Wolfram Eberhard, "Review Local Government in China under the Ch'ing by T'ung-tsu Ch'u", *The American Historical Review*, Vol. 68, No. 2 (Jan. ,1963), pp. 464 - 465.

〔3〕 Michael Gaster, "Review Local Government in China Under the Ch'ing. by T'ung-Tsu Ch'u", *The Journal of Asian Studies*, pp. 123 - 124.

〔4〕 John K. Fairbank, "Review Rural China: Imperial Control in the Nineteenth Century", p. 520.

〔5〕 Romeyn Taylor, "Review The Ladder of Success in Imperial China: Aspects of Social Mobility, 1368 - 1911. by Ping-ti Ho", *The American Historical Review*, Vol. 69, No. 1 (Oct. ,1963), p. 146.

〔6〕 Howard L. Boorman, "Review The Ladder of Success in Imperial China: Aspects of Social Mobility, 1368 - 1911. by Ping-ti Ho", *Annals of the American Academy of Political and Social Science*, Vol. 348 (Jul. ,1963), pp. 219 - 220.

事的活动有哪些,他们有多少人,有哪些种类,他们是如何获取其社会地位"〔1〕。崔瑞德认为,"张为社会经济史开启了一个重要的新时期,并极大地扩展了我们关于晚清历史的知识";萧公权的著作则"大大丰富了我们对于清代乡村生活的理解,尤其是他对于复杂的保甲、里甲和乡约体制的分析"〔2〕。

要厘清传统中国制度在现实社会中运行的实际面相,不仅需要遍搜各种史籍文献,更需要对中国传统社会具有深刻的洞见和敏锐的观察,这绝非那些作为"局外人"的西方传教士或学人所能为。卫德明即曾直言道,自19世纪以来,西方已有大量关于帝制时代中国政府及其行政管理方面的论著,但它们代表的是"局外人"的观点,"他们无法洞彻帝制时代中国政府尤其是地方政府的真正运作"〔3〕。瞿同祖、萧公权、何炳棣、张仲礼这些出生于中国本土的学者,与西人相比对传统中国社会的理解有着天然优势,加之他们移美前已通中国传统学问,故而他们能就传统中国的制度及实际运行作出深入而富有价值的研究。卫德明即认为,瞿的《清代地方政府》之所以超越西人研究,因其"在文献史料方面拥有广博的知识,并具有洞悉内幕的见解"〔4〕;在费正清看来,萧公权之所以能够撰著《19世纪的中国乡村》这样的巨著,在于他"拥有着无与伦比的中国政治思想和制度史的知识背景,并对制度及其背后思想的有着深刻理解"〔5〕。简而言之,在美国学人看来,这些出生于中国本土的学者,由于长期浸淫于直到近代以来并未有太大变化的传统社会,对延续至今的中国传统社会之真实面相有着切身的感触,故此他们往往能洞悉或想象出史料背后的真实含义和情形。正如崔瑞德在评述瞿、萧、张三人的著述时所说:"有关维系帝制中国的制度及其运行的探讨,实由这些在美国从事研究的中国学者所开创,这些作者已掌握了处理史籍的传统技能,他们对于直到其

〔1〕 M. Freedman, "Review The Chinese Gentry. by Chang Chung-li", *Pacific Affairs*, Vol. 29, No. 1 (Mar. ,1956), pp. 78 - 80.

〔2〕 D. C. Twitchett, "Review Local Government in China under the Ch'ing by T'ung-tsu Ch'u; Rural China: Imperial Control in the Nineteenth Century by Kung-chuan Hsiao; The Income of the Chinese Gentry: A Sequel to the Chinese Gentry: Studies on Their Role in Nineteenth-Century Chinese Society by Chung-li Chang ", pp. 650 - 655.

〔3〕 Wolfram Eberhard, "Review Local Government in China under the Ch'ing by T'ung-tsu Ch'u", pp. 464 - 465.

〔4〕 同上

〔5〕 J. K. Fairbank, "Review Rural China: Imperial Control in the Nineteenth Century by Kung-chuan Hsiao", pp. 520 - 522.

童年时代几乎都没有变化的社会体系有着近乎天生的本能理解,同时他们兼通现代西方的研究方法。"〔1〕

其三,对明清制度内涵及其演变的深入考订。在 20 世纪 50—60 年代,因受语言条件的限制,美国学人多专注于人物传记,因为其可借丰富的想象力弥补史料的不足。与之不同,移美中国史家则更多关注的是传统中国的制度遗产,致力于晚近中国的基层行政制度和社会结构的研究。例如,萧公权的《19 世纪的中国乡村》,探讨的焦点虽是封建国家政权如何控制农村这个问题,但它对里甲、保甲和乡约制度的来源、演变和实行情况都作了细致的叙述与分析。何炳棣的《中国人口史论》,中心问题是如何应用历代赋役的数字,他对明清时期赋役中的"丁"这个单位作了有说服力的分析,认为明初以后"丁"逐渐脱离壮丁的原义而成为一种与实际人口没有固定比例的税收单位。他的《明清社会流动史论》集中讨论的虽是社会流动,亦对明代的家庭身份户籍制度、明清科举制度的一些少为人知的面向、社学与私立书院的运作以及资助前途看好举子应考旅费的地方金库的起源作了深入的考察。瞿同祖的《清代地方政府》一书,对幕宾胥役制度有着极为精细的分析。张仲礼的《19 世纪的中国绅士》,亦同样是从制度史角度对 19 世纪的中国绅士作了基础性的梳理和研究。

中国移美史家所作的制度史研究,美国学界予以极高的评价。费正清认为,萧著在"控制"这一术语下,追溯了每一种制度的历史演变,尤其是厘清了迄今仍让人深感困惑的保甲和里甲之间的关系,"开拓一个全新的领域"〔2〕。何炳棣关于"丁"的分析,普立本(E. G. Pulleyblank)认为极为重要:"帝制时期的中国,在史籍和地方志等文献中有着大量与中国人口有关的数字,它们从未激发史家的兴趣。要确定其真正含义以及它所能够告诉我们的意义,其难度非常之大。简单的取其表面字意,如同今天所常作的那样,将导致显而易见的谬论。与之相反,采取极端的怀疑在一定意义上虽安全,但关于中国历史上人口增长问题又非常重要,没有人愿意拒绝它们似乎可能提供的任何线索。通过细致考察明清人口登记的

---

〔1〕 D. C. Twitchett, "Review Local Government in China under the Ch'ing by T'ung-tsu Ch'u; Rural China: Imperial Control in the Nineteenth Century by Kung-chuan Hsiao; The Income of the Chinese Gentry: A Sequel to the Chinese Gentry: Studies on Their Role in Nineteenth-Century Chinese Society by Chung-li Chang", pp. 650 - 655.

〔2〕 J. K. Fairbank, "Review Rural China: Imperial Control in the Nineteenth Century by Kung-chuan Hsiao", pp. 520 - 522.

制度基础,这是何所做出的一个主要贡献。"[1]他的《明清社会流动史论》,在韦慕庭(Clarence Martin Wilbur)看来,如同其关于中国人口史研究一样,在关于明清制度史方面也有着精彩研究。[2] 对于张仲礼的《19世纪的中国绅士》,魏特夫(Karl A. Wittfogel)的评价是"对晚近中国制度史而言一重要贡献"[3]。

二 移美史家之中国近代史研究的局限性

美国学人在高度肯定中国移美史家的中国近代史研究之同时,亦基于自身的学术传统和学术观念,认为中国移美史家的中国近代史研究存有并不令人满意之处。在他们看来,其不足或局限性主要有以下几个方面:

第一,社会科学理论和方法的运用。20世纪50—60年代的美国社会科学取得空前发展,这一时期被丹尼尔·贝尔(Daniel Beyle)称为"社会科学的时代"[4]。社会科学的发展,对历史学产生巨大影响。巴勒克拉夫(Geoffrey Barraclough)就此如是言道:"社会科学的实际成果以及这些成果所证明的更为有效、更切中目标的方法论具有广阔的前景是推动美国历史学家去重新检验他们继承下来的那些观点和方法的主要力量。"[5]致力于运用社会科学的理论方法分析中国历史,成为美国中国研究界的潮流。贺凯曾言:"这种倾向非常强烈,甚至有人怀疑对中国的研究是不是会全部都变成'社会学的'研究。"[6]

受学术环境影响,移美中国史家在研究中国近代史时特别注意运用社会科学的理论方法。瞿同祖的清代地方政府研究,采用了政治社会学的理论。正如

---

〔1〕 E. G. Pulleyblank, "Review Studies on the Population of China, 1368 – 1953, by Ping-Ti Ho", *Journal of the Economic and Social History of the Orient*, Vol. 5, No. 2 (Jul., 1962), pp. 222 – 224.

〔2〕 何炳棣著,徐泓译:《明清社会史论》,前言。

〔3〕 Karl A. Wittfogel, "Review The Chinese Gentry: Studies on Their Role in Nineteenth-Century Chinese Society by Chung-li Chang; Franz Michael", *The American Historical Review*, Vol. 61, No. 2 (Jan., 1956), pp. 404 – 405.

〔4〕 丹尼尔·贝尔著,范岱年等译:《当代西方社会科学》,社会科学文献出版社,1988年,第14页。

〔5〕 巴勒克拉夫著,杨豫译:《当代史学新趋势》,台北云龙出版社,1999年,第51页。

〔6〕 中国科学院近代史研究所资料编译组:《外国资产阶级是怎样看待中国历史的:资本主义国家反动学者研究中国近代历史的论著选译》,商务印书馆,1961年,第384页。

他自己所说:"我研究地方政府时,采用政治社会学的观点,认为凡参与治理过程者都应包括在广义的'政府'范围之内。除州县政府外,亦应研究绅士在地方行政上的作用。"[1]萧公权在《19世纪的中国乡村》一书中,为深入揭示乡村社会控制体系的功能和作用,采用文化人类学的深度描写方法。他在探讨"宗族与乡村控制"之时,对宗族的起源、发展、领导以及族谱记载、祭祖、社会福利、宗族成员教育、族规和防卫等宗族活动进行深度白描。何炳棣运用统计学的方法对明清两代进士进行统计分析,以揭示明清时期社会阶层的流动,并借用社会学家伯纳德·巴伯(Bernard Barber)的"机缘结构"理论,以建构分析影响明清社会阶层流动的种种制度性和非制度性因素的"观念的框架"[2]。张仲礼则采用统计学的定性分析方法,对19世纪中国绅士的人数、来源、构成及其收入等进行考察。

在美国学人看来,历史资料与社会科学理论方法的结合是值得肯定的,但认为他们在运用社会科学理论方法上存有诸多不足或缺陷。伯纳德·巴伯虽然认为何炳棣"在运用社会学理论和方法分析历史资料方面总体上是成功的","对社会学家来说,此著同样有价值,它提供了比较分析的案例",但他在"统计数据的样本、数据分析方法以及数据分析本身等依然有缺点"[3]。罗伯特·马什(Robert M. Marsh)的批评则更为尖锐,他认为何既没有挖掘其数据所存在的可能性,也没有对其数据进行更为复杂的解释,"在关于阶层流动分析时,何尝试朝着行为方向前进应受到称赞",但"这种类型的研究要求有人类学、社会学的知识技能",然而"不幸的是,在这部著作中几乎没有找到"[4]。对于何炳棣的《中国人口史论》,约瑟夫·格勒(Joseph J. Spengler)认为何在分析讨论影响中国历史上人口增长因素时,"令人遗憾的是,何没有关注到影响出生率的因素,它是与之密切相关的替代品,史籍中有诸多记载的溺婴尤其是女婴、频繁的结婚、结婚年龄的变化、是否

---

〔1〕 瞿同祖:《我和社会史及法制史》,张世林编:《学林春秋》,中华书局,1998年,第221页。

〔2〕 何炳棣著:《读史阅世六十年》,广西师范大学出版社,2005年,第299页。

〔3〕 Bernard Barber, "Review the Ladder of Success in Imperial China: Aspects of Social Mobility, 1368 - 1911. By Ping-ti Ho", *American Journal of Sociology*, pp. 426 - 427.

〔4〕 Robert M. Marsh, "Review the Ladder of Success in Imperial China: Aspects of Social Mobility, 1368 - 1911, by Ping-ti Ho", *American Sociological Review*, Vol. 28, No. 4 (Aug. , 1963), pp. 647 - 648.

频繁流产等都没有讨论"〔1〕。乔治·W·巴克利(George W. Barclay)从其专业角度认为,"试图确定人口规模并测量其增长是不明智的","这种人口统计的努力,是全书的主要部分,也是其最为薄弱的部分";更为严重的是讨论影响中国历史上人口增长因素时,没有对政治制度因素进行专门探讨,"细心的读者会发现,在关于人口登记这一节中,有关于人口登记管理方面迄今最为透彻的评论和研究,但可惜的是它并没有构成这一研究的主要目标。这种高水平的努力和技术浪费在查明人口总体数字上,没有明智地在制度因素方面进行更多努力,它被轻率地加以处理"〔2〕。奥尔良(Leo A. Orleans)质疑何在讨论影响人口增长因素时,没有以一种合适的视角去讨论耕地面积、类型、耕地测量及引进作物与人口增长的关系,在他看来"这部著作本应该是一部更有价值的著作,如果作者能考虑到家庭、社会结构和经济组织这些与人口增长直接相关的制度因素,并能够采用比较人口学中若干已被证明的技术和方法的话"〔3〕。艾克斯坦因(Alexander Eckstein)则批评何炳棣在查明中国历史上的人口规模时,"试图用一种明显矛盾的方式进行量化。在宏观研究中,在某种意义上他反复要解构人口、登记的耕地、食物生产等价值极为有限的历史数据。然而,最后却又利用这些来建构不同时期的人口数据"〔4〕。萧公权的《19世纪的中国乡村》,在美国学人看来"描述胜于分析,史实多于理论"。施坚雅即认为,由于萧著最大的价值是网罗的大量历史碎片,但"仅仅好的资料并不意味着就是可以成为一部好书","对于人类学家来说,萧著只是证明了中国记载对人类学所具有的潜能,并表明它对人类学是一重大思想挑战"〔5〕。

---

〔1〕 Joseph J. Spengler, " Review Studies on the Population of China, 1368 - 1953, by Ping-Ti Ho ", *Comparative Studies in Society and History*, Vol. 5, No. 1 (Oct. ,1962), pp. 112 - 114.

〔2〕 George W. Barclay, " Review Studies on the Population of China, 1368 - 1953, by Ping-Ti Ho ", *Annals of the American Academy of Political and Social Science*, Vol. 331 (Sep. ,1960), pp. 157 - 158.

〔3〕 Leo A. Orleans, "Review Studies on the Population of China, 1368 - 1953, By Ping-Ti Ho; Population and Progress in the Far East. By Warren S. Thompson", *Political Science Quarterly*, Vol. 75, No. 4 (Dec. , 1960), pp. 619 - 621.

〔4〕 Alexander Eckstein, "Review Studies on the Population of China,1368 - 1953, by P. T. Ho", *The Journal of Economic History*, Vol. 21, No. 2 (Jun. ,1961), pp. 252 - 254.

〔5〕 G. William Skinner, "Review Rural China: Imperial Control in the Nineteenth Century by Kung-Chuan Hsiao", pp. 1119 - 1122.

第二,对当下现实中国的关注度有待加强。1949 年中华人民共和国的成立,不仅结束了旧中国的战乱和分崩离析,更重要的是对旧制度的改造,宣告了一种新社会制度的确立。正如哈罗德·拉斯韦尔(Harold. D. Lasswell)所言:"中国的共产主义革命是人类新石器时代以来最具历史性的革命之一,不仅是因为其人口众多,尤为重要的是它在制度结构、价值观念、权力性质及分配以及政治参与形式等方面所带来的巨大变化,这种变化要比几个世纪以来其他任何人类社会在这些方面所发生的变化都要剧烈。"[1]面对现实政治的需要和召唤,美国学人对现实中国极为关注,并渴望找到解读共产主义中国的钥匙。戴德华(George E. Taylor)即曾这样呼吁道:"毫无疑问,共产主义社会是非常难以理解的。摆在我们面前的问题,是对我们整个社会知识的挑战,它需要应用我们各种学科知识。"[2]

在美国学人看来,中国移美史家无论是在语言还是对晚近中国社会的理解上都有着天然的优势,他们的研究著述不仅应对晚近中国的历史文化有着深入的分析,也理应为理解当代共产主义中国提供线索或答案。然而,由于中国移美史家在关于其研究主题的当代意义方面尽可能地克制,这不免令美国学人颇感遗憾,并被认为是一大缺陷。例如,在卜德看来,萧公权的《19 世纪的中国乡村》最为薄弱的部分是:"此著最后关于中国共产主义的讨论部分,这是令人不幸的,尽管从总体上看这部分在著作中并不占主要,但鉴于它对当下具有突出的价值,这部分毫无疑问将引起特别关注。"他还特别评述道,萧有关中国共产主义的讨论过于肤浅,"作者在这部分中本应强调但却未关注的是,为什么到二十世纪像共产主义革命这类事情在中国乡村已不可避免?"[3]对于瞿同祖的《清代地方政府》,政治学家欣顿(Harold C. Hinton)认为,瞿在评论其研究主题的当代意义方面进行克制自有其理由,但他希望"这部著作应为诸如下列问题提供答案:传统中国地方政府的什么方面或者是它的什么部分为现代所中断,从而使其在共产主义的统治之下对中国乡村进行更为高度的集权控制成了可能? 在灾荒及政治恶化的时代,传统

---

[1] Halpern, A. M, "Contemporary China as A Problem for Political Science", *World Politics*, Vol. 15, No. 3 (Apr. , 1963), p. 362.

[2] George E. Taylor, "Communist China: The Problem Before us", *Asian Survey*, April, 1961, p. 34.

[3] Derk Bodde, "Review Rural China: Imperial Control in the Nineteenth Century by Kung-chuan Hsiao", pp. 175 - 176.

体制中什么特征首先瓦解崩溃?"〔1〕在弗里德曼看来,何炳棣的《中国人口史论》"没能将民国时期的家庭和生育考虑到其著作中有点可惜"〔2〕。

第三,史料的组织架构与分析。邓嗣禹曾这样批评中国传统学者的著述:"尝见国人著述,旧派多獭祭为书,新派多章节连篇,令人读完之后,非感茫无断限,则觉漫无联贯;而考证文章之艰涩枯燥,尤可畏也。"〔3〕然而,萧公权、瞿同祖、何炳棣、张仲礼等人却与之不同,他们都曾留学于西方,接受过西方学术训练,对西方史学的技艺已较为熟稔,并拥有社会科学方面的素养。在西方史学的熏陶和社会科学的影响下,他们在撰著史学著述时,颇为注意分析框架结构的构建以及叙述和分析的逻辑性,美国学界在评述时对此给予了肯定。例如,瞿同祖的《清代地方政府》一书,运用政治社会学的理论构建其框架结构,并按照西方史学的分析范式"描述、分析和解释清代州县地方政府的结构、功能及其实际操作"。据此,他的著作不仅被认为有着丰富的史料,更被认为是"有着出色的框架结构"。鲁惟一(Michael A. N. Loewe)这样评价道:"在这部综合性的著作中,瞿巧妙的以丰富的史料再现了地方官府众多功能的细节。……这部著作是谓是一个出色的范本,它在翔实的中文档案和著述基础上,以一种西方史家所能接受的方式对政治环境进行了精彩的分析。"〔4〕崔瑞德亦这样评价道:"更为重要的是,他将大量史料组织成关于其研究主题的最为流畅、紧凑且有逻辑的叙述。"〔5〕何炳棣在美留学时即主修英国史,接受过系统的西方史学训练,加之其受到哥伦比亚大学社会系教授伯纳德·巴伯(Bernard Barber)的影响,他在分析明清社会阶层流动时,借用社

〔1〕 Harold C. Hinton, "Review Local Government in China under the Ch'ing by T'ung-tsu Ch'u", *Annals of the American Academy of Political and Social Science*, Vol. 345 (Jan., 1963), pp. 177 - 178.

〔2〕 Maurice Freedman, " Review Studies on the Population of China, 1368 - 1953, by Ping-Ti Ho", *Economica*, *New Series*, Vol. 28, No. 109 (Feb., 1961), pp. 102 - 103.

〔3〕 邓嗣禹:《中国印刷术之发明及其西传》,《图书评论》第 2 卷第 11 期,1934 年 7 月,第 40 页。

〔4〕 Michael A. N. Loewe, "Review Local Government in China under the Ch'ing by T'ung-tsu Ch'u", *Journal of the Royal Asiatic Society of Great Britain and Ireland*, No. 3/4 (Oct., 1963), pp. 256 - 257.

〔5〕 D. C. Twitchett, "Review Local Government in China under the Ch'ing by T'ung-tsu Ch'u; Rural China: Imperial Control in the Nineteenth Century by Kung-chuan Hsiao; The Income of the Chinese Gentry: A Sequel to the Chinese Gentry: Studies on Their Role in Nineteenth-Century Chinese Society by Chung-li Chang", pp. 650 - 655.

会学的"机缘结构理论"搭建其分析框架。正因为如此,《清代地方政府》被崔瑞德认为向"英文读者提供了在所有语文中最精要的明清社会经济史纲。此著之所以能达到第一流水准,由于他能兼通中国传统学问与近代西方史学之长,且具充沛的原创想象力,并能以敏锐的眼光写出动人的案例"[1]。在普理查德看来,此著之所以是"关于明清社会阶层流动研究中最优秀之作,部分来自所使用史料的数量和质量,部分来自对史料进行了深入分析"[2]。包华德亦认为:"没有人会否认,此著包含有大量没有被使用过的史料,并将其与富有思想和想象力的分析融合在一起,这是作为一重要著作的标记。"[3]

然而,美国学界在对符合其史学规范要求给以肯定之同时,对于有别于他们史学的做法和范式则进行颇为严厉的批评,在评述时直言其为著作的缺陷或不足所在。以萧公权的《19世纪的中国乡村》为例,由于萧先生在撰写方式上采用的是中国国内流行的直接引述原始资料的方式(美国著作极少复述原始材料),他的这部著作在美国学界遭遇到不少学者的批评。施坚雅认为其著"是从无数史籍中采摘的史料碎片组成",但"一位负责任的评论者对付出巨大努力后的最终成果无法不表达其失望"。"这部著作重建了几乎所有的事实花絮,并将从原始文献中节录的段落进行了翻译",由于"作者不忍心删掉所收集的哪怕是任何一条史料,无论它是否是有助于增强或减弱其观点论证。其结果这是一部令人乏味生畏的巨著"。在他看来,"或许这本著作的枯燥乏味可归因于更深层次的失败:一种对于作者才智而言令人奇怪的肤浅承诺,一种不愿意进行超越第一步的智力探索,一种对于历史来龙去脉的外行方法"[4]。简言之,施坚雅认为这部著作最大的失败在于只见史料而缺乏超越常识和偏见的全面深入地分析。即使是像瞿同祖的《清

---

[1] D. C. Twitchett, " Review The Ladder of Success in Imperial China: Aspects of Social Mobility, 1368 - 1911, by Ping-ti Ho", *Bulletin of the School of Oriental and African Studies, University of London*, Vol. 28, No. 3 (1965), pp. 657 - 659.

[2] Earl H. Pritchard, "Review the Ladder of Success in Imperial China: Aspects of Social Mobility, 1368 - 1911, by Ping-Ti Ho", *Pacific Historical Review*, Vol. 33, No. 3 (Aug., 1964), pp. 352 - 354.

[3] Howard L. Boorman, "Review the Ladder of Success in Imperial China: Aspects of Social Mobility, 1368 - 1911, by Ping-ti Ho", *Annals of the American Academy of Political and Social Science*, pp. 219 - 220.

[4] G. William Skinner, "Review Rural China: Imperial Control in the Nineteenth Century by Kung-Chuan Hsiao", pp. 1119 - 1122.

代地方政府》这样逻辑结构严密且富有深刻分析和洞见的著作,也因为其以大量注释向读者呈现源自史料的细节而被一些美国学人批评其过于琐碎。霍华德就曾如是批评道:"前面几章倾向陷入过于琐碎的细节之中。"[1]

三 美国学人评述所引发的思考及启示

透过美国学人的评述可知,中国移美史家的中国近代史研究在他们看来虽存在这样或那样的不足或缺陷,但对美国中国研究而言有着极为重要的学术价值。崔瑞德在评述萧、瞿、张三人的著述时,认为这三部著作"都是出色的研究杰作,值得所有从事传统中国和现代中国研究的学人阅读",并断言"尽管我们的专业有了很大进步,但依然没有一位西方学者能够完成这三部著作中的任何一部"[2]。莫里斯·弗里德曼(Maurice Freedman)亦认为,移美史家的研究为美国学者打开了一扇透视传统中国社会的窗户:"最近几年来,美国大学出版社陆续出版了一些有关近代中国社会的具有革命性的著作。如果集中阅读萧公权的《19 世纪的中国乡村》与何炳棣的中国人口研究著作,以及瞿同祖最近出版的关于中国地方政府的研究著作,我们必定会对近代中国社会这一课题有一种非常全新的见解。"[3]

确如其所言,这批中国移美史家激发了美国学者作进一步深入研究。在他们的影响下,美国学者对社会史产生兴趣,开始寻着这个方向对中国社会史进行研究。孔飞力(Philip Kuhn)选择从事近代中国地方政权的武力化研究,与瞿同祖的地方政府研究和萧公权的乡村研究是分不开的。瞿同祖详细论述了清代地方政府的实际运作情况,指出有关清代地方政府的规定没有得到真正有效的实行,保甲制度从清朝初年开始就是一个没有效力的制度。[4] 萧公权在分析帝国后期清

---

[1] Richard C. Howard, "Review Local Government in China Under the Ch'ing by T'ung-Tsu Ch'u", pp. 309 - 311.

[2] D. C. Twitchett, "Review Local Government in China under the Ch'ing by T'ung-tsu Ch'u; Rural China: Imperial Control in the Nineteenth Century by Kung-chuan Hsiao; The Income of the Chinese Gentry: A Sequel to the Chinese Gentry: Studies on Their Role in Nineteenth-Century Chinese Society by Chung-li Chang", pp. 650 - 655.

[3] Maurice Freedman, "Review Rural China: Imperial Control in the Nineteenth Century", p. 88.

[4] 瞿同祖著:《清代地方政府》,法律出版社,2003 年,第 254 页。

代政府对乡村社会控制的实际状况时发现:"由于人员问题难以解决,由于与登记和上报相关的障碍无法消除,保甲制度就不可能像创建此制的皇帝所期望的那样有效地运转。……使保甲制度对于帝国统治者显得不可或缺的社会环境,同样也限制了该制度在他们治下的实际使用。这一结论不仅适用于保甲制度,同样也适用于其他乡村控制方式。"[1]在萧公权看来,清代政府对于传统中国乡村社会的控制并不成功,因此清代后期乡村社会出现械斗、暴动、盗贼、叛乱等。瞿同祖和萧公权所揭示出来的问题,引发了孔飞力等学者的注意。他们寻着这个方向对中国地方社会史进行深入的研究。[2] 孔飞力于 1970 年出版的《中华帝国晚期的叛乱及其敌人》,所讨论的是 19 世纪中叶起晚清中国社会出现的团练、地方武装以及由此引起的社会结构的变化;1972 年,瓦特(John Watt)写成研究清代知县的专书。他们在著作中反复征引萧公权、瞿同祖、张仲礼等人的研究结论,将其著作列为重要参考书。值得一提的是,瓦特在其专书的感谢前言中,除了师友之外,还特别提到与其没有直接交往的萧公权、何炳棣、瞿同祖和张仲礼等四位华裔学者,感谢他们的研究给其诸多有益启示。[3] 柯文(Paul A. Cohen)曾指出,刺激美国学者从社会史角度开展研究的一个因素是中国历史学家研究的成果。[4]

众所周知,直至 20 世纪 50—60 年代,美国的著作往往侧重探讨中国近世史中西方自身最关切的问题:鸦片战争、太平军起义、中外贸易、通商港口的生活与制度、义和团、孙中山、外交关系、传教事业、日本侵略等等。这种侧重中国历史与西方关系较密切的侧面,一部分固然是因为大多数的美国学者都不会使用中文史料,而且也根本无法取得其中的重要资料。但是,另一方面则由于思想上的偏见,这种偏见认为凡是近代的就是西方的,而西方的就是重要的。[5]与"探讨西方入侵如何左右中国历史"的主潮不同,这批移美中国史家将其研究的视角转向对中国社会内部结构及其情形进行深入考察,并注意从其自身的情况出发,通过自身的观察加以认识。从这一点来看,这批移美中国史家的研究对柯文"中国中心观"

---

[1] Hsiao Kung-chuan, *Rural China: Imperial Control in the Nineteenth Century*. University of Washington Press, 1960, pp. 82 - 83.

[2] (美)黄宗智:《三十年来美国研究中国近现代史(兼及明清史)的概况》,第 6 页。

[3] John R. Watt, *The District Magistrate in Late Imperial China*, New York: Columbia University Press, 1972, Acknowledgements.

[4] (美)保罗·柯文:《美国的中国近代史研究》,《历史研究》1980 年第 2 期,第 87 页。

[5] (美)柯文著,林同奇译:《在中国发现历史》,中华书局,2002,第 53—54 页。

的提出实际上有着重要影响。他曾这样言道："尽管如此,在研究中国近世史中探讨西方入侵如何左右中国历史,仍然占压倒优势。当然也有例外。例如,人们特别会想起何炳棣早年关于人口的著作以及关于社会流动性著作;也会想起张仲礼、萧公权、梅谷以及其他参加五六十年代在华盛顿大学开展的中国近代史研究计划的学者,他们在开创中国社会、政治与军事历史的左究方面贡献卓著。"[1]我们无法确证其对"中国中心观"的影响程度究竟如何,但可确知的是他们既是"中国中心观"的最早践行者,也是最为出色的范例之一。

颇为值得注意的是,在评述中国移美史家的中国近代史研究时,美国社会科学学者与汉学家在某些方面常有不同评价。比如,对于萧公权在《19世纪的中国乡村》中采用中国国内流行的直接引述原始资料之撰写方式,人类学家施坚雅即认为此著仅仅只是史料的堆积,缺乏富有洞见的分析,且其史料因交叉反复而多次重复出现,致使其成为"一部令人乏味生畏的巨著"[2]。汉学家崔瑞德的观点与之相反,他认为:"萧以抄录并翻译原文形式提供了丰富多样的史料和富有启发性的注释,这非常宝贵且富有价值,此种方式使其著作鲜活而多彩,在某程度上亦使其缺乏像瞿著那样干枯的制度性分析,因为瞿将其富有启发性的例子浓缩在注释之中。"[3]在汉学家卜德看来:"萧氏为制作其巨幅油画,从三百多种中文史籍和两百种西文文献中精心挑选了无数案例——其中许多由其无删节地翻译或引述。这种不断地从一主题到一主题的反复,虽使本书比采用其他撰写方式的著述显得更为笨重且不易阅读,但他将如此零散且不易获取的史料编织起来的结果却是如此有价值。"[4]对于有学者批评萧著"描述胜于分析,史实多于理论",费正清则为其辩驳道:"这正是其力量所在,作者是一位史学家,而不是一位社会学家",并认为萧对清代帝国在中国乡村控制体系施行及其效果的描述和评价是"坚实而

---

〔1〕 (美)柯文著,林同奇译:《在中国发现历史》,中华书局,2002,第53—54页。

〔2〕 G. William Skinner, "Review Rural China: Imperial Control in the Nineteenth Century by Kung-Chuan Hsiao", pp. 1119 – 1122.

〔3〕 D. C. Twitchett, "Review Local Government in China under the Ch'ing by T'ung-tsu Ch'u; Rural China: Imperial Control in the Nineteenth Century by Kung-chuan Hsiao; The Income of the Chinese Gentry: A Sequel to the Chinese Gentry: Studies on Their Role in Nineteenth-Century Chinese Society by Chung-li Chang", pp. 650 – 655.

〔4〕 Derk Bodde, "Review Rural China: Imperial Control in the Nineteenth Century by Kung-chuan Hsiao", pp. 175 – 176.

富有说服力"[1]。又如,汉学家韦慕庭、柯睿格、崔瑞德、普里查德、芮玛丽、普立本对何炳棣的《中国人口史论》给予高度评价,认为堪称典范之作。但人口经济学家约瑟夫·格勒、政治学家乔治·W.巴克利、经济学家艾克斯坦虽肯定其在人口登记制度尤其是"丁"的考证分析非常精彩,但在重建人口数字及讨论影响人口增长因素时并不如人意,尤其是在关于中国历史人口增长因素的分析方面,他们质疑作者没有对诸如抑制出生率的溺婴、结婚年龄、流产次数以及家庭、社会结构和经济组织等制度性因素进行详细分析。再如,对于张仲礼的《19世纪的中国绅士》和《中国绅士的收入》,社会科学学者认为是历史史料与统计学方法相结合的精彩之作,"这两部著作中一些相对有价值的贡献,源自它们的社会科学取向";当然,如果作者能够"更为正确而充分的运用社会学概念,这两部著作原本应受益更多"[2]。然而,汉学家崔瑞德直指张对绅士的定义以及对绅士类型的划分方法上存在错误,并认为无论是对绅士规模人数的估算还是绅士收入的测算,张都只是基于大量碎片化的历史数据,缺乏可信性:"当他试图计算19世纪晚期中国的国民总收入这一他不可能的任务时,其结果是如此凭空臆测以至其实质上并无任何意义。同时,它还存在其他许多疏漏和矛盾之处,这部著作给人的印象是极为草率匆忙完成之作。"[3]普立本同样提出质疑:"他尝试使用每一省所可利用的最佳史料。然而,其不同时期不同区域的史料是否相对完整依然令人严重怀疑,尤其令人怀疑的是其基于缺失史料的那些观点。"[4]

从社会科学学者与汉学家在评述时所存在的这些歧异中,我们亦可窥知20世纪50—60年代美国中国研究"社会科学化"的某些面相。自太平洋战争尤其是

---

[1] J. K. Fairbank, "Review Rural China: Imperial Control in the Nineteenth Century by Kung-chuan Hsiao", pp. 520 - 522.

[2] S. N. Eisenstadt, "Approaches to the Problem of Political Development in Non-Western Societies", *World Politics*, Vol. 9, No. 3 (Apr. , 1957), pp. 456 - 457.

[3] D. C. Twitchett, "Review Local Government in China under the Ch'ing by T'ung-tsu Ch'u; Rural China: Imperial Control in the Nineteenth Century by Kung-chuan Hsiao; The Income of the Chinese Gentry: A Sequel to the Chinese Gentry: Studies on Their Role in Nineteenth-Century Chinese Society by Chung-li Chang", pp. 650 - 655.

[4] E. G. Pulleyblank, "Review the Chinese Gentry: Studies on Their Role in Nineteenth-Century Chinese Society by Chung-li Chang", *Bulletin of the School of Oriental and African Studies*, Vol. 19, No. 2 (1957), pp. 399 - 400.

新中国成立后,美国中国学界开始大力倡导中国研究的"社会科学化"〔1〕。费正清、赖肖尔曾以《通过区域研究理解远东》为题指出,中国研究者应"在历史学家、语言学家、考古学家、艺术史或是文学家们所熟悉的汉学方法基础之上增加一些人类学、社会学、经济学和政治学方面的技巧"〔2〕。尤为值得一提的是,1964 年召开的第 16 届亚洲协会年会专门组织"中国研究与社会科学学科"讨论会。施坚雅、列文森(Joseph R. Levenson)、芮玛丽、莫里斯·弗里德曼、牟宗三(Frederick W. Mote)、罗兹·墨菲(Rhoads Murphey)、史华慈(Benjamin I. Schwartz)、崔瑞德、萧公权等来自不同学科领域的学者,从不同角度强调中国研究与社会科学融合的必要性。〔3〕由于历史和社会科学都具有各自的规范,在实际操作中二者的融合存在着超乎想象的困境。何炳棣在《明清社会流动史论》的自序中即直率指出:"就如本书的副题所指出的,我的研究普遍受益于社会科学,特别是社会学;我必须明确地说:本研究的重点在社会与制度史的个别有机面向,而不是历史社会学。历史资料不论其品质多好、数量多大,都很少能如现代社会学调查所要求的那样;历史学家不能如社会学家一般,以精巧设计的问卷与田野调查的实施来找到特定的资料。此外,统计数据的分类和一些社会现象的注释,都需要仔细讨论某些面向的制度史,虽然对社会科学家来说,这种工作是费力而乏味,但对历史学家来说却十分重要。"〔4〕对于何炳棣的这部著作,社会科学家所批评的正是其统计的样本、统计方法及统计数据的分析。柯文曾就社会科学与中国史学研究结合所存在的困难原因指出:"找出正确的理论——所谓正确是指它既适用又能察觉出西方中心的偏见——并把它卓有成效地和史料结合起来,只是必须解决的难题之一。另一个难题可称之为文体上的难题:即把社会科学的概念与历史叙述相结合时,不像提出这些概念的人常犯的毛病那样几乎完全不顾写文章的艺术。第三个难题,也许是最令人却步的难题,是要求史家的大脑能掌握全然不同的许多学科的理论、方法论与策略(这些学科往往超出社会科学范围,涉及数学,乃至应用

---

〔1〕 有关美国中国学的社会科学化,可参见吴原元:《隔绝对峙时期的美国中国学》,上海辞书出版社,2008 年,第 133—142 页。

〔2〕 Edwin O. Reischauer; John K. Fairbank, "Understanding the Far East Through Area Study", *Far Eastern Survey*, Vol. 17, No. 10 (May, 1948), p. 122.

〔3〕 具体可参见《海外中国学学案译介:关于美国中国学的一场学理探讨》,朱政惠主编:《海外中国学评论》第 2 辑,上海古籍出版社,2007 年。

〔4〕 何炳棣著,徐泓译:《明清社会史论》,第一版自序。

自然科学)——而这副大脑,如果恰恰装在一位研究中国的美国史家的脑袋里,则已经花了大量时间和精力,与世界上最令人生畏的一两种语言苦战多年。"[1]由此,我们一方面可知社会科学学家与汉学家在评述时之所以会有歧见的原因,另一方面我们也借此可知这批移美中国史家在推进美国汉学社会科学化方面起到不可忽视的影响和作用。

另外,透过美国学人的评述,我们亦可清晰地看到美国中国研究具有强烈而鲜明的现实关怀之特点。如前所述,自中华人民共和国成立以来,美国渴望从历史与现实两个维度对中国进行深入的研究,以服务于现实政治和国家利益。赖德烈(Kenneth S. Lattourette)在 1955 年远东学会的主席演讲中即明确指出:"远东研究的目的是什么或者说远东研究应该由什么样的动机来指导? 很显然,一个是非实用性。……这一动机并未一直占支配地位。……远东研究的另一种目的是非常明显的实用主义。它具有许多种形式,其中之一就是通过欣赏其他文明的价值来丰富我们的知识及美国人的生活;另外一种形式就是源自现实社会政治和经济环境的迫切需要。当我们与远东之间的关系变得越来越密切之时,我们对远东研究地这种目的性有着深刻的感受。如果我们回想一下历史,政治和经济的迫切需要事实上一直以来都是驱使美国不断西进的一个因素。……自太平洋战争以来,美国已深深的卷入远东,如果要使我们的行动更为理智,我们就必须对远东有所了解。"[2]费正清则更为明确地指出:"我们不仅必须知道中国人在共产主义之下的情况,并且要知道他们的抱负和反应的传统方式,他们由于希望或恐惧而产生的行为类型,他们表示野心、嫉妒、自豪或者喜爱的手段,他们的幸福生活标准,他们对于国家和朋友的责任感的标准,他们对于理想和对人的忠诚标准。我们只有吃透了中国人的意图,才能够真正懂得中国事务,才能够运用智慧把我们自己同他们联系起来。在这方面,我们的第一步工作必须要通过历史、人文科学的门径和各种社会科学准则的门径,从各方面来衡量中国的社会和文化。"[3]正因为如此,美国学人在评述时一方面因这批中国移美史家的研究有助于其了解晚近以来传统中国社会的内在运行机制及其实际面相而大力称赞,另一方面亦因他们的著作没有更多关注当下现实中国而持有批评。

---

[1] (美)柯文著,林同奇译:《在中国发现历史》,第 199 页。

[2] Kenneth Scott Latourette, "Far Eastern Studies in the United States: Retrospect and Prospect", *The Far Eastern Quarterly*, Vol. 15, No. 1 (Nov., 1955), p.9.

[3] (美)费正清著,孙瑞芹、陈泽宪译:《美国与中国》,商务印书馆,1973 年,第 11 页。

美国学人的评述将美国中国研究的"社会科学化"和"强烈地现实关怀"两大特征展露无遗。从其评述中,我们不难发现历史研究往往变成了现实关怀的投影,而致力于推动社会科学化则是为了更好的服务于现实所需。正如林德贝克(John. M. H. Lindbeck)所言:"自二战结束以来历史学已无法满足新的需求。在西方国家与虚弱而又无组织的中国的早期接触时,中国的过去是主要的迷人之处。现在,当前的趋向占据了中心舞台。中国的经济能力、政治体制、社会结构成为国内外关注的中心。来自非学术世界的迫切要求,使得社会科学家显得尤为突出。"[1]社会科学与中国研究交融的最主要原因并不在于学术本身,而是来自现实社会的迫切需要使然。正是这种强烈的现实需求,为汉学与社会科学之间的融合或者说跨学科研究提供了强大推动力,不断推动二者克服内在阻力走向融合;与此同时,这种服务于现实的实用主义,使得美国中国研究界往往能够借助社会科学理论方法提出具有强烈现实关怀的命题或解释范式。

(作者系华东师范大学马克思主义学院副教授)

〔1〕 Lindbeck, John. M. H, *Understanding China: An Assessment of American Scholarly Resources*, New York: Praeger, 1971, pp. 30 - 31.

西方学界拜占庭帝国与
帝制中国研究的转向：
从集权主义到地方自治

张朝阳

引　言

近二三十年来，西方史学界不断反思以往对大一统帝国社会控制严密的认识。传统上，西方史家在描绘大一统帝国的政治体系时常常以拜占庭帝国和帝制中国作为示范性的样本，而适用于这两大古国的关键词往往是"集权"和"专制"。

例如，1963 年在极具影响力的《帝国的政治体系》(*The Political Systems of Empires*)一书中，艾森斯塔德(S. N. Eisenstadt)以帝国的价值取向为标准，将历史上的大帝国区分为不同的类型。他认为总体上有两类：一种以政治—集体目标为取向，一种以文化范式的维系为取向。拜占庭被认为是前一种帝国的典范，以领土扩张为至上价值和目标，对帝王成就的评价也主要依据他们在扩张上的表现；而帝制中国则是后一种类型的典型，统治者主要将力量用于文化传统的维系以及在国境内的传布。[1]

然而，尽管拜占庭和帝制中国被区分为不同的类型，尽管这两大古国在价值取向上的差异早被学者所认识，西方史家传统上所描绘的拜占庭和帝制中国的统治体系却非常相似：这两大古国都存在强大的皇权——皇帝垄断了权力并且成为

---

〔1〕 S. N. Eisenstadt, *The Political Systems of Empires*, London: Free Press of Glencoe, 1963. 详见该书第九章。

国家的代表。坐在皇宫之中,通过官僚体系,皇帝的意志从首都一路传送到国家的每个角落,从中央一直贯彻到社会底层。官僚体系本身则是一个组织精密的等级化机器,从权力中枢一直辐射到边疆以便保证中央的权威。总而言之,在这个体系里,帝王—国家控制了每个人,尽管有时会有些失灵。

关于拜占庭帝国的研究

《剑桥中世纪史·拜占庭卷》(*Cambridge Medieval History*, Vol. 4)代表了拜占庭研究的经典认识。该书认为"在拜占庭帝国,皇权至上的观念比中世纪欧洲其他任何地方都更加根深蒂固,争议更少。十一个世纪以来,这个专制国家在其漫长而沧桑的历史中自豪地保留了罗马的名字……三世纪末和四世纪早期的痛苦经历让人们满怀信心地把自己的希望寄托在君主制上,人们认为君主的意志理应成为公共生活各部门的最高权威"[1]。因此,"拜占庭社会在十四世纪的理论原则与公元八世纪一样,是一个统一的专制政体,政治、军事和经济机器的每个部分都被榫接于皇冠上,而皇冠本身就是这种上天赋予的治权在形式和意义上的物质反映"[2]。根据这个看法,拜占庭的主要特点是帝国建立在一个中央集权的君主专制上,这个君主专制对帝国的方方面面都有很高的控制力。

另一部经典作品《拜占庭文明》(*Byzantine Civilization*)也说:"拜占庭帝国是一个绝对的专制国家……他(皇帝)是帝国的最高权威。他可以随心所欲地任命和解散所有的大臣……他的政策和心血来潮一起塑造了他的数百万臣民的命运。"[3]这种看法影响非常深远,直到 1997 年,尼古拉斯·奥控诺米德(Nicolas Oikonomides)仍然相信:"拜占庭是一个集权的国家,国家控制着人们生活的各个方面。"[4]

---

〔1〕 J. M. Hussey, ed., *The Cambridge Medieval History*, *Volume IV*, Cambridge: Cambridge University Press, 1967, p. 1.

〔2〕 J. M. Hussey, ed., *The Cambridge Medieval History*, *Volume IV*, p. 78.

〔3〕 Steven Runciman, *Byzantine Civilization*, London: E. Arnold & Co. 1933, rprt. 1966, p. 61.

〔4〕 Nicolas Oikonomides, "Title and income at the Byzantine court", in Henry Maguire, ed., *Byzantine Court Culture from 829 - 1204*, Cambridge: Harvard University Press, 1997, p. 200.

客观地看，这种传统观点在一定程度上有其史实根据。与西欧中世纪松散的封建体制相比，拜占庭的确存在一个强大的皇权和组织严密的官僚系统。"在拜占庭，皇帝是最高总司令、立法者和大法官，他的权力直接来自上帝。此外，他也是教会和正统思想的保护者。"[1]皇权的力量是如此之大，在这个禁止偶像崇拜的东正教国家里，竟然存在对皇帝的个人崇拜组织。具有神一样品性的皇帝，任命各级政府官员来运作一个非常复杂和庞大的官僚系统，然后经由这个官僚系统治理辽阔的帝国。由中央到地方，层层隶属，贯彻而下。拜占庭强大的皇权和复杂的官僚机构，引发历史学家的高度关注，成为传统上认为拜占庭帝国专制集权的理论基础。

但是，这种传统认识是非常片面的。当学者将视线从帝国的行政中枢转移到行省地方社会时，就会看到不同的面相，从而引发不同的声音。例如 2004 年，奥诺拉·内维尔(Leonora Neville)在《拜占庭行省社会：950—1100》(*Authority in Byzantine Provincial Society*, 950—1100)一书中对传统观点提出尖锐的质疑。通过分析色雷斯(Thrace)、赫拉斯(Hellas)、伯罗奔尼撒(Peloponnesos)和小亚细亚(Western Asia Minor)等核心省份的权力结构，内维尔发现尽管行省存在中央的代理——政府官员，但行省民众实际上拥有很大的自主权，地方社会的真正权力并不掌握在帝国委任的官员手中，而是由强大的地方家庭所把持。

具体而言，内维尔发现，在拜占庭，皇帝和帝国官员并不热衷于严格规范行省社会。相反，他们的治理目标非常有限——"维护帝国的主权，弹压反抗，以及征税"[2]。为了实现这些目标，皇帝一方面利用军事机构来建设和控制防御工事，镇压叛乱，另一方面用民政收入维持军事组织和宫廷生活。然而，他们对维护社会秩序和干涉个人生活却漠不关心。这一特点导致各行省的司法和财政管理之间缺乏分工。因此，在不涉及帝国财政利益的情况下，当局并不主动执行帝国法律。换言之，政府在一定程度上给行省留下了权力真空，赋予了地方社会一定的自治权，只要地方民众老实缴税，不造成严重的麻烦就好。那么谁能在社区获得权威，如何才能获得这种权威？内维尔发现关键在于"成为地方精英家庭的成员，

---

[1] 十字军东征借道君士坦丁堡时，就对拜占庭的皇帝崇拜印象深刻，见：Robert of Clari, *The Conquest of Constantinople*, tr. by E. McNeal, New York, 1936; rprt, Toronto, 1996, p. 118.

[2] Leonora Neville, *Authority in Byzantine Provincial Society*, 950 - 1100, Cambridge: Cambridge University Press, 2004, p. 2.

获得财富和其他人的支持"〔1〕。因此,地方社会秩序的实现不是通过政府的规定和管理,而是通过各种家庭之间的竞争,这种竞争制约了当地人的行为,从而形成了秩序。〔2〕

内维尔的发现严重地挑战了传统的观点。通过揭示家庭在当地社会中的作用,内维尔把我们的注意力引向拜占庭权力结构的另一方面——地方自治。

关于帝制中国的研究

西方学界关于帝制中国的看法也正经历同样的转型趋势。传统上对帝制中国的看法非常接近对拜占庭的认识。例如,著名汉学家白乐日(Etienne Balazs)在他的名作《中国文明与官僚制度》(*Chinese Civilization and Bureaucracy*)中说:"在我看来,中国社会结构的某些方面是永恒的,即它的官僚特征……这可能使我们更好地了解中国过去的历史,并且继而阐明那些根深蒂固和令人警惕的倾向——极权主义,国家中心,官僚主义——我们能感受到这些,当我们走向一个统一的世界,当每个地方都在以同样的节奏搏动。"〔3〕此外,白乐日还描述了国家政权如何倾向于打压任何形式的私人经营。

白乐日的看法曾深深影响国际汉学界。例如,罗文(Winston Lo)在 1987 年基本上重复了白乐日,声称古代中国的特征是"生活的任何方面都不能超越官僚体系的控制。如果被认为威胁到国家的至高权力,任何商业、工业发展、知识追求都不被允许"〔4〕。

就像拜占庭帝国一样,古代中国的确在很多方面容易留给外部观察者集权的印象。即便以文治、温和为特色的宋王朝为例,也很容易看到这些现象:王朝由世袭的皇帝—天子统治,帝王理论上享有无限的权力,通过控制中央和地方各级庞大的官僚机构来治理天下,而科举制度则在全天下选拔人才为这一官僚机构服

---

〔1〕 Leonora Neville, *Authority in Byzantine Provincial Society*, 950 – 1100, p. 167.

〔2〕 作者应该是借鉴了哈耶克"自生自发的秩序"这个理论。

〔3〕 Etienne Balazs, *Chinese Civilization and Bureaucracy: Variations on a Theme*, tr. H. M. Wright, New Haven and London: Yale University Press, 1964, p. 14.

〔4〕 Winston W. Lo, *An Introduction to the Civil Service of Song China with Emphasis on its Personnel Administration*, Honolulu: University of Hawaii Press, 1986, p. 2.

务。古代中国庞大的国家机器和控制能力与西欧散漫的历史经验非常不同,这容易导致观察者认为在如此强大的政府统治下,民众没有什么自由度,因此长期以来在西方史家笔下,古代中国之突出特色就是极权专制。然而,从20世纪80年代后期开始,这种传统看法受到了挑战。

通过对宋代地方社会的研究,韩明士(Robert Hymes)发现至少在南宋时代,地方民众享有相当程度的自治权。他们有自己的社区领袖,这些社区领袖管理了很多原本被认为是政府责任的事物。此外,地方上还存在某些由民众自行管理的防务或社会福利组织。具体而言,韩明士大作《官员与绅士——两宋江西抚州精英阶层研究》(*Statesmen and Gentlemen: The Elite of Fu-chou, Chiang-hsi, in Northern and Southern Sung*),利用地方志和个人文集等地方文献,揭示了宋代抚州地方精英如何介入和管理地方事物。[1]

韩明士认为,尽管北宋地方精英并不特别关心地方事务,但在南宋时发生了显著变化。他发现有不少案例表明,抚州地方精英直接地介入地方政务,与地方官甚至中央大员斡旋。这些地方精英似乎理所当然地认为自己有责任介入地方事物的管理。[2]韩明士还发现地方精英发起并承担了许多自治协会的领导职位。例如,抚州邓氏家族和傅氏家族在当地组织了一个民兵组织,在社会混乱时期进行集体自卫;陆氏家族在他们的住所附近建立了粮仓,在粮价腾涌的时候,以低息或无息的方式为乡民出借粮食;其他精英家庭也效法陆家做法建立社区粮仓(第152—156页)。地方精英还组织公共设施建设。例如,虽然桥梁建设被认为是地方官员的职责所在,但是1183年有抚州地方绅士利用自家资源修造了一座长达一千尺的大桥。[3]

另一方面,韩明士发现与地方精英的活跃形成鲜明对比,南宋国家则不断从地方上收缩,"除了征税之外,南宋政权有系统地放弃了对地方实际决策的统一安排"[4]。因此韩明士总结说,至少在南宋,地方民众拥有很大的自主权。

---

[1] Robert Hymes, *Statesmen and Gentlemen: The Elite of Fu-chou, Chiang-hsi, in Northern and Southern Sung*, Cambridge: Cambridge University Press, 1986.

[2] Robert Hymes, *Statesmen and Gentlemen: The Elite of Fu-chou, Chiang-hsi, in Northern and Southern Sung*, pp. 125 - 126.

[3] Robert Hymes, *Statesmen and Gentlemen: The Elite of Fu-chou, Chiang-hsi, in Northern and Southern Sung*, pp. 139 - 174.

[4] Robert Hymes, *Statesmen and Gentlemen: The Elite of Fu-chou, Chiang-hsi, in Northern and Southern Sung*, p. 202.

对于以上研究变化的反思

我们今天回头来看,内维尔和韩明士极大地改变了自己领域的研究范式。李弘祺(Thomas H. C. Lee)在《东方学杂志》评论说:"随着(韩明士)这本极为重要的著作的出版,中国地方社会的研究达到了一个新的高度。"[1]Neveillo 的著作在拜占庭研究领域的意义与韩明士在汉学领域的成就相当。这两位学者是如何成就了这种研究转型呢? 仔细分析,我们发现两人点睛之笔有二: 它们都采取了一个新的"在地化"的定位和一个新的分析概念,即 *oikos*(拜占庭帝国)和"家"(宋)。

首先,"在地化"作为一种研究定位,侧重于通过分析地方基层文献的记载来理解地方区域历史而不是透过中央高层文献对地方的描绘来俯视地方社会。传统上对拜占庭帝国的看法主要来自基于君士坦丁堡的文献资料。例如,为支持他的观点"在拜占庭,与教育、宗教、贸易和金融有关的一切都在国家控制之下",鲁西曼(Runciman) 引用了一本 10 世纪的州长手册(Eparchikon Biblion)的记载,该手册说君士坦丁堡地方长官有如下职责:"监督城市里的所有商业活动,确定价格、工资和时间,审批开设新的商店,检查出口条例的遵守情况。长官也要确保人们对星期天的正确遵守。"在没有任何进一步证据支持的情况下,鲁西曼从君士坦丁堡跳跃到了行省,想当然地认为"行省的生活也同样受到了详细的规范"。然后,他立即又从行省跳回到君士坦丁堡,说道:"地方政府不鼓励人们旅行和移民,以便于税收和全面稳定。地方政府只为那些真正有需求的旅行者签发护照,必须具有非常正当理由的个人才能得到君士坦丁堡政务长官的批准来访。"[2]通体上,鲁西曼对材料的来源缺乏辨析,倾向于用君士坦丁堡作为典范来代表整个拜占庭帝国——他假定在君士坦丁堡观察到的现象在全帝国各地都普遍存在。

然而,内维尔质疑了这种做法。她发问: 君士坦丁堡是否能代表整个拜占庭帝国? 她认为来自君士坦丁堡的材料存在严重的偏见。这类材料更多地表达了帝国中心的自我意象和对整个帝国社会的想象,具有强烈的局限性。因此,她刻意

[1] Thomas H. C. Lee, "Book Review: Statesmen and Gentlemen: the Elite of Fuchou, Chiang-hsi in Northern and Southern Sung by Robert Hymes", *Journal of the American Oriental Society*, Vol. 109, No. 3 (Nov., 1989), p. 494.

[2] Steven Runciman, *Byzantine Civilization*, p. 101.

避免相信君士坦丁堡精英对地方社会的描绘。相反，她致力于发掘各行省的地方材料，发掘那些与行省人民生活息息相关的原始记录。例如，她搜集到了"底比斯协会文书"(The Confraternity of Thebes)，这是在底比斯建立的虔诚兄弟会的文件，保存在今西西里岛首府巴勒莫(Palermo)的雷吉娜帕拉丁圣堂(Regia Cappella Palatine)档案中。她还搜索到了"底比斯堡文书"(Cadaster of Thebes)，该文书反映了 11 世纪底比斯附近村庄的税收。在使用圣徒传记这类常见史料时，她"专注于编纂在君士坦丁堡之外的四个人物传记，这些传记反映了行省地方社会的关怀"[1]。

只有深挖这些行省地方史料，内维尔才能揭示出一个生动的地方社会，这个地方社会不仅受到国家的控制，而且还存在各种各样的自治社区，这些社区有自己的原则和规范，超越了国家控制的范围。

事实上，比内维尔更早些时，韩明士就在研究宋史时注意到了类似的问题，他的解决方案也和后来的内维尔类似。韩明士致力于钻研宋代地方社会，他精心挖掘地方志、寺庙、碑刻、个人文集等地方文献。这个取向不仅帮助他发现了以往被忽视的材料的价值，更帮助他从众多的材料中辨识出地方的声音。

传统上，由于宋代印刷术发达，官方文献浩繁，所以学界对这一时期的碑刻材料重视不足。此外，虽然地方志和个人文集的价值受到了承认，但也被认为史料价值次于官方文献。但是研究表明，官方文献往往不反映地方民众的关注和活动。相反，这些文献主要是提供"净化版"的记载，彰显符合官方预期的地方社会面相，牺牲甚至扭曲了很多历史细节。因此，要了解地方社会的声音，就必须找到替代性的材料。韩明士关注宋代地方社会，他的视野并没有被官方文献中的偏见所阻碍。通过发掘以往被忽视的材料，他成功地找到了地方社会的声音。

其次，内维尔和韩明士在他们各自的研究中应用了一个新的分析概念：拜占庭的 *oikos* 和宋代中国的"家"。从语义上讲，*oikos* 是指家长与其成员之间的关系，包括父母、子女、兄弟姐妹、仆人、佃农和奴隶。在内维尔之前，已有学者指出了 *oikos* 在理解拜占庭社会中的重要性。马格达利诺(Paul Magdalino)说过："的确，可以毫不夸张地说，从君士坦丁堡的根基来说，*oikos*——涵盖所有家属和附属

---

[1] Leonora Neville, *Authority in Byzantine Provincial Society*, 950-1100, p. 177.

物的家庭——是所有拜占庭城市和官僚结构的基本结构。"〔1〕然而可惜的是，马格达利诺狭窄地将对拜占庭的理解局限在首都君士坦丁堡。内维尔借鉴了马格达利诺的看法，但是她更详细地阐述了 oikos 为何如此重要。她意识到，除了家庭关系外，oikos 还可以用来泛指师生之间的关系，地主和他的庄园佃户之关系，以及皇帝和其臣民之间的关系。另外，oikos 的隐喻还可以延伸到整个帝国：帝国当局刻意把皇帝塑造为帝国普世家庭的大家长，照顾着全体家庭成员。〔2〕因此，内维尔发现，整个拜占庭社会都是以 oikos 成员之间的关系为模型的，oikos 是行省地方社会的基础。

这一发现促使内维尔进一步认识到，在行省地方社会的舞台上，政府组织不是主要参与者。相反，其主要演员是 oikos；一个人的家庭背景确定了自己的身份和威望。因此，个人的竞争反映为家庭之间的竞争，这些竞争导致了权力的动态平衡，调节着行省人民的日常生活。我们可以看到，由于新的分析概念 oikos 的优点，内维尔发现了行省民众日常生活的规则，这些规则在任何书面文件中都没有明确界定。

与拜占庭 oikos 等价的古代中国概念是"家"。在韩明士之前，汉学界也关注过这一概念。伊佩霞（Patricia Ebrey）曾经指出，"家"原本是指士大夫的领地，是一个政治经济的单位，后来发展为同居共财的组织，通常以父亲为家长。到了宋代，这两层意思汇合在一起，"家"成为"一个超越了家庭成员的死亡而延续不断的政治经济单位"〔3〕。韩明士接受了此前学界对"家"的关注，把家作为自己分析地方社会的一个关键概念。通过重建地方精英家庭的活动，他发现这些家庭在很多情况下领导了社区，承担了许多政府责任，并管理公共事业。这导致韩明士发现宋代地方社会民众有很大的自主权。

内维尔和韩明士的研究展示了新一代史学家如何通过采用新的视角和分析概念改变他们的领域。实际上，在两人之前，学界就一直有学术更新的呼吁。内维尔和韩明士勇敢地回应了这种变革的要求，成功地改变了他们各自的领域。然

〔1〕 Paul Magdalino, "The Byzantine Aristocratic oikos", in Michael Angold, ed., *The Byzantine Aristocracy IX to XIII Centuries*, Oxford: BAR International Series 221, 1984.

〔2〕 Leonora Neville, *Authority in Byzantine Provincial Society*, 950-1100, pp. 71-72.

〔3〕 Patricia Ebrey, "Conceptions of the Family in the Sung Dynasty", *The Journal of Asian Studies*, Vol. 43, No. 2 (Feb., 1984), p. 222.

而令人费解的是,为何拜占庭和汉学研究这两个并无交集的领域,其学术发展轨迹如此相似? 在传统上,西方学界对拜占庭与古代中国的描述都强调严密的国家控制,而在新的研究范式下,学者对这两个古国的理解仍然非常相似,都在强调地方民众的自治。为何无论观察者如何改变观点和视角,这两个有不同历史背景的古国,都展现出非常一致的面相?

也许事实是,这种相似面相是由史学家使用的特定历史滤镜造成的映像。首先,正如我们看到的,内维尔和韩明士有着相似的定位和分析概念,这也许是造成他们在拜占庭和古代中国看到相同景象的一个因素。但更重要的是还存在深层次的原因: 一个时代主流意识形态或集体关注对学者潜移默化的影响。尽管学者们努力追究价值中立和思想独立,但有证据表明,历史学家难免把他们对当代的关注投入到对过去的探求当中。

《拜占庭的民众与权力》(*People and Power in Byzantium*)坦言道:"最后可以说,以往对拜占庭研究的整体情况表明,在我们理解过去时多么难以摆脱当代问题的影响……现代拜占庭学的发展与当代社会这些可以理解的兴趣点密切相关: 极权政权,历史上的独裁经历,以及对现代政治发展具有重要意义的那些组织、社会和人物。"[1]

不单是拜占庭史,西方的汉学研究发展也是如此。[2] 以我们熟知的费正清(John K. Fairbanks)为例。在成为历史教授之前,费正清曾深深卷入中国现代政治。二战后在哈佛执教期间,费正清除了在课堂上讲授中国历史,还花大量时间在校园之外向美国公众介绍中国革命的情况。他认为,"理解中国历史是与真实的中国打交道之关键,而不是按我们所臆想的那样"[3]。很显然,费正清的历史研究与他理解当代中国的兴趣密不可分。

另一个例子是白乐日的研究。对于为何强调古代中国的官僚特征,他曾解释说: 这是因为"我们正共同经历着 20 世纪所有社会都具有的类似倾向,无论是在亚洲的前工业化社会,还是西方高度发达的工业化社会"[4]。在这种背景下,白

---

[1] Patricia Ebrey, "Conceptions of the Family in the Sung Dynasty", *The Journal of Asian Studies*, p. 15.

[2] 这里不区分传统"汉学"(Sinology)和新兴"中国学"(China Studies),统称为汉学。

[3] *Harvard University Gazette*, January 8, 1993.

[4] Etienne Balazs, *Chinese Civilization and Bureaucracy: Variations on a Theme*, p. 14.

乐日把他对现代社会官僚主义倾向的理解投射到古代中国去寻找相似之处,寻找历史经验。

因此,我们有必要把目光从史学本身转移到当代世界历史本身的发展。我们发现,在拜占庭和古代中国史研究上发生的变化与两个重要的全球政治事件基本同步:1979 年中美建立了正式的外交关系与中国的改革开发,1991 年苏联解体与冷战结束。韩明士的大作主要集中在宋代的社会文化史上,从文化人类学和历史的交叉中发现问题和资料,再运用地方史的方法研究地方精英、家庭和亲属关系。中美建交是他研究的前提,如果他不访问中国进行田野调查,他不可能获得他需要的第一手资料。更重要的是,当中国开放并拥抱世界的时候,西方学者对中国的了解也发生了变化。这是从想象和传闻到直接观察与经历的转变。随着西方学者有机会更深入了解中国,改变既往对中国历史的刻板印象也就提上了日程。韩明士认识到了这种需要,并且以他的专著引发了研究变化。正如他在书序中所说:"这本书是关于变化的。"〔1〕

对于拜占庭学家来说,前苏联的解体和冷战的结束改变了学者们对拜占庭的态度和兴趣。拜占庭史的研究一直被冷战时代的担忧所困扰,而研究本身也是一种学术冷战:西欧的价值观与东欧的价值观,个人主义与集体主义,自由主义与政府干预等等之间的对立。这种冷战的结果是,拜占庭被扭曲成西欧的一个镜像。对于西方的历史学家来说,拜占庭的价值体系是负面的事物,从而证明西方价值观具有优越性。对于苏联的历史学家来说,拜占庭的价值体系是值得褒扬的,从而说明西方价值的谬误。因此,历史学家将注意力集中在最能凸显拜占庭与西欧差异的场域里,即帝制下的官僚体系和严密控制的君士坦丁堡。但随着苏联解体,东欧政治格局巨变,冷战正式结束,史学研究上的冷战失去了存在的必要,无法继续流行下去。内维尔回应了新的形势,将注意力从拜占庭的高层中心转向了以往被忽视的行省地方社会,从而成功地向读者呈现了一幅与旧拜占庭研究截然不同的画面。

结　　论

现在,我们必须追问最后一个问题:历史学家为什么要不断重写历史?对于

---

〔1〕　这里一语双关:既强调历史上发生的变化,也寓意着改变研究范式。

这个问题,可以有无数种回答。例如任人打扮的小姑娘,又例如新材料的发现等等。从本文的分析出发,笔者给出的回答是:历史研究不仅是关于过去,它同时也是对当下的关切。首先从认知的角度看,当我们认识历史时,我们有意无意中要依靠当下的经验来思考。因此,我们总喜欢提出一些对当下来说很重要的问题,而不去追究这些问题对我们所考察的时代本身是否重要。[1] 其次从技术层面看,我们的研究需要为当下的受众提供他们所需的知识。所以当我们受众的关切改变时,我们提出的问题也随之变化。而当我们的问题意识变化时,我们的关注和看法也必然会改变。所以说:如果历史要不断重写,那是因为当下世界总在变化,这就是我们从拜占庭和汉学研究的变化中观察到的一个规律。

（作者系上海交通大学人文学院副教授）

————————

[1] 尽管有"同情的理解"这种说法,但也只是一种理想而已。

孔飞力的"华人海外移民史"研究

刘 莉

"关山难越,谁悲失路之人? 萍水相逢,尽是他乡之客。"

华人漂洋过海,移居海外的历史源远流长,据统计,目前世界各地华侨总数约为 6 000 万,中国国际移民群体成为世界上最大的海外移民群体。[1] 有人曾说:"有海水的地方,就有华人。"回望历史,或为经商,或为谋生,或为逃难,一批批的华人选择离乡别井,漂泊异地,足迹遍布世界各个角落,对其居住国和祖籍国的发展都发挥了重要的作用。在国际移民史上,华人是最具活力的移民,其移民形式的多样性、时空跨度的广阔性,无一民族可以与之相比。在漫长的移民进程中,海外华人自身的文化和身份认同经常跨越国家的疆界,表现出鲜明的融合性和多变性。以上种种特性,使得华人研究对于学者而言充满吸引力和挑战性。20 世纪 80 年代以来,华人移民研究领域再度活跃,不同国家、不同学科的研究者投身其中,做出自己的贡献。以《叫魂》一书享誉学界的历史学家孔飞力就是其中之一。

孔飞力(Philip A. Kuhn),美国著名中国学家,哈佛大学希根森历史讲座教授,以中国晚清以来的政治史、社会史研究著称,曾担任芝加哥大学远东语言文化系主任、哈佛大学东亚研究委员会主席、美国艺术人文科学院院士等职,获得包括"古根海姆学术研究奖"在内的多种学术荣誉。先后发表《中华帝国晚期叛乱及其敌人》、《叫魂》(获"列文森中国研究最佳著作奖")、《现代中国国家起源》等多部学术专著,每本著作在学界都获得广泛而持久的影响,被公认是继费正清之后,引领美国中国近代史研究走向的重要学者。孔飞力著述严谨,几乎每隔十年才有一部

---

〔1〕 王辉耀、刘国福、苗绿编:《国际人才蓝皮书:中国国际移民报告(2015)》,社会科学文献出版社,2015 年,第 13 页。

46

专著问世,属于"十年磨一剑"型的大家。从 20 世纪 90 年代晚期开始,为更深入、全面探究中国近代历史,孔飞力研究领域扩展至海外华人移民史的探讨。自 1993 年起,他在哈佛大学开设"The Chinese Overseas"的移民史课程,相继发表多篇高质量学术论文,先后获得蒋经国基金会和哈佛大学亚洲研究中心的资助,多次前往东南亚各地考察。2008 年,他的华人移民史研究著作 *Chinese among Others: Emigration in Modern Times* 出版〔1〕,此书是对其近二十年研究成果的总结,视野宏大,剖析入微。

作为海外中国近代史研究的领军人物,孔飞力从历史学视角对于"华人移民史"的考察是对这一领域研究的填补和深入,具有极高的价值。在此之前,美国从事华人移民研究的学者很少是纯粹的"历史学"出身,许多学者是政治学、社会学或人类学领域的专家。受到不同的理论体系和学术环境的影响,他们的华人史研究更加"经世",注重当代华人生态研究,注重海外的华人社会、社区研究,而对总体历史的回顾和研究较少。而像孔飞力这样的历史学家去研究"华人移民史"的案例很少。从历史学角度把握这一历史进程,显然对美国中国学界的"华人研究"领域是一大贡献。此外,了解孔飞力对于华人移民史的研究成果,对于分析他在"美国中国学"发展过程的角色和地位也有极为重要的意义。之前,他被定义为"第二代中国学家",特点是将历史学和社会学的研究方法综合应用,这一特色充分体现在他之前的研究成果中,被学术界称为是"中国中心观"的代表学者(尽管孔飞力自己从未接受这种说法)。同样的,孔飞力近二十年所从事的"华人移民史研究"则显示出了当下"美国中国学"研究的特点:就是说,在后"中国中心观"时代,以世界历史和中国历史的共同发展为研究背景,多角度的视角研究问题,更加注重跨学科的研究方法。他选择研究这个领域,因为"移民研究"是质疑"中国中心观"的最好例证。

本文试图对孔飞力海外华人研究领域的论著进行深入分析,结合对其之前的学术思想发展轨迹的理解,探讨这一研究转向原因、发展过程,及其研究中所阐述的重要学术观点和史学思想,试图更加全面、深入地把握孔飞力在"美国中国学"发展历程中的贡献以及目前海外中国学界研究理论和方法的演进。

---

〔1〕 中译本《他者中的华人:中国近现代移民史》已于 2016 年由江苏人民出版社出版,李明欢译。

一 孔飞力"华人移民史"研究缘起

众所周知,孔飞力经年耕耘于中国近代史领域,先后出版了多部学术著作。其中,《中华帝国晚期的叛乱及其敌人》(1970)是关于 1796—1864 年的军事化和社会结构研究的专著;《剑桥中国晚清史》(上卷)(1978)中,有两章是关于清朝的衰落和太平天国起义的研究;《剑桥中华民国史》(第二部)(1986)中的一章是关于地方政府发展的研究;《叫魂》(1990)是关于 1768 年乾隆年间的妖术恐慌问题研究;《现代中国的起源》(2002)则是关于现代政治制度起源的讨论。这些问题的研究,都是有关于中国近代社会的传统体制变迁的探讨,其视野纵横晚清、民国、共和国三个历史阶段。然而,自 20 世纪 90 年代中期开始,孔飞力出人意料的从驾轻就熟的中国近代史研究领域转向对海外华人移民史的研究。

多年以来,华裔学者是国际学术界从事华人移民研究的主力军[1],孔飞力作为一位毕生研究中国近代政治和社会史的西方学者,何以转向对这一全新领域的研究? 华人移民历史中的哪些特质吸引了孔飞力教授的目光?

(一) 特定历史阶段学术思潮影响

多数史学研究转向的出现,都是一种特定的历史背景和学术思潮的产物,孔飞力的"华人移民史研究"也是其中之一。

随着"二战"后中国研究在美国的兴起,以费正清为代表的第一代美国中国学家,提出了建立在"西方冲击—中国回应"研究取向之上的中国近现代史研究框架,强调中西交流是从西到东的单向流动,将中国在 19 世纪之前发生的变迁,全

---

〔1〕 移民史研究作为一门综合性极强的研究,要求研究者不仅具有中国通史、断代史素养,还需要有历史地理学、考古学、人口学、语言学、民族学、社会学、文化人类学等方面的学识。其中,仅是语言和文化两大要求,就足以将众多海外学者拒之门外,纵然他们有强烈的学术兴趣,也难以轻易下手。由于华人研究在海外仅是少数族裔研究中的一部分,属于学术研究的边缘领域,不受主流重视,因而也难有好的环境供学者全身心投入,西方研究者即使有极高热情和坚实学术基础,往往也只能关注自身居住国的华人社群研究,很难扩大研究范围和研究深度。20 世纪中晚期美国国内华人移民史研究领域中较为活跃的华裔研究者大致有麦礼谦(Him Mark Lai)、胡垣坤(Phillipp Choy)、谭雅伦、谭碧芳、陈依范等人。

部归结于"西方冲击",否认有意义的中国内在变迁的可能性,这基本构成了 20 世纪 50—60 年代美国学者的研究视角。70 年代以后,以柯文为代表的新一代的学者开始质疑"冲击—回应"模式,1984 年,柯文出版了《在中国发现历史:中国中心观在美国的兴起》(*Discovering History in China*, *American Historical Writing on the Recent Chinese Past*),正式提出了"中国中心观"的研究取向,对"冲击—反应""传统—近代""帝国主义"研究模式进行了全面的批判,采取这种观点的研究者极力尝试从中国历史的观点出发——密切注意中国历史的轨迹和中国人对自身问题的看法——而不仅仅从西方历史期望的观点出发,去理解中国历史。孔飞力之前的研究成果代表了中国中心观的特点和基本原则。

随着美国中国学界研究领域的扩展和深入,柯文的"中国中心观"在历史研究中的局限性日益展露,越来越多的学者开始进行新的反思。如王国斌的《转变的中国:历史变迁与欧洲经验的局限》(*China Transformed: Historical Change and the Limits of European Experience*, 1997)和彭慕兰的《大分流:欧洲,中国及现代世界经济的发展》(*The Great Divergence: Europe*, *China*, *and the Making of the Modern World Economy*, 2000),他们将中国历史放置在世界历史背景之下,双向比较中国和欧洲的历史。前者深入探讨国家形成和民众抗争的课题,后者关注经济发展问题,强调全球整合和相互的影响,把中国与西欧之外的地方也纳入讨论之中。柯文本人也曾提及"中国中心观"在某些问题研究上的局限性:如果把中国置于东亚或亚洲地区系统的一部分来考察,或关注中国境内的非汉人群体的行为和思想,或华人海外移民的情况等等,以上这些课题都对"中国中心观"提出质疑。[1]

孔飞力处在这样一股反思浪潮之中,也在进行总结和思索,选取"华人移民史"作为研究对象,是基于海外华人移民这一课题的复杂性和特殊性,以中国为中心的研究取向很难获得这一历史过程的全貌,为了全面深刻地掌握中国近代华人移民历史的发展脉络,就不得不跳脱"中国中心观"。最直接的理由就是,中国人和中国以外的地区也有很多联系,华人在爪哇、加利福尼亚、利马或是其他地方定居,不管中国的文化传统是如何的根深蒂固,与祖籍国之间的联系是如何紧密,他

---

〔1〕 柯文:《变动中的中国历史研究视角》,载于《二十一世纪》双月刊,2003 年 8 月号(总第 78 期)。英文原文是柯文 2003 出版的个人论文集 *China Unbound: Evolving Perspectives on the Chinese Past* (London:Routledge Curzon, 2003)的序言。

们仍会被整合到印度尼西亚、美国、秘鲁的历史中。他们要适应不同地方和不同时间的环境——孔飞力用"历史生态学"一词来概括这个过程(这一过程很难用单一的民族或文化视角来考察)。孔飞力在研究中构建多个移动的"中心":以中国为中心,分析国内大规模移民对海外移民的促进作用,分析华人移民出现的内在动因,中国的现代化孕育过程;以东南亚、美洲等不同移居地为中心,分析华人移民的不同类型和生态模式,以及华人与"他者"之间的互动关系,同时反映出中国与世界交流的进程,在互动的过程中,世界历史和中国国内的风云变幻都作用和反作用于海外华人身上,塑造出如今的海外华人生存环境。因此,华人移民史的研究可以看作是孔飞力对新的更为全面准确的中国研究理论框架和方法的探讨。

(二) 对已有研究领域的扩展和深入

历史研究中的学术转向,一般都与研究者已有研究成果密切相关,是对已有研究的扩展和渗透。

华人移民史研究与孔飞力以往的中国政治史、社会史研究有着极深的内在联系,华人移民史是中国近代史的重要组成部分。孔飞力说:"华人移民史和中国近代史实际上是同一个历史进程的两个侧面,从 17 世纪开始的大规模海外移民,只是国内更大规模人口迁移的一部分。"[1]华人移民海外是以漫长的国内移民史为基础的,移民海外只是移民的一个特例,空间上的特殊性并不影响其本质。封建时代晚期,中国家庭人口激增,国内人口流动加剧,人们出于政治、经济等原因从原籍迁移,化解生存危机,寻找更为适宜的生活空间。当国内迁移无法有效缓解社会危机和家庭危机时,同时外界条件合适的情况下,移民海外就成为必然趋势。

华人移民史不只是研究华人在移民海外后的生存发展,在移民之前,国内哪些因素促使他们不顾政府禁令,踏上未知的海外谋生之路? 怎样的机制保障华人移民路线的通畅性和有效性? 移民后,华人在海外如何与祖籍国,甚至侨乡保持物质和精神上的联系? 华人移民海外对国内的社会、政治、经济产生哪些影响? 同样,国内的变革对海外华人有何作用? 等等。这些问题都涵盖在华人移民史研究之中的,因此,华人移民本身就是中国近代史的参与者。在孔飞力看来,1567 年

---

[1] 孔飞力著,龚咏梅译:《论华人出国史研究》,《海外中国学评论》第 1 辑,上海古籍出版社,2006 年,第 4 页。

明朝政府正式颁布限制私人海洋贸易的命令,华人开始大量移民东南亚,中国正式进入现代社会,此后中国的经济增长很大程度上依赖移民从事的海洋贸易,移民活动带来的实际效益保障了中国的政治经济朝向构建一个现代民族国家的方向上改革,而中国国内的变革同样影响海外居住的华人,正是这种水乳交融、相互影响的关系决定了进行中国近代史研究就必须关注海外华人移民史,"缺少华人移民研究的中国历史研究和缺少中国历史的华人移民研究都是不完整的"[1]。

海外移民作为国内移民在空间上的延伸,表明转向华人移民研究非但没有离开孔飞力的固有研究领域,反而极大扩展了其近代史研究的范围和深度。

另外,华人移民史研究契合孔飞力教授一以贯之的研究路线。通过研究诱发海外移民的因素,可以最佳阐释他一贯坚持的"中国内在动因论"。在《现代中国的起源》一书中,孔飞力明确指出:"中国近代国家的特征是由它内部的历史潮流所塑造的。"中国近代以前的社会尽管衰落,但绝非停滞不前,新的社会和政治体制从中国内部产生,中国近代社会是一个不断积聚新的因素,不断从内部传统出发,向前迈进的过程,既不同于"王朝循环论",也不同于"西方冲击—中国回应"模式,他强调中国历史文化的自身延续性和再造能力。

针对华人移民诱因,之前已有研究基本都强调移民进程中的"推—拉"理论模式(the Push-Pull Theory),即国内窘迫的生存环境是推力,国外发达的商业环境和对劳动力的需求是拉力,一推一拉之下,促使华人大规模海外移民。孔飞力认为:华人移民背后是国内长时间积聚的社会、历史、文化原因,加上特定历史时段内世界历史和中国历史进程中的重叠,一股发自中国社会内部的力量促使一批批的华人远渡重洋,谋求机会。华人移民开始于中华帝国晚期内部日渐激化的社会矛盾,开始于长久潜伏在中国历史文化的暗流之中不断增长的人口数量,与不协调的土地占有率,对生态环境和有限的就业市场的巨大压力。生存的需求引导人口尽可能有效地利用自身资源,从土地生产之上富余出的劳动力开始在空间和职业两方面扩散,冲破地域的局限,先是国内范围的移民,当国内移民无法满足需求,或帝国政府限制国内移民之时,移往海外就成为唯一的选择。

除以上两点之外,孔飞力的近代史研究一直将人口因素作为关注重点。这是他长久的学术传统和研究兴趣点,华人移民研究是在此基础之上的扩展和深入。

---

〔1〕 Philip A. Kuhn, *Chinese among Others: Emigration in Modern Times*, Lanham, MD: Rowman & Littlefield Publishers, Inc. (Mar. 28, 2008), p. 5.

在孔飞力的历史观中,人口和移民是中国近代史研究绕不开的问题,人口的大量迁徙,往往源自社会变动和矛盾激化,同时也会产生一系列后果(正面的和负面的),挑战政府的控制能力和社会的发展动力。移民和当地人的关系,地区文化,意识思想的传播则影响着整个国家的生活生产活动。在以往研究中,他始终将"人口压力"作为历史分析的重点考量对象。例如孔飞力认为,人口压力是晚清叛乱的根源。不仅表现在人口数量的增加,还有国内移民的加剧:"清代国内的大规模移民将人口压力带来的负面影响而扩散开来,在 18 世纪初年起就已出现人口不断涌入的地区一般最容易发生叛乱:例如台湾岛、四川省多山的地区,广西省落后的农村和湖南贵州交界线上土著苗民的村寨等地。"〔1〕分析乾隆盛世的叫魂妖术大恐慌时,他认为,妖术恐慌反映出的是社会的不安,而那些在生存竞争中沦落到社会底层与边缘的"陌生人"——乞丐、僧道、流浪者——成为人们发泄敌意、焦虑和恐慌的对象,这种全社会范围内的非理性骚动与持续一个世纪的移民浪潮密切相关。由于清朝初期的人口激增,人均土地占有率严重下降,为了维持生存人们不得不迁移至其他地区。"大规模的人口流动,尤其是朝向因内战而人数锐减的四川地区流动迁徙,除四川外,移民目的地还有长江和双江流域的高地、满洲、台湾(人口多数仍为土著居民),以及海外。中国国内人们总是在试图向上流动……但总有一部分人会被迫完全排除在生产性经济之外,他们的出路,并不是向外迁移,而是向社会的下层移动,沦为乞丐之类的社会底层阶级。"〔2〕这些人口压力的牺牲品,给人们的心理造成紧张和不安,"叫魂"的流言被迅速传播和扭曲。

在孔飞力看来,海外移民作为国内移民在空间上的扩展,同样是国内人口力的疏解表现,因此同样能反映出中国国内的发展和变迁,解释中国近代社会历史发展的进程。

(三) 个人兴趣和现实关怀

孔飞力的个人成长经历和生活环境使他对于移民史的研究有着非比寻常的兴趣。孔飞力的祖父母 1840 年从欧洲移民美国,祖父来自德国,祖母来自奥地

---

〔1〕 费正清编:《剑桥中国晚清史(1800—1911)》上卷,中国社会科学出版社,1993 年,第 140—141 页。

〔2〕 孔飞力著,陈兼、刘昶译:《叫魂:1768 中国妖术大恐慌》,上海三联书店,1999 年,第 51 页。

利,孔飞力的父亲 Ferdinand Kuhn, Jr. 曾是纽约《时代》(*Times*)杂志伦敦分社主管,后转投《华盛顿邮报》(*Washington Post*);母亲 Delia Kuhn 是一位作家,曾任职《纽约客》(*New Yorker*)和《当代历史》(*Current History*)杂志编辑,20 世纪 40 年代出任美国政府"Community War Services"办公室主任,曾与他人合著出版多本著作。孔飞力父母除了对美国本土的政治和社会颇有独到见解,同时十分关注国际环境尤其是"世界另一面"的亚洲。1962 年,二人合著的《边疆》(*Borderlands*)出版,深入的考察了亚洲六大"边疆"区域,包括土耳其东部、阿富汗北部、日本岛北部、北海道、菲律宾的苏鲁海地区、喜马拉雅山脚下的锡金,研究范围不仅覆盖以上区域的政治、经济、社会模式,还关注其中人的活动,不同地区居民的构成、特性、权利等。作者希望通过对亚洲边疆的研究呼唤美国政府外交政策的转变,克服目光"短浅,局限在美国境内"这一缺陷,放眼全球,尤其是亚洲区域。孔飞力幼年曾随父母生活在伦敦、纽约等地,父母对于不同种族人群所表现出的平等友好意识以及浓厚的学术研究兴趣无疑也深刻地影响了孔飞力。在读大学期间,孔飞力深深着迷于人类学家克拉克洪(Clyde Kluchholn)讲授的心理人类学,曾想跟随他学习人类学,尽管日后并未实现,但对于人类学的深切关怀一直存留在孔飞力的研究中。

孔飞力也是带着现实关怀研究海外移民史的。在全球化进程中,得益于华人经济力量的增强、社会地位的提高,海外华人移民成为国际移民中最引人注目的人群。这些都构成了"中国的冲击",触发移入社会的一系列反应,在这种截然不同的移民生态下,海外华人如何应对? 孔飞力希望通过对移民历史的描述和分析为移民提供可供参考的思路。孔飞力还曾笑言:"研究华人移民史为了能够去世界各地旅游。他喜欢周游世界,而研究海外华人移民史,为了获得丰富的资料,需要追随移民的足迹。"[1]

综合以上因素,可以看出,孔飞力近十年来华人移民史的学术转向看似出人意料,但绝不是一时兴起为之,而是有着合理的必然性。"华人移民史"研究提供了一个更为广阔的空间,在这里中国历史和世界历史是联系紧密,不可分割的整体,在世界历史发展进程这样一个大背景之下考察移民历史进程,如同站在高塔之上俯瞰大地,以更广阔的视野、全面的视角、客观的理解力,更加深刻地理解中国历史。

---

〔1〕 龚咏梅:《孔飞力的中国学研究》,上海辞书出版社,2008 年,第 265 页。

二　孔飞力"华人移民史"研究内容

孔飞力的华人移民史研究,描述了自1567年以来长达5个世纪的海外移民历史,地域上涵盖亚洲、欧洲、美洲、澳洲以及大洋洲。以时间为经、以空间为纬,运用比较研究的手法,考察了生活在特定历史时期、特定社会环境下的不同华人移民经验,重点聚焦确保移民生活代代延续的诸如生存模式、工作技能、社会组织等因素。在"历史生态学"的研究框架下,展示海外华人在不同历史时期和地理区域,面对不同的历史、文化、社会、政治经济环境产生的种种复杂生态。尽管所处的历史生态截然不同,但华人还是在世界范围内构建了独特的"走廊—生态圈"移民模式(Corridor-Niche Model):一方面构筑双向输送人员、资金、信息的"走廊"(Corridor),维持与祖籍国、侨乡之间的文化、情感联系;一方面为了生存和发展,在"他者"环境中,努力建立起赖以栖身和适应异质文化的"生态圈"(Niche),同时在漫长的侨居历史中,逐渐形成具备多种职能的华人社会组织,如同乡会、会馆、兄弟会、职业行会、庙宇宗祠等。这些构建在祖国传统文化之上的组织形式,为在异国他乡的华人带来很现实的帮助和精神上的慰藉,成为一种特有的移民文化生态。

几个世纪以来的华人移民史,既是中国走向世界的历史,也是世界认识中国的历史。世界历史和中国历史共同造就了一部血泪交织、感人至深的移民史。

(一) 华人移民历史分期和侨居社会区分

一切华人问题的研究,基础而又基础的,是对华人移民要有一个全面而透彻的把握。然而,在早前已有的研究中,极少有学者致力于全球语境下的华人移民总体史研究,大都只就具体的国别或地区性的移民现象进行描述,对华人移民的原因、分布、规模和方式所作的解释,显得较为零散、单线和浅近,难以把握华人移民的一般现象和普遍规律。孔飞力凭借扎实的中国近代史学识,从历史的视角出发,宏观上把握中国近代的华人移民史。

首先是针对"华人移民史"的定位问题。孔飞力认为华人移民史研究绝不等同于"华侨史研究"。虽然华侨确实在民族国家的建立过程中发挥巨大作用,但这只是其中一个很小的课题。孔飞力的华人移民史研究,假如借用历史学家黄仁宇的观点,就是一部华人移民的"大历史",从政治、经济、社会、文化各个方面研究海外华人移民群体的生存环境、生存策略、生存压力、生存方式、生存特性。孔飞力具体着眼在于:了解中国人移民海外的过程,他们为什么离乡别井,移民海外?他们在国外的经历是怎样的,如何生存?如何致富?成功或失败?移居地的其他民族为何要排斥华人、欺负华人?华人和当地政府、居民的关系如何,这种关系又如何影响到华人的生活和前途?如此等等,涉及人类学、经济学、政治学、社会学、宗教学、民族学以及国际关系学等方方面面问题。所有这些构成了整体的海外华人研究,同时也显示出了华人移民研究的重要性。[1]

孔飞力认为,完整准确地把握时空跨度如此之大的华人移民过程,必须把中国的发展、移民的进程放在整个世界历史发展的大背景之中。仅从中国视角出发,很难准确理解华人移民发生的原因和进程,更加无法从宏观上考量不同时间段移民的特点。如果不把几个世纪以来世界历史的风云变幻作为大背景,华人移民研究就没有了重要的历史依据,华人移民的历史本身就是世界历史的一部分。

如此的一种跳脱"中国中心观"的世界历史眼光下,孔飞力对长达5个世纪的华人移民史做了历史的分期:

第一阶段(16—18世纪末),海洋贸易和早期殖民时期。1567年,明朝政府正式颁布禁止私人海洋贸易的国家法令,然而这一禁令长期处于无效状态。基于生存和发展的需求,私人海洋贸易迅速开展,中国人开始了向海外移民的进程。中国和世界贸易间的联系越来越紧密,国内移民和海外贸易迅速发展,为了满足日益加速的人口流动和更加商业化的经济,社会组织结构也在向前进化,社会变革、国内移民和海外移民三者间的联系成了当时中国社会历史变动的重要格局。基于此,孔飞力将1567年定义为中国进入"现代"的时间标志。

这一时期,华人移民处在"进化发展阶段"(evolutionary phase),外部世界对中国社会的影响是缓慢渐进式的。18世纪末英国打着推动自由贸易的旗号占领了马六甲海峡,重构了世界殖民版图。欧洲主要帝国主义国家,诸如英国、荷兰、法国之间很快出现竞争趋势,都希望通过谋求拓展殖民地范围,达到开拓市场和掠取资源的目的。此后以大英帝国为始,欧洲殖民者寻求与中国贸易港之间更为方便的通道,由此引发了鸦片战争及其后缔结的一系列条约。中国开始逐渐被纳

---

[1] 吴前进:《孔飞力教授与海外华人研究——在哈佛访问孔飞力教授(Professor Philip A. Kuhn)》,《华侨华人研究》2005年第2期(6月),第75页。

入到新的世界殖民体系之中。由此开始了华人移民的"革命阶段"(revolutionary phase)。这一时期里,世界历史的剧变对中国社会以及华人移民的影响是疾风暴雨式的。这一时段的研究重点,是海外华人为适应西方殖民统治,在东南亚所扮演的多重角色,自身身份认同,以及与当地人的互动。

第二阶段(19世纪中期—20世纪30年代),大规模移民时期。19世纪60年代前后,开始出现华人的海外大规模移民进程。其移民走廊(Migration Corridors)展现出不同于以往的"现代模式":交通运输工具革新,以及通讯领域新技术的应用,使移民的双向迁移变得更加便捷,海外华人将财物寄回侨乡的渠道也更加安全高效,移民通道更加健全,富有活力。此外,华人在海外居住地形成的社会性的组织形式,使移民社会在时间和空间上得以延伸。然而,移民通道也经常受到不利的政治经济环境限制,甚至由于经济萧条和战争处于关闭状态。

第三阶段(20世纪20—40年代),20世纪中国的国内革命、民族救亡运动以及世界范围内的殖民地民族独立运动,将华人移民带入新的历史发展阶段。这一时期华人与殖民地人们互相适应过程中产生的民族主义情绪,产生了一次次的排华浪潮,为华人移民的历史涂上一抹沉重的色彩。这一时段的研究重点在于华人如何应对后殖民时代"新兴的民族国家"的种种"排华、抑华"措施,以及建构新的华人身份认同。

第四阶段(20世纪40年代末以来),新中国成立,特别是改革开放以后,华人移民进入新的历史阶段,孔飞力称之为"新移民"时期。这时期的研究,主要关注移民发展的新模式、移民构成的分化、移民群体内的新变化。[1]

---

〔1〕 对于移民分期问题,新加坡学者刘宏认为,19世纪末随着西方的入侵和中国国内经济的衰败,以及海外劳动力的巨大需求,华人开始大规模移民海外,此后的移民大致可以分为三个阶段:第一阶段(1850—1950),"落叶归根的华人",大量华人迁居东南亚,直至二战结束之前,他们自称"华侨",政治忠诚和文化认同都倾向于中国,终生渴望返回故乡;第二阶段(1950—1980),"落地生根的华人",这一时期的人们,开始以不同形式移居海外,数量增多,出现新的民族认同意识,华侨开始转变为"华人",他们选择定居国外,政治上效忠居住国,但文化和传统上保持中国性。这一时期,从港澳台和东南亚的华人群体中出现"二次移民",移往欧洲、美洲、澳洲等地;第三阶段(1980年至今),为新移民发展阶段,他们是目前海外华人群体的重要组成部分,约有600万人。华人本土化进程仍在继续,伴随经济全球化和中国的崛起,海外华人群体出现巨大变化迹象。通过对比,可以看出两者概述的基本架构上是相似的,孔飞力的分期意见中,所指出的时间段还有相互重叠的情况,而不是整齐的以特定年份划定,如实反映了历史阶段的相互交织,有量变到质变的过程,孔飞力说:"这个分期具有模糊性和边界重叠性。"刘宏的分期,则融合了华人移民在不同时期的群体特征,不仅从人口数量和移民目的地上加以区分,还考量了移民模式的差异,和王赓武教授有关"华人移民四种模式"理论有不谋而合之处。

在空间范围上,孔飞力将五大洲的华人侨居地,按照历史生态差异分为三种主要形式:其一,亚洲、美洲范围内的热带和亚热带殖民政权,以及殖民时代新兴的民族国家;其二,由欧洲移民构成主要人口的美洲和澳洲移民社会;其三,殖民地时期和后殖民地时期的宗主国,大多存在于欧洲,少数海外华人在侨居地面临危机时选择二次移民到这些国家。[1] 在以上的每一种移民生态中,无论是出于选择、机遇或是被迫的,移民都找到或创造出一个赖以生存的"生态圈",他们在其中可以生存发展,甚至是走向成功。

通过时间上和空间上的划分,孔飞力将漫长广阔的华人移民历史进程纳入世界历史和中国历史发展的大背景中考察,在一个条理清晰的框架下进行分析和比较,揭示华人移民的特性。

(二) 华人海外移民的内在动因

几千年来,中国的王朝统治者和传统文化始终强调"以农为本",历朝统治者出于意识形态、国家安全和实用主义三方面的考量,政治上严防"动乱";经济上,统治者作为全国最大的土地所有者总是想方设法将百姓固定在土地上,令其纳粮当差,永做顺民,他们深知稳定的农业和人口,是稳定税收的保证。此外,中国人本性中的驯良敦厚、安于现状,也造就了中国人"安土重迁",不到迫不得已不会选择背井离乡的固有形象。一些研究者在此种先入为主的思维模式影响下,在分析移民动因和移民背景时,习惯于从宏观层面寻找原因,把华人移民定义为"生存型、被动型移民"。但随着近年新移民理论的出现,情况有所变化。新经济学移民理论以及网络、积累效应理论的相继出现,越来越多的研究者开始关注家庭和迁出地社会层面因素的考虑,孔飞力的"生存策略"理论就是这样一种从微观和中观考察移民动因的代表。

孔飞力从分析历代"海禁"政策的制定和社会后果入手,对中国人的"被动"移民提出质疑。在他看来,从明代以来的海禁政策时紧时松,但从未达到统治者预定的收效,往往是形同虚设,沿海官员和居民在心理层面上形成"统一战线"。居民需要出海贸易赚钱养家、发财致富,官员则需要贸易税收来保证政绩,以及管辖区域内的经济发展和社会稳定。而当朝廷收紧海禁政策时,冒险海外贸易往往意

[1] Philip A. Kuhn, *Chinese among Others: Emigration in Modern Times*, p. 2.

味着更大的经济效益,中央政府对于此种情况并非不知情,只是由于封建统治后期国家中央财政税收基本都依赖于沿海各省,因此只能"睁一只眼,闭一只眼"了事。

孔飞力认为,实际上从15世纪以来,商业经济就成为支撑庞大人口的主要力量。名义上是农业人口,但每家每户中经常有若干成员固定外出经商或打工,国内人口流动日渐加剧,并开始出现海外侨居、移民现象,明清时期这种情形逐渐成为常态。当时的这种海外移民,是国内移民的向外自然延伸,二者的界限并不十分清晰。帝国统治者基于官方的意识形态,或许有明确的"海内海外"区别,但在沿海各省百姓眼中,甚至是地方官眼中,只是同一套生存策略在不同的地理方位的实践罢了,而在海禁宽严的摆动过程中,侨乡的地方官也往往出于深知民疾,选择与地方百姓形成利益共同体,这样的经济政治运作模式,一直延续到20世纪改革开放时代的移民与经贸。

从宏观层面上讲,帝国晚期沿海各省的经济萧条、社会动荡,美国西部以及澳大利亚黄金的发现,西方资本主义发展狂飙时期对劳动力的极大需求,确实形成了一种相互作用的"推拉力",但孔飞力认为"移民"的产生远不止"我推你拉"这么简单,而是酝酿于帝国晚期国内巨变的社会,是中国社会的内在动因诱发了国际移民的产生:中国现代移民史始于帝国晚期的社会变革中。15世纪中期开始,随着明朝前期稳定的"税收—劳动力体系"的瓦解,帝国统治者逐渐放宽家庭迁移,买卖土地限制,职业选择也更加自由。税收体系中的国家强制性劳动逐渐转化为货币支付。白银成为税收的需求货币,促进了私人商业的发展,这一点在海外贸易活跃的省份尤其明显。一方面,乡村市场网络日渐紧密,农民的生活越来越依附于当地市场。城市经济也更为活跃。富有的地主阶层追求更加安定舒适和上层社会的生活,纷纷迁往城市,带动了上层的消费市场。另一方面,货币供应流通量的扩大也刺激了国内地区间的贸易,加速了海外贸易的发展:诸如生棉、丝一类的经济作物在某一地区种植,然后被运往几百里之外的城市中心加工成为布料。大量引进的美洲经济作物(玉蜀黍、花生、山芋、烟草)即使在不肥沃的旱地也能生长,马尼拉侨商从南美引进的红薯,成为农民家庭最常见的食物,经济农作物的普及支撑了逐渐增长的人口需求,随着人口的增长,缺地少地的农民开垦丘陵坡地,烟草成为可赚钱的经济作物。

孔飞力还通过对原始档案中人口数据与耕地面积的分析,指出人口与土地之间的失衡状况的日益加剧,导致人口的流动和迁徙。15世纪人口已经出现显著增长趋势,17 世纪初全国人口首次突破两亿。其后满族入关,经过几十年的连年内战,加之自然灾害,人口锐减 40%。但当满族统治平稳,国家逐渐和平时,人口增长高峰再次出现。1700 年,已逐渐恢复到 1.5 亿人口,清朝前期稳定的社会环境和经济环境促使 18 世纪人口飞速增长。1779 年中国国内人口约 2.7 亿,1804 年突破 3 亿。大移民时代早期(1850 年),人口总数达到 3.8 亿。[1] 作为农业国家,迅速膨胀的人口导致耕地面积的不断向外扩张,但仍然无法与人口相适应。从 17 世纪中期到 19 世纪中期的两百年间,人口增长近三倍,而耕地面积仅增加两倍。[2] 为了应对耕地面积严重不足,人均占地面积日益减少的社会现实,孔飞力认为:农村家庭只能采取各种生存策略(survival strategies)。首选策略是将家中剩余的男性劳动力输送往外地,这样既能维持家庭收入,又可以免除举家迁徙,背井离乡。留下来的人口就通过开垦湖泊和河流三角洲地带的梯田或冲积田来扩大耕地面积。中国现今的地形地貌完全是几个世纪的劳动力输入,将丘陵地变为耕地的结果。另一种维持生计的策略,是从事家庭手工生产:妇女儿童从事获利较低的家庭纺织、服饰加工。家庭生产市场导致全国范围的农村市场的形成和货币供应的扩展。而商品交易所带动的农村商业发展,为家庭亩产较高的如烟草、甘蔗之类经济作物的种植提供了资金。

诚然,以上策略可以满足一时之需,但随着农村市场饱和,人口继续膨胀,危机再度出现,此时最终的选择便是移民(国内移民和国际移民两种),包括对外劳动力的输出,最常见的移民形式是男性劳动力的输出:假如家庭耕地面积无法容纳所有的家中男性劳动力,为什么他们不外出劳作赚钱,或是做小生意呢? 有的学者由于中国人安土重迁传统意识的影响,认为这种劳动力的输出是基于生存需求的痛苦抉择,是一种被动性的"离散",是对传统意义上的"家庭"概念的破坏。孔飞力则认为,这种形式不是要拆散家庭,而是要通过将剩余劳动力投放市场,维持家庭的完整性。劳动力外出赚钱可以是出卖劳动力,为地

---

[1] Philip A. Kuhn, *Chinese among Others: Emigration in Modern Times*, p. 14.

[2] 1753 到 1812 年,人均占地面积缩减 43%,从人均 0.7 英亩缩减至人均 0.4 英亩。地区间的差异也导致这种缩减是不平衡的,南部和东南各省最为严重,这一地区山海相连,没有足够的空间可供开垦。福建南部更是耕地严重缺乏,1766 年数据显示,人均仅 0.3 英亩,此时江苏省人均约 0.5 英亩,而邻近的广东省约 0.8 英亩。

主耕种,成为佃户,或者到邻近城市的建筑工地找生计;也可以做小生意,挑着扁担,推着小车,走街串巷贩卖小商品,或是经营小卖铺,售卖周边甚至是全国各地的商品。侨居(sojourning,短期离家,居住在外,但一直有意早晚要返回故乡)在中国人的生活中逐渐变得平常。15世纪商业活动出现以来,城市的发展给予外出谋生计的人们越来越多的机会。有时,少数在广州、澳门或厦门等贸易口岸城市的人民,甚至有直接乘船前往国外的机会。但是即使在1850年代的大移民时代,侨居海外和国内流动的劳动力相比,依然是九牛一毛。比男劳力输出和侨居更进一步的,是举家迁往人口稀少的区域,诸如前去台湾岛、关外等。19世纪中期,当土地稀缺威胁到生存时,国内越来越频繁的人口流动,引发了全国范围内的人口重新定居,许多家庭举家迁徙,沿海省份居民甚至迁居海外。

孔飞力说,作为一种生存策略,移民成为一种特定环境下的适应性举动,贯穿了整个中国现代化早期,并延续至今。土地稀缺和人口的持续增长导致移民成了维持生存的最终选择,对于家中男性过多而土地过少的家庭而言,劳动力成了可以售卖的可利用资源,只能外出谋生。但并不是所有的移民都是由于贫穷而离家,一些有潜力的商人也为了寻找投资机会和经济利益而在全国范围内迁移。那些贫瘠缺少机会的地区往往输出大量的商人,例如徽商、晋商。商人侨居在外,寄钱回家成为一种移民景象。而此时在东南亚、北美等侨居地,由早期移民所形成的移民网络和累积效应,很有效的帮助了新移民的适应和定居,"移民"成为一种最根本的生存策略,一种"主动性"的自我选择,预示着明清两朝多次实行的海禁政策必然失败,因为为了从海洋贸易和海外移民中获得维持生计的经济利益,人们不得不冒险破戒。民众的基本需求从来就不可能通过政令完全阻止,为谋生存、求发展,而闯关东、走西口、下南洋、赴金山,背井离乡,游走迁徙。

对华人移民原因的深刻内涵的理解,使孔飞力在谈到目前由于"华人新移民"力量的壮大,导致世界会百般疑惧这样一个庞大的"经济群体"所蕴含的政治意涵(是否存在一个去地域化的华人民族国家?),也就是"华祸"(Chinese peril)时,他指出:海外华人从古至今关心的无非仍是家族与家人的福祉与发展,这样一种实用性选择(pragmatic)五百年来未曾有过改变,华人经济上的巨大成功与政治无必然联系,海外华人回国投资、兴学、修祖祠等种种举动,是基于对于侨乡的感情羁绊和对于孝道的实践,并不等同于政治认同。

(三) 移民模式——"走廊—生态圈模式"

孔飞力以往研究中国近代史的方法习惯以小见大,如对"叫魂"事件和"太平天国运动"的解读,都是通过对个案历史事件的深刻剖析,以大量的中国原始档案资料为依据,从中解读大历史。而对于"华人移民史"的研究,则是在对资料研读透彻的基础上,进行综合性分析,发展提炼出一个理论框架模式——"走廊—生态圈模式"(Corridor-Niche Model)。

对于这一模式产生的必要因素,孔飞力认为,移民在海外为加强自身竞争力进行着各种实践,天然滋生的同乡纽带以及同胞情感在其中扮演极为重要的角色。这种情感纽带存在的前提是移民并非永久的迁离家乡,而是暂时的离开,为了工作"侨居"在另一个地方。"侨居者"之间的情感纽带,一方面维持了他们与家乡之间的联系,构建了一个供他们寄钱回去或是帮助同乡移民的通路;另一方面,在新的居住地,出于安全、商业合作和道德支持等目的,将侨居者紧密地团结在一起。根据孔飞力的研究,这种同乡情感及其影响,也并非海外华人社会独有,而是源自国内。在中国国内,不管是普通手工业者还是富有商人,同乡关系直接影响职业区分。18 世纪苏州的技工,许多是来自附近省份的侨居者,他们通过"移民链"(一个接着一个)来到城市,在同乡经营的纺织和造纸厂做工。其他如上海的"宁波银行"、扬州的徽州盐商、广东经营外贸代理生意(洋行)的海南商人,都是这种类型。在城市中,这种同乡纽带和经济生态圈的形成需要各方的"支持",如个人创业者的极高商业天赋或者政府对商人的扶持,有可能开启这种特定经济生态的形成,随后的连锁移民则迅速的补充生态圈中的人数。

当这种同乡情感纽带被移植到海外华人社会中时,不仅仅提供了移民之间共同身份认同的安全感,还是他们自身在海外竞争力的来源。凭借所擅长的娴熟技术和商业天赋,移民在侨居地开辟出一个经济圈,通过击败其他族裔的移民竞争者,形成以同胞纽带为基础的稳定行业协会,以此保障职业"领地"。移民社群也会为了缩减贸易成本、缩小贸易对象范围,将贸易仅限于使用同一种方言的群体之间,这样便形成了具有地域特性或职业特性的经济"生态圈"。总体而言,就是指在海外保持中国移民群体独特文化特色和历史经验的"小生态",可以是某种特定的行业或是相对集中的商业经营活动,如看得见摸得着的"唐人街""中国城",但也可以跳脱经济意义,表现为建立在血缘、地缘基础之上的宗庙祠堂、学校社群、潜在的社会关系网络等,如有需要,可以立即组织动员移民群体力量,采取共同行动。

孔飞力进一步分析道:当移民逐渐适应海外生存环境后,为了开辟和保护自身所在的"经济生态圈",移民必须维持与祖籍国、与侨乡之间的联系,以保证劳动力的补充,同时满足文化上的需要(因为假如商人移民疏于照顾家乡的宗亲,比如没有资助新的移民前来或是寄钱回家或给当地的慈善机构,他们就会被家乡人所鄙视和不尊重)。因此,维持与故乡之间的文化、社会和经济走廊的畅通是不可或缺的。中华帝国晚期的社会发展,就是处在这样一种"走廊"之中。"走廊"作为故乡的延伸,从现实和情感上"容纳"着海外华人群体,共同的利益和情感将分隔两地的人们联系起来,跨越地域上的界限而生活在同一社会网络和文化空间之下。尽管"走廊"有空间上的含义,但把它看作是社会和经济的一种组织形式更加合适。近五百年的华人移民史,在移出地和侨居地之间,自始至终都延续着这种通道——"走廊",并非实际存在于地理空间之上——如丝绸之路一样的"走廊",而是存在于漂泊在异国他乡的移民之间潜在的亲缘、乡缘关系网。"走廊"的形成须具备两大条件,客观实质上,侨乡和移居地之间的人员、资金信息的双向流通;虚拟精神上,移民与国内亲属之间的情感、文化、信仰的共鸣与交织。在移民时代,"走廊"通过个体"水客"和封建体制"侨批局"实际运作,前者穿梭于侨乡和移居地之间,为移民传递家书、侨汇以及和对方信息;后者从政府、官方层面处理侨务事宜。维持"走廊"的通畅性是"侨居"概念的关键,移民在情感上和现实行为上都拒绝承认和祖籍国、侨乡、中国传统文化的断裂,而是期待返回故乡,在经济、文化和宗族上,始终保持旧的身份认同。

"生态圈"的维持需要"走廊"的支撑,同样"走廊"的形成和延续,意味着移民不仅在海外要有具备极强竞争力的生态圈,在国内也要有一个能够提供充足支持的后备力量,"走廊"是移民旧生存环境的延伸,"生态圈"是移民群体在新环境中可供利用的生存优势。在移出地和移入地之间必须同时具备这样的要素。在国内一端的移出地,"生态圈"的表象就是"侨乡",移民血液中沉淀的文化内涵和历史经验,以及现实存在的经济利益导向,使得他们在异国他乡仍然担负家庭、家族的重任,谨守寄钱回家、赡养家人、修缮宗祠的职责;在异国他乡成功致富发达之人,还会向侨乡捐赠善款、兴学修路,支持地方发展等;更有移民通过买官加爵,加入地方上的文人官僚集团,形成地方精英阶层,参与地方治理。

在这里,孔飞力提出一个新的观点,即所谓"移民社会"也许应该包含移民自身以及故乡的亲属和邻居,即由"海外移民群体"和"侨乡"两者共同组成。这一理论最初来自一位海外华人学者对"侨乡"的分析,其云:侨乡作为中国国内的移民输出地,是被完全整合到海外的移民社会中,而和祖籍国的社会和经济是相隔绝的。孔飞力进一步分析道:"侨乡的资金,亲族纽带和社会结构存在于一个特殊的空间内,既不完全属于祖籍国,也不完全是移居地的组成部分,侨乡和海外的移民分居'走廊'的两端,自身构成了一个跨国社会。"[1]这个观点很有启发性,与以往的"华侨研究"中对"侨乡"的考察视角有所不同。

当然,"走廊—生态圈"模式一旦形成,并非固定不变的,而是随环境、时间、事件而转换、壮大、收缩,或消失。最明显的就是,两者之间的互动模式深受科技和政治变革的影响。例如对比航海时代与蒸汽机时代,交通运输工具航行速度和安全性极为不同,明显表现在前者受到限制而后者推动了移民与故乡之间的互动。航海时代移民和侨乡之间信息沟通困难,尽管侨居者都抱有"落叶归根"的美好愿望,但仍有很大一部分侨居者客死他乡;蒸汽机时代则大为改观,不仅双向资金流动顺畅,也有一个随时可供移民返回祖国的"走廊"。同样,20世纪后便捷的双向交通,使1990年和1690年的"走廊—生态圈模式"截然不同。通信技术也极大影响了这一模式,从航海时代的电报到现如今的无绳电话,使走廊两端的诸如就业市场和移民政策此类的信息沟通更加便捷通畅。在国家宏观层面上,有关贸易和移民的政治壁垒可以称作是决定移民"走廊"存在或消失的关键。假如移民侨居社会中的一个涉及对华贸易或是与中国相关的生态圈被贸易禁令或移民禁令所切断,那么走廊就会很快收缩甚至消失。文化同化也是影响走廊发展的关键因素,当海外移民后代跳出固有的"生态圈",投身到更广阔的移居地经济网络中,通往中国的"走廊"也会收缩甚至消失。总之,当客观环境有利于移民流动时,移民走廊两端的人员、资金、信息、文化顺畅交流,移民群体得以维持甚至强化由移出地带去的文化族群和身份认同;而当一些不利因素出现,如中国国内或是移入国限制贸易和人员流动时,或是一些客观的自然因素影响,移民走廊就会被限制甚至是阻隔,无法正常流通;当缺乏从国内出国的新移民,而在移居地出生的二代移民被当地社会和文化同化时,"走廊—生态圈"模式即宣告崩溃。

在整个华人移民进程中,上述不利因素曾经多次出现,但华人移民的这一独有模式却从未消失,而是顽强的保存下来,原因在于"走廊—生态圈"模式不仅仅

---

〔1〕 Philip A. Kuhn, *Chinese among Others: Emigration in Modern Times*, pp. 49 - 50.

只是第一代移民为了维持在海外的生存的策略,而是一种代代相传的文化传统,具有极强的生存能力和自我修复能力,通过内在动力实现自我完善和重生,只要条件允许,就会如同星星之火,足以燎原。孔飞力以新加坡华侨柯氏一族为例,展现了"走廊—生态圈"模式的跨越时空的坚韧特性。[1]

孔飞力一直将华人移民海外作为国内移民进程的一部分进行研究,对于这一移民模式,他也通过列举中国的东南沿海和岭南地区的例子进行探讨,认为这两地完美的体现了华人移民独特的"走廊—生态圈"文化,这些区域在方言习俗、民间信仰、人口结构、地域文化的特殊性,使之成为中国人移民东南亚的主力来源,也即其一,移民海外成为上述地区民众的一种特有生活方式,一旦出现好的机遇,条件允许,劳动力就会通过"走廊"流动以寻求更高的利益回报;其二,移民群体的人员、资金、信息、文化在这些地区的侨乡和海外的移入地之间,经过民间"走廊"的长期运作,已逐渐形成稳定的移民共同体;其三,这些区域商业文化的盛行,传统意义上的"农本商末"的阶级意识已被打破,从商意识传播迅速广泛,并且潜移默化地转化为移民在异域谋生的技能;其四,移民在海外移入地建立的以亲缘、乡缘为基础的会馆,以行业圈为基础的行会,以及与祖籍地分香设立的庙宇、宗祠等,是移民过程中重要的文化因素。当"走廊—生态圈"模式发展成为一种地域性的文化后,就不仅仅是出于生存需要的无奈抉择,而是一种文化生态,因此,只有时刻把握"走廊"两端的内在紧密联系,双向结合研究,才能深刻理解移民发展的动力、机制和特征。

华人独特移民模式的形成和延续至今,引发了孔飞力对于中国社会和文化深层次的考量,他认为要确保"走廊—生态圈"的正常运作。他认为新的移民在被输送出国之前,一般都要具备与"生态圈"相适应的技能或职业能力,因此中国在一定程度上可被称作为"海外移民的学校",中国东南沿海的商业城市如广州、厦门等,是海外移民的中转站。移民在这里积累城市生活经验,掌握谋生的技巧,学习从事商业活动,同时也掌握了另一种技能:如何和政府官员或是当权人物打交道,这种技能确保移民在殖民地时代的东南亚生存、发展。海外移民在国内这所"学

---

〔1〕 柯氏一族从福建安溪移民至新加坡,从战后到20世纪70年代,基于东南亚和中国之间敏感的政治关系,在新加坡出生成长的新一代华裔已逐渐淡漠了对祖籍地的文化和身份认同,然而,当改革开放打开了中国与东南亚正常交往的大门后,新加坡的老一代柯氏移民就积极推动引领新的一代返乡寻根问祖。与此同时,侨乡在华侨的投资建设下实现互助共赢,由此唤醒侨乡记忆,延续侨乡纽带,重建侨乡认同。

校"内所获得的,与其说是"文化资本",不如说是"历史资本"(Historical Capital),孔飞力对两种意涵进行辨析:前者指代的是古老的、传统的、亘古不变的"中国文化",后者指代的是一个特定历史时期获得的历史经验,是几个时代或几个朝代积累下来的,移民通过运用这些经验处理现实问题,是历史的教训,不是文化内部所具有的特点。历史资本在移民家族中会代代相传,但并不会被镌刻在基因库之上,而是在新的历史条件下,提供一种新的职业选择和成功策略。在孔飞力看来,历史资本并非一经形成永久不变,是依据"中国历史不断变动的各种条件,而不是考虑中国文化的特性"〔1〕。这一点陈述,在《他者中的华人》导言中,在所举例子的阐述中有明确体现。〔2〕

(四) 不同生态下的华人移民经验

孔飞力将时间和空间看作是历史描述的两个基本变量。除了将不同阶段的华人移民作为一个整体加以分析,还具体考察不同移入地的华人移民社会和他们采取的不同适应策略,这一点和人类学对移民的研究动向是一致的。华人移民分布在全球约 130 个国家,其中 70％ 居住在东南亚,集中在印度尼西亚、泰国和马来西亚,这也是为何长久以来"华人移民史"研究关注点集中在东南亚的原因。孔飞力将研究范围大大拓展,对世界五大洲的侨居地移民均有涉及,这种地毯式的研究和描述,并不仅仅是出于"覆盖面"上的考量,还基于其华人移民史研究的目的——比较不同生态下不同的移民经验;换言之,孔飞力的研究重点,是"不同时间地点下产生的移民生态(ecology)"〔3〕。孔飞力说:虽然,数量上东南亚是移民

---

〔1〕 Philip A. Kuhn, "China as a School for Emigrants", *In Tradition and Metamorphosis in Modern Chinese History-Essays in Honor of Professor Kwang-Ching Liu's Seventy-fifth Birthday*, Vol. 2, Essays in English, Institute of Modern History, Academic Sinica, 1998, p. 1262.

〔2〕 当时,孔飞力与妻女一家三口在参观完凡尔赛宫后,感到需要一杯热咖啡来提神解乏,但街上店铺大多已打烊,最后好不容易找到一家名为"翡翠宫"(Jade Palace)的中餐馆,在看菜单时,孔飞力的妻子发现这些菜式不像中国菜,更像是东南亚菜(孔飞力的妻子曾在老挝教书),孔飞力于是上前用中文和店主交流,一问之下才知道,店主是一名中国柬埔寨混血,并不会中文,只知道自己的祖辈来自中国东南沿海,凭借一些祖辈的遗传使他略懂一些中国烹饪,作为难民来到法国,正是这一点点的历史资本,是他在异国他乡维持生存,站稳脚跟。

〔3〕 ecology 指"移民应对生存环境的方式"。

研究的中心,但数量不是唯一要素,要全面理解移民生活的多样性,必须比较各个移居地之间的生态差异。[1]

他认为处在特定自然、社会和经济环境中的移民,在特定的历史时间上,构建出特有的移民生态(即谋生的模式、技术的模式、社会组织与制度的模式)。依靠这些特性,移民得以适应环境,生存与发展。为了描述这一漫长的、世界范围内的历史过程,需要考察在相对应地点、时间和环境下,各种移民生态如何塑造移民生活的问题。

孔飞力根据不同的历史生态进行划分:对于侨居地社会(venue society)的不同特性作了精心分析:首先,区分主要位于热带的殖民社会(colonial society)和主要分布于温带的移民社会(settler society)的不同,前者例如东南亚的马来西亚、菲律宾、印尼等地,以及加勒比海地区、秘鲁。在这些地区,欧洲殖民者建立了上层的经贸和管理体系,华人移民成为介于殖民者和土著居民之间的中间阶层,移民商人承担资金资助和庇护的职责,帮助新移民者在经济上站稳脚跟。在许多区域,定居的华人移民比原住民享有更多的特权。殖民者利用华人移民作为劳工招募者和采矿公司、种植园的监管者,招募成百上千的契约工人在艰苦的热带雨林气候下劳作(如爪哇、萨摩莎、马来亚等)。二战之后这些地区的华人群体饱受新兴的独立民族国家的疑惧和排斥。后者以北美洲、澳洲和新西兰为例,主要定居人口为早期欧洲移民,政治与社会模式基本照搬大英帝国。18世纪后期开始出现华人移民,早期华人移民以商人为主,仍能够维持一定的社会地位;1860年代前后,在大规模移民浪潮的席卷下,大批贫苦华人或契约华工涌入,华人社会地位低下,居于社会最底层,痛苦地经历了近百年的排华运动。

对于华人在东南亚的侨居地,基于殖民地与移民地的不同,孔飞力进一步区分出:1. 经历不同欧洲人殖民的马来西亚、印尼和菲律宾等;2. 从未经历殖民统治的暹罗(泰国)、日本、柬埔寨、老挝等。在不同侨居地,华人遭受不同境遇,由于当地土著有着长期受到羞辱的苦难经历,华人以其"中间人"以及殖民地瓦解后"利益接收者"的角色,被视为殖民地的帮凶。另一方面,由于华人的文化背景、性格特点以及商业生活中的成功,也使殖民地统治者对其严加防范,只存在利用关系,从未将华人真正吸收到管理阶层。而在未经殖民的泰国,统治者物色精通商业之道又没有政治企图的代理人,华人被认为最为适合,之后华人和王国君主间

---

[1] Philip A. Kuhn, *Chinese among Others: Emigration in Modern Times*, p. 2.

的关系也甚为紧密,当地土著没有受辱的过程,因此早期华人与土著在"生态圈"完全没有竞争关系,华人受到皇室倚重,身份也不构成社会议题。直到 20 世纪初,华人民族意识升高,激发出相对的泰民族意识,才产生出严重的冲突。

孔飞力的"移民生态"分析也不仅仅限于海外华人社会,对于中国国内沿海各省的移民生态也做了详细区分:中国南部和东南沿海各省是中国移民的中心,按照施坚雅的区域划分理论,这一地区的三个省份构成了两大地形区域:东南沿海和岭南,五大经济核心区:温州、福州(闽河盆地、福州港)、福建(闽南的泉州、漳州、厦门)、潮州、珠江三角洲的广东(包含广州、肇庆),以及三大方言族群。孔飞力还根据不同的历史时期,具体划分为八大移民形态。[1]

三 孔飞力"华人移民史"研究特色

通过对孔飞力关于华人移民史研究的背景和所取得的若干成果的梳理,笔者拟对其研究特点和意义谈几点粗浅的看法。

(一)跨区域比较下的移民通史研究

孔飞力所做的华人移民史研究属于"通史"性质,时间跨度大,涵盖区域广,在以往的"海外华人"学术研究中极少看到,海外华人研究在社会科学的影响下,研究方向越来越趋向于局部研究、微观研究,很难看到华人移民历史进程的全景。孔飞力的研究试图概览整个华人移民历史的漫长过程,其梳理细致,打破时间与地域的间隔,将中国和世界连接,中国历史被融入世界历史之中。

对研究课题进行"历史性"的考察,是孔飞力研究的一个重要特点:探讨时间跨度极大,通过对历史的追溯探求其中历史发展的动力,带有很强的"年鉴学派"历史观痕迹。年鉴学派对于"总体史"的探讨,对于"长时段"的追求,对历史学家提出很高的要求,需要具备跨学科、多领域的知识,能将社会科学和人类学的研究方法应用到历史研究中,为了透视历史事件的本质,还需将研究对象进行分解研究,横向上可以按照空间、地域划分,纵向上可将社会结构分层。孔飞力的华人史

---

[1] Philip A. Kuhn, *Chinese among Others: Emigration in Modern Times*, pp. 32 - 41.

研究很好的体现了这些特点。与此同时，孔飞力在探究"中国社会内在动因"的同时，也体现出了"整体史观"。历史事件的发生，并非纯粹偶然的，而是社会各因素合力作用的结果，因而"只有作为整体而存在的历史"，"历史就是整个社会的历史"〔1〕。孔飞力将华人移民历史置于世界和中国近代史的大背景下考察，探讨海外华人诸阶层在中国与世界一体化进程中的作用，分析他们与中国近现代社会、政治、经济变迁的密切联系。这 5 个世纪里，世界历史和中国历史都发生重大变化，华人移民不仅是历史的见证者和参与者，更是被塑造者。

鉴于华人移民的规模和多样性，孔飞力也坦言，想要全部涵盖是不现实的，因此采用跨区域"比较研究"的方法，把不同时期、不同地域的华人移民生态进行分类，通过对比最具代表性的不同移民生态，反映移民历史的全貌。王赓武评论说，这是一种全面的、综合的比较研究，在以往研究中很少存在。孔飞力也曾自言：（我的华人移民研究）范围涉及东南亚、美洲、澳洲和欧洲，甚至涉及非洲。但东南亚仍是主要的研究对象，因为东南亚的华人移民史是历史最长，移民数量最多的。但如果不同华人移居的其他社会类型进行比较，就不能彻底的理解殖民地的经验。

（二）跨学科的分析脉络

现代美国中国学是一门以近现代中国为基本研究对象，以历史学为基础探索的跨学科研究体系，最突出的特点是为以地区研究为取向，注重社会科学理论的运用。孔飞力在教学和治学过程中，对此均有所体现，他在以往研究中，运用社会学中的社会结构理论和阶层理论、政治学中关于权力和政治结构的理论，解释过地方名流和地方军事力量的崛起及其历史影响（《中华帝国晚期的叛乱和敌人》），还运用人类学和宗教民俗学解释"叫魂"恐慌的由来，同时借用经济学博弈论和"零和社会"概念解析晚清中国社会（《叫魂》）。

在海外华人研究领域，跨学科的研究视角更是必不可少的，社会科学的理论和方法有助于理解海外华人，社会学、人类学、生态学、政治学等学科的研究方法，往往在解释移民发展进程和移民生存模式时有极好效果。孔飞力把华人移民进

---

〔1〕 雅克·勒高夫、诺拉著，姚蒙译：《新史学》，上海译文出版社，1989 年，第 6 页。

程放到"历史生态学"(historical ecology)〔1〕的框架下研究,通过分析华人移居地的外部环境和华人社会构成的发展变化,突出强调华人对不同"生存环境"的灵活适应性,引入"移民生态"理论,华人移民海外,如同生态学上的物种移植,都面临生存环境的转变考验,不同的是移民所面临不单是自然生存环境的不同,社会历史文化环境的差异才是关键。华人移民生态体系是一个覆盖地理和行政界线的空间延伸系统,通过地缘网络发挥作用,地缘网络通过信息交流和保护制保持"走廊"的通畅,保证不断有新移民加入。这种"历史生态"概念的提出,是为了形成理解不同地域华人移民经验的比较框架,用来解释不同历史时段世界上不同侨居地的华人移民对环境的适应之道。孔飞力在处理"移民生存策略"时,将移民生存的"生态环境"作为分析对象。移民的生存策略直接受所在环境决定,包括居住地的文化、宗教、信仰、职业等方面,这些都是移民生态的构成因素。

孔飞力的研究一直有极深的人类学痕迹,他深受英国人类学家莫里斯·弗里德曼(Maurice Freedman)和美国学者施坚雅(G. William Skinner)的影响,经常将从人类学中得到的启示,与历史分析相结合〔2〕,例如在研究中关注华人移民的宗族和家庭特性的理解,通过对"区域分析理论"的应用,解释移民的区域分化,在19和20世纪,不论是华南或华北,地方穷困和社会骚乱都是非常普遍的现象。然而,海外华人移民大多来自福建和广东某些地方,很少来自华北。对于这一疑问,孔飞力认为缘于中国沿海更加偏向于海洋贸易为导向的经济模式,同时又是中国加入全球信息网络的前沿阵地。关于这个问题,华人研究学者冼玉仪给出了类似的答案,她说:"这其中一个主要的理由是福建和广东地区与不少南方的通商口岸特别是英国殖民地香港,长年以来已经建立起了一个十分成熟的华人网络。这些'中间地带'(in-between places)成了运转和交流的集散地,使人、货物、汇款甚至死人骸骨得以向四面八方穿梭往来,在华南的农村与全球不同的地方之间运转流通。通过这些网络,移民成为华南地区某些家庭(甚至是整个家族和宗族)可资利

〔1〕 2001年孔飞力在《华人移民的历史生态学导向》("Toward a Historical Ecology of Chinese Migration")一文中,就提到"历史生态学"这一新的学术概念,并应用到海外华人史的研究中。2004年4月,孔飞力在亚洲研究年会"超越跨国主义:将中国海外移民置于新的语境"分组讨论会上发表以"华人移民的历史生态学"("The Historical Ecology of Chinese Migration")为题的演讲。

〔2〕 如孔飞力在《中华帝国晚期的叛乱和敌人》一书中,采用施坚雅的"集市规模分级方案"研究湖南临湘团练结构。

用的一种主要的经济手段。"[1]

在分析华人移民所置身的"他者"群体时,孔飞力也多次精彩运用擅长的"社会心理剖析法",从殖民地统治者到奴役下的民众,从战后独立的民族国家执掌大权的统治集团到洋溢民族主义激情的知识分子精英群体,从财力雄厚的资本家到终日奔波劳命的普通百姓,力求呈现华人移民和他者之间千姿百态、错综复杂的互动关系。

在对移民社会中的会馆、行会、同乡会、兄弟会、商会、寺庙、华文学校等,以及方言、阶级、职业和混合文化等的研究中,还经常可以看到社会学、宗教学、人类学等学科的方法。

(三)流动的多元空间和"他者"的研究视角

历史研究中经常会出现"视角盲区",即所谓"鼻尖下的历史",因为文化是一柄双刃剑,对文化的熟悉可能使我们对历史更具有理解力,但同时也会形成视觉盲区,无意中忽略更多,发现更少。身处中华文化之中,对许多看似司空见惯的现象,通常缺乏解释的动力,因为我们不再敏感。只有当研究者跳脱固有角色,转变视角,才有可能全面准确的了解历史,但由于根深蒂固的文化背景,很难主动、自动地去建立一种异质文化或多文化的视角。因此,我们必须借助"他者"的观察角度,来理解自身,华人移民史不仅是中国历史的一部分,更是全球史研究的一部分,对文化和历史研究视角的多元性要求更加高,

作为经年耕耘在海外华人研究领域,而本身又不具有华裔血统的学者,孔飞力教授的研究本身,展现的就是建立在族群意义上的"他者"视角。在他的研究中,华人移民的活动始终被放置在与"他者"的互动之中解读。孔飞力说:"我所做的华人研究中有一个重要的要素——他者(others,即华人所处的人群),如果不能理解华人所定居社会中的'非华人'群体的人、传统、文化与思想,研究者将很难有效的感知华人移民经验……作为一位纯正的西方学者,我将努力扮演此种意义上

---

[1] Elizabeth Sinn(冼玉仪), "In-Between Places: the Key Role of Localities of Transit in Chinese Migration", paper presented at The Association for Asian Studies Annual Meeting, Washington D. C, (Apr., 2002). 另见 Adam Mckeown, "Conceptualizing Chinese Diasporas, 1842 - 1949", *The Journal of Asian Studies*, Vol. 58, No. 2(May, 1999), pp. 314 - 315, pp. 319 - 321.

'他者'的代言人。"〔1〕他从华人所迁居的"他者"视角出发,同时兼顾华人的内在心路历程,分析出华人移民史的普遍性和独特性,在此基础之上,将中国融入世界历史的过程鲜明的展现出来。

作为外来移民,华人必须了解"他者",并且最短时间内学会与之相处,共同生存在同一个空间;而作为"他者",在面对于己迥然有异,甚至是截然不同的陌生异乡人时,也在揣测、担忧,甚至是疑惧,揣测是该以朋友之道相待,还是视其为居心叵测者严加防范,担忧华人的到来是否会带来新的机遇和利益,还是和他们争夺本已稀缺的工作岗位和工资? 甚至疑惧这群不同文化、不同信仰的黄种人是否有着阴暗的政治目的? 几百年间,移民与移居地的居民互为"他者",彼此之间有理解、依存、合作,也有误会、竞争和对抗。不管是哪种状态,都极大影响了华人在海外的生存和发展条件,造就了移民在不同地区的生存模式,大规模移民时代的各地"排华"浪潮也与之有着千丝万缕的关系。

"他者"的视角被运用在分析华人与不同侨居地居民互动关系时,往往有极好的效果。如分析后殖民时代的东南亚排华运动的出现原因,除了被激发的民族主义情绪外,孔飞力还提及了"泛华运动"的影响,这一点往往在国内的学者研究中,被忽略或否定的。作为中国人,我们很难承认存在"泛华运动",然而,站在"他者"的立场,在他们的日常生活中确是可以切实感受到,不管当时的华人是否有意为之,至少"泛华"的表象,在东南亚本地人中引发了文化危机感和民族恐慌。20 世纪上半期世界各地民族救亡运动广泛开展时,"海外华人社会对于中国国内改良运动和革命的热情,催生出一种泛华取向——它意味着超越方言集团的界限而将中国视为一个民族国家的身份认同"〔2〕。在当时的南洋各地,伴随国内革命形势的发展,以及日本侵略活动在整个亚洲的展开,南洋华人的民族认同感空前高涨,华侨和国内人民站在了同一阵线上,来自中国国内的流亡政治家进行着广泛的政治动员,社会精英和活动家为筹集赈灾善款四处奔走,这一时期在东南亚,华侨群体内部长期存在的方言集团分化,尤其是广东人和福建人的分立,导致东南亚华商在和欧洲商人的贸易竞争中,处于劣势地位,因此一些南洋华人出于现实经济

---

〔1〕 Philip A. Kuhn, *Chinese among Others: Emigration in Modern Times*, p. 5.

〔2〕 王赓武以"祖国:关于海外华人史的思考"("Homeland: Thinking about the History of Chinese Overseas")为题的演讲,发表在 1997 年澳大利亚国立大学举行的第 58 届 George Ernest Morrison Lecture in Ethnology.

利益的考量,提倡团结一致,抗击外族。[1] 除商业活动外,华人群体为了保存传统文化,还竭力捍卫华文教育,建立华校等。综合以上种种,不难理解为何在"他者"看来,当时的南洋"泛华主义"盛行。

在北美和澳洲侨居地,尽管不存在类似于东南亚的所谓的"泛华运动",华人的艰难处境有过之而无不及,华人作为对侨居地发展贡献最大的移民群体,同却也成为被"仇恨、排斥"最长时间的群体。在美国,华人是历史上唯一被立法驱逐的族裔(《排华法案》);在澳大利亚,华人是"白澳政策"制定针对的主要对象。一直以来,史学家都试图寻找这种矛盾背后的根源,但由于研究视角和个人情感所限,不可避免的突出强调种族、经济因素,认为"白人至上"的种族主义文化传统和华人大规模移入后,引发的白人失业、工资下降是导致排华运动的根源。孔飞力借助自身优势,以华人所处的"他者群体"的眼光,观察那一时期的北美和澳洲的华人移民,理解当时的白人排华情绪产生的根源,尝试给出另一种解读。

（四）精于概念辨析与社会结构深层分析

哈佛学派重视概念分析的学术传统,在孔飞力的研究中展露无遗,比如对"emigration"(移民)和"sojourning"(侨居)的辨析:孔飞力认为理解这两者的不同的前提,是要了解中国人的传统,即除了政治避难逃到海外的人外,绝大多数作为一种生存策略而选择移民海外的中国人,本意是在海外打拼一段时间之后,衣锦还乡,无意在外定居。这种返回故乡的美好愿望,也撑着他们在海外的生活。英文"emigration"的意思是"从居住的所在地迁移并且永久定居在另一地方"[one who removes from his own land to settle (permanently) in another][2],在中文里并不存在和英文"emigration"完全对应的词,中文"移民"一词的意思仅指人口的流动,并不意味着永久定居在别处。类似于英文中的"Sojourning"——侨居。移民并非永久的迁离家乡,而是被认为暂时的离开,为了工作"侨居"在另一个地方。这种"暂时性"的意识有时并不具有现实性,长期侨居在外所带来的利益,在远离家乡的移民团体中日渐建立的个人联系(包含建立第二家庭),以及移民客死

---

[1] 他们呼吁"建立整个南洋的华商总会,摈弃广东人和福建人的界限,精神上同仇敌忾,强调无论从事何种职业,来自哪一省份,都属于炎黄子孙,联合起来就可以和外族竞争,扫除商业障碍"。参见叶钟玲:《黄乃裳与南洋华人》,新加坡亚洲研究学会,1995年,第58页。

[2] Philip A. Kuhn, *Chinese among Others: Emigration in Modern Times*, p. 4.

他乡的可能性,都影响了"侨居"的真正实施。但不管现实与否,侨居概念具有生存价值。从对"侨居"概念的阐释,引发了孔飞力从移民家庭的特征和功能角度,对华人的"家"概念的解析,他说,几个世纪以来,中国家庭生活是一种"空间连续统一体"和"时间连续统一体",前者指一个家庭的成员"共同生活",但未必生活在一起,在同一个空间下,而是一种义务和期待意义上的,移民人在外,但情感上、经济上和家庭联系在一起,并不被空间上的距离所影响,而"分家"却有可能意味着住在同一个屋檐下却各起炉灶。后者指通过祭祀礼仪和职业传统,维系着男性移民在上下代之间的联系。孔飞力总结到,这种家庭结构也许并非中国人独有,但中国人情况尤为突出,这两个统一体尤其适合迁移。为侨居异乡提供物质和心理上的基本原则,鼓励一种长期的生活底线。孔飞力重新解读了"安土重迁"(stay-at-home)的意义。尽管家庭更加倾向于留在原籍,但是为了达到这一目标往往需要家庭成员分散在各地,维持家庭生计。分散并不意味着家庭分裂:中国家庭体系的核心原则是家庭基础并不被成员的分散而影响,"家"的构建原则是家庭所有成员共同奋斗,共享成果。因此"安土"并不意味着固守乡土,而是即便远离家乡千万里,仍保持与故乡之间精神和物质上的羁绊,无论是长久的羁留他乡,还是季节性的往返迁徙,无论是被迫的逃难迁移,还是处于经济目的的自愿迁移,移民的"家"永久的深深扎根在那片生长的土地之上,他们背负着家族的希望,在他乡艰难的奋斗开拓。

同样,在分析 20 世纪早期民族救亡时期的海外华人群体时,孔飞力对"Nation, Nation-state, Nationalism"进行了非常详细的区分:在西方文化中,Nation 的最初意义跟实体的国家毫无关系,指的是拥有共同文化、语言、历史的人群,不一定要独立自治,如历史上的犹太人,尽管没有一个自治的"祖国"存在,但犹太人一直被认同为一个"Nation"。在 20 世纪之前,Nation 极少被等同于"Nation-state",后者指由共同民族认同(包括历史的、文化的和种族的认同)的人群建立的独立的政治国家,广义上指代任何独立的政治国家。现代"Nationalism"建立在国家和人民的共同基础之上,但不一定比例相同。孔飞力在研究中,将"Nation"定位在"人群"(共同的文化、语言和历史的人群),1910 年以前华人对"Nation"存在三种表述:文化传统、现代国家、种族。对于这三个概念的辨析,直接关系到如何考量不同时期的华人身份认同以及华人民族性。其他如对"契约劳工""商业中间人""会馆"等术语的解释上,也展现了孔飞力的这一特色。

从以往的这些研究可以看出,孔飞力非常擅长对中国社会结构做深入剖析,如同拿着手术刀的医生,将中国地方社会网络条分缕析。同样的手法也用在了分析"帝国政府对移民的控制"上,帝国晚期"海禁政策"时紧时松,但统治者从未放弃过对移民的控制,但均以失败告终,到19世纪晚期的大移民时代,政府的政令更是形同虚设。究其原因,在于政府控制流于表面化,所以不管当时国家政策如何禁止,移民总能找到漏洞,钻空子。孔飞力通过分析帝国政治运作和地方精英之间的联系,"士""吏""商"三者之间的关系网络,深入的剖析了其中的原因。尽管当时的政府统治着一个"次大陆"规模的社会,但是却缺乏一个现代国家应该有的魄力,整个国家靠单一的法律规则和行政系统,面对着一个日益庞大、复杂、富有活力的社会,不得不将许多日常行政管理下放给地方精英阶层,而在沿海各省,这些精英阶层长久从海外贸易中获利,不管是从个人利益,还是从当地百姓疾苦考量,这些地方精英阶层不可能大力推行"海禁"政策。

孔飞力所指的"精英"包括知识分子和富有商人。"知识分子、文人"(西方书写中称之为"绅士")指在国家公务员考试中取得"学位"(科举考试中登第),但还没有获得政府职位或是已经从职位上退休的人。他们的权利和财富一部分建立在土地占有上,更大一部分来自社会联系和所取得的当官资格。凭借和官场的紧密联系,以及充当地方事务仲裁者(一般不世袭),这些知识分子精英是强有力的地方统治阶层。管理范围包括地方公共事务、慈善救济、地方防御以及教育。正统意识形态中的"农重于商"在现实生活中很少反映出来,地方商人一般是有影响力和受人尊敬的。商人通过投入公共事业项目(如扶贫救济、地方防御、兴建寺庙等)将商业财富转化为社会地位,也通过联合自治(如贸易协会:通过平衡物价、协调纠纷、监管商业活动来管理城市的商业活动)参与地方治理。一些城市,通过对地方组织(如宗族寺庙)的管理,将商人、文人和官员聚到一起组成一个联合的统治精英阶层。到19世纪,经过一个阶段的经济衰退和社会动乱,地方官将诸如消防此类的服务性事务委托给商人协会。

孔飞力认为为了保障知识分子的优越性和政府的权威性不受那些仅仅具有财富的人威胁,理论上商人的地位被控制在底层,但在现实中,他们往往具有较高社会地位和权力,仅次于知识分子精英。商人通过和地方官交好,参加社会服务项目的管理,取得和知识分子和官僚阶层相同的地位。知识分子如果以自身名义经商就会被贬低,但是他们可以用商人做掩护或是通过联姻来投资,这也是商人分享知识分子地位和权力的另一种手段。地方官在商业活动中则充当"地下伙伴",作为他们保护贸易的回报,他们也将分得一份利润。知识分子和商人之间的姻亲联盟,是这些精英阶层之间存在的另一种联系。商人依赖掌权者(统治者和文人官吏)的支持,也担负一些重要的财政职责,最显著的如盐税。学习怎样在权威被剥夺和被授予的情况下致富,对于中国商人来说是至关重要的,一些华人移民发现:移入地的政治权利被殖民者或土著王室一手掌控,任何阶层的华人都没有机会去分享。海外华人社会的领袖并不是知识分子阶层,知识分子很少移民,一些原先的农民或手工业者的商人在古老的商业文化之外还多了自尊和社会责任感。

孔飞力特别强调东南沿海各省,区域差异限制了政权在全国范围内有效的实施移民政策,尽管所有的地方官均由中央政府任命,但是他们的执法权力受风俗、资源和经济生态影响差异极大。从华北平原的旱地农业到长江中下游的潮湿富饶"鱼米之乡",再到山脉相连的依赖海洋贸易的南部和东南沿海各省。中央集权制的统治政权面对的是"马赛克式"的地方性风俗和经济模式,尤其是南部沿海各省(浙江、福建和广东)至少存在八大方言群,其中的六种方言是极难辨识的,而且这八种方言对于使用官话的其他中国人而言是很难听懂的。由于农业耕地的贫瘠,只能依靠海洋贸易弥补造就这一区域的生态特征,同样导致海禁政策难以实施。地方精英(不管是知识分子还是商人)都或多或少的和海洋贸易有利益上的联系,因此政府欲从根本上禁止海外贸易和海外移民是不可能成功的。地方精英动用商业利益和社会影响力帮助地方社会抵制有损他们利益的国家政令,对于政府官员而言,假如他们珍惜名望和政治前途的话,他们就必须得顾全所管辖范围内的"特殊需要",对于东南沿海各省,就是对海外贸易和移民的迫切需要。

不管政府推行海禁政策背后有怎样的考量,仅仅是"家庭对于海洋贸易和移民收入的需求"这样一个直接因素,就决定了整个政策的失败。历史上,从未有政令能够长期成功的禁止维持百姓基本需求的物品,例如对于走私者来说,私盐永远是一个获利颇丰的市场。同样的,在经济利益的驱使下,总会有人包括政府官员对于走私、黑市和海外移民视若无睹甚至是加入其中。

结　语

斯坦福大学的 H. L. Kahn 教授在写给《叫魂》一书的书评中曾说:"如同时钟

一样准,每隔 20 年,孔飞力都会有一部不容错过的杰作问世,他的语言深刻至极,令人读来无比欢欣,看来我们必须要等到 2010 年才能看到我们万分期待的书了。"〔1〕幸运的是,我们比预计的时间提早了两年,2008 年,这本学术界甚为期待的书——《他者中的华人》一书出版了,汇总了孔飞力"华人研究史"研究的成果。它使我们得以一睹孔飞力十几年潜心研究这一课题的学术历程,孔飞力将自 16 世纪以来世界范围内的现代华人移民全景逐一展现。移民进程是中国国家和社会历史整体的一部分,祖籍国的政治、经济、社会背景决定了移民进程的开启特色,孔飞力在深刻剖析封建社会晚期社会形态后,提出"中国社会内在动因论",总结了中国的国内移民和海外移民之间的联系,移民在侨居地立住脚跟后,为应对社会环境的变化,各自发展出了更具深刻意义的适应过程,此时国内移民进程中发展出的技能经验和组织结构被移植到移民居住的异国他乡。作为移民,华人不可避免的生活在"他者"中,在殖民地时期和后殖民地时期的东南亚国家,在美洲、澳洲、欧洲的移民社会,会有各种各样的人文生态,中国移民面临不同的挑战和机会。孔飞力追寻着不同时期、不同地域的移民脚步,视野广阔,以多元中心的研究取向,阐释华人独特的移民模式,以及不同移民生态下的移民经验。在关注世界历史以及中国历史对于华人移民历史进程的塑造作用之外,也试图分析华人移民所发挥出的"反作用力",研究后者对于前者的冲击作用。尤其发展之当代,海外华人力量成为决定世界历史风云变幻的重要因素,华人移民与殖民主义和帝国主义之间的紧密联系,一定程度上构建了全球现代化进程,资本、劳动力、信息和权力的流转,形成了目前的世界经济格局。要言之,海外华人社会的形成和转变深刻影响了美国、澳大利亚、泰国和菲律宾等地移入地的民族构建过程。

孔飞力通过对"华人移民历史"的解析告诉我们:为了要全面深刻了解和把握中国移民历史和中国近现代历史发展脉络,必须要把华人,甚至是中国放置在一个更大的历史语境和更宽广的关系网络之中考察,这样一种宏大的研究视角完全可以跳脱以往的研究局限,以多元中心为基础的历史考察,是对"中国中心观"的超越。〔2〕

---

〔1〕 H. L. Kahn, "Review for Soulstealer: The Chinese Sorcery Scare of 1768", *The Journal of Asian Studies*, Vol. 50, Issue 3 (Aug., 1991), p. 667.

〔2〕 澳大利亚学者 Adam Mckeown 也曾指出:如果我们想更全面的理解中国海外移民,必须在以民族为中心(例如中国中心、美国中心、印尼中心等等)的视角上,再加上另一套观点。这套观点更看重人口流动和散播,更注意把地区性的参照体系联系起来的全球性联系、网络、活动和意识。

我们注意到,孔飞力在研究中所运用的"比较研究"方法,也极富启发性。移民在不同的侨居地,不可避免的受不同文化激荡和影响,随历史潮流起伏而浮沉,比较其异同,衡量其得失,各种移民生态和移民经验尽显,如此方可更加全面的把握华人移民生存历史及其现状。移民研究相较其他历史研究,更具现实关怀,对现实问题的解答往往可以从对历史的探求中寻得。孔飞力研究中,这样一种深情的人文关怀体现字里行间,通过对近5个世纪移民进程的深度透视,孔飞力以敏锐的观察力和理解力,总结了历史经验,展望了未来华人社会及中国社会的发展走向。他也提出了一些重要问题供我们思考,诸如在经济全球化加速发展的今天,伴随中国经济的崛起,越来越多的生活在世界各个角落的华人新移民,会否产生"关系紧张"的问题?该如何处理这种情况?如何在他国的政治、经济、文化体制下生活发展?中国作为祖籍国又该做何反应?等等。

当然,孔飞力的华人移民史研究也不是无可挑剔的。鉴于前人少有的广阔的研究覆盖面,以及研究课题的复杂性,他的某些论点也有待商榷。例如,研究"种族主义"和"美国排华法案"的历史学家,很难完全赞同孔飞力有关"美国排华形成原因"的解释,孔飞力弱化种族因素,有时字里行间的表述,甚至带有暗示"华人自身的行为促成了反华情绪的滋生"之嫌。笔者认为,在北美与澳大利亚侨居地,根深蒂固的"白人优越论",导致当地人对于外来移民的"先天"厌恶感,华人自身的不良表现加深了这种情绪,通过对比同一时期到达北美的华人和日本移民可以明显发现:最初两者地位相当,一段时间后,日本人被评价为"文明守礼,勤劳上进"的亚洲人,而华人则因其中一小部分人的"聚众赌博、吸食鸦片、嫖妓、黑社会活动等",地位迅速下降,被认为是"毒害社会的劣等人种"。这种情形的日益严重,最终导致美国历史上唯一针对少数族裔的歧视法案《排华法案》的颁布,一推行就是数十年。在对华人民族主义分析时,孔飞力也提及"新的明显的带有'华人性'的行为(包括实践意义上和象征意义上的,如华文学校、华文报纸、自愿性组织等),伴随着政治活动的高涨,引起了东南亚当地人的仇恨"。在笔者看来,这样一种论点也并不完整,忽略了东南亚当时的"反华情绪"一定程度上也促成了海外华人的"民族主义"。笔者认为,假如没有"反华主义""排华主义",所谓的华人"民族主义"也就没有存在的根基,当时的东南亚华人已经融入侨居国的政治、经济和社会生活中,他们的身份认同带有两重含义:在文化上传统上,认为自己是中华民族的子孙;而在日常生活中,又将自己作为侨居国国民看待。他们的某些"民族救亡"举动,也许带有汉族"民族主义"的色彩,但绝大多数华侨并未意识到这一意识层面的含义(也就等同于缺乏犯罪学中所说的"动机")。当 20 世纪上半期世界各地民族救亡运动高涨,东南亚本地居民的民族意识开始觉醒后,后殖民时代、西方殖民主义势力的撤离,华侨在当地的特殊政治地位和对经济的掌控,无疑引起了更大不满,"反华""排华"情绪加深,再加上华侨对国内战争和运动的支持,造成一种"泛华"的表象,引发双方更大的误会和隔阂,所以东南亚华侨所显示出来的"民族主义"情感和"反华意识"是互相作用,相互影响的一个过程。同样的,讨论国家政府与海外华人社会的关系时,在谈到国民政府成立之后,特别在抗战之前与抗战期间,在党政两个体制中分别建立了负责侨务的机关并积极开展侨务工作,但孔飞力将这些工作标签为动员(Mobilizing)、控制(Controling)、干涉(Meddling),将国民政府视海外华人为侨民的立场,标签为是华侨为"人力资本"(human capital),将对于海外华文学校师资和教学资源的支持,标签为意识形态控制(ideological control),将侨务工作政策标签为企图将华侨置于国民党的股掌之间(under the Guo - Min - Dang thumb)。确实,华侨对于中文教育的热心和捍卫,有其特定时空下政治、经济的需求和目标,但绝不仅仅是被动地接受国民党政府的思想控制和动员。在那个时代,华侨的中国认同,往往让自己在殖民或是后殖民的统治之中处境更加艰难。

如同海外中国学家在从事中国研究时经常面临的质疑那样,西方学者对于"华人移民史"的研究,也经常被诘问是否"隔靴搔痒""雾里看花"? 诚然,研究者和研究对象之间的距离,毫无疑问,会深刻地影响历史认识,由于文化差异带来的认识距离,在所难免会导致异质文化间的误读。国内学者和海外学者在进行移民史研究时,所依托的文化背景,所掌握的知识背景不同,面对相同的研究对象,所采用的研究方式和理论会不同,自然会有所隔阂和偏颇,但更有价值的是,不同文化背景的研究者往往能看到我们所看不到的问题,从一个让人豁然开朗的新颖视角出发,得出我们未知的结论。孔飞力的华人移民史研究,是美国中国学和"海外华人研究"中的极有价值的个案,不仅为华人研究者提供了丰富的资料和丰富的理论分析,其研究取向和观察视角也会给我们带来更大的启迪。

(作者系华东师范大学历史系博士生)

芮沃寿的中国学研究

许孝乐

20 世纪以来,世界汉学的中心依然在欧洲,但美国汉学开始异军突起,并且不断发生着质变。费正清等美国汉学家接受了传统欧洲汉学的学术训练,也到东亚进行了长期的访学。但是他们在二战后引入当时先进的社会科学的研究方法,如天文学、统计学、人类学、社会学等,将欧洲传统的古典"汉学"(Sinology)蜕变为跨学科的"区域研究"(Area Studies)中的"中国研究"(Chinese Studies)。他们与英国的杜希德一起,推动了西方学术界汉学的"典范大转移"(Paradigm Shift),将世界汉学中心的接力棒由欧洲交到了美国手中,使得美国逐渐取代了欧洲成为世界中国学的中心。芮沃寿(Arthur Frederick Wright, 1913—1976)就是这一进程中的典型代表。他是美国著名历史学家、佛教研究学者、耶鲁大学查尔斯·西摩讲座历史教授,美国中国学研究的奠基人之一。曾担任美国亚洲研究协会中国思想研究会主席、中华文明研究委员会会长。芮沃寿是研究中国古代文明的权威专家,他终生致力于研究中国佛教发展史,并在二战后将研究转往中国儒家思想和隋唐史这两个新的领域,取得了丰硕的学术成果。他花费了大量的时间和精力,和费正清一道创立并发展了二战后美国中国学研究。

芮沃寿教授的专著、与人合著的书或编辑的书总共 9 本,文章几十篇(不包括书评),代表作有《中国历史中的佛教》(*Buddhism in Chinese History*, 1959),主编《中国思想研究》(*Studies in Chinese Thought*, 1953),《儒家信念》(*The Confucian Persuasion*, 1960),《儒家与中国文明》(*Confucianism and Chinese Civilization*, 1964),与倪德卫合编《行动中的儒教》(*Confucianism in Action*, 1959),与杜希德合编《儒家信念》(*The Confucian Persuasion*, 1960)、《唐代研究面面观》(*Perspectives on the T'ang*, 1973),1978 年出版《隋朝》(*The Sui*

Dynasty)一书,另外还有《中国文明研究》(The Study of Chinese Civilization)、
《1941—1945 年北平的汉学研究》(Sinology in Peiping 1941 - 1945)等论文。二战
前,芮沃寿将研究领域主要放在中国佛教史上,以宏观和微观的视角探究历史上
两个文明相遇所发生的种种相互作用、延续至今的影响,和由此引发的中国思想
和文化的变迁。二战后美国中国学的社会科学开始兴起,人文科学出现衰落的趋
势。正是在这一背景下,芮沃寿与费正清达成共识,由芮沃寿担任美国中华文明
研究委员会会长,组织了一系列对中华文化尤其是儒家文化的研讨会,可以说,芮
沃寿是一位可以与费正清并驾齐驱的知名学者和学术组织者、召集者。但是长期
以来,国内学术界对芮沃寿得生平经历和学术贡献了解甚少。基于此,本文拟就
以上芮沃寿的两个方面进行初步的考察。不当之处,恳望方家批评!

一　芮　沃　寿　生　平

1913 年 12 月 3 日,芮沃寿出生于美国西北部的俄勒冈州波特兰市,是家中的
独子。从童年时代起,芮沃寿就对异域的历史和文化有着特殊的兴趣。在 1929
年即他十六岁那一年,父母带着他一起到东亚游历,他对佛教的兴趣或许就源于
此次旅行,这对他的一生产生了深远的影响。据说在旅途之中他还获得了一枚特
大号的中国印章,他对这枚印章可谓是爱不释手。若翻开这一时期他家的家庭影
集,还是会发现几张去东亚旅行时所拍的照片,其中就有中国颐和园的建筑和日
本镰仓的佛像。由此可见,这一切都在少年时期芮沃寿的心里种下了东亚文化尤
其是中国佛教文化的种子。1931 年芮沃寿进入斯坦福大学历史系学习,从此拉开
了自己学术生涯的帷幕。他一开始研究欧洲文艺复兴时期的布鲁诺,写下了《布
鲁诺的生活概述和其他》(Giordano Bruno, A Synopsis of His Life, ect.)一文,探
讨了布鲁诺对当时文艺复兴时期意大利社会的看法。在大学三四年级的时候,他
师从于阿尔贝·莱昂·盖拉尔(Albert Leon Guerard)[1],这主要是因为他受到
了盖拉尔《一种理想的生存与死亡: 古典时期的法国》(*The Life and Death of*

---

〔1〕 阿尔贝·莱昂·盖拉尔(Albert Leon Guerard, 1880—1959),美国学者,主要研究比
较文学。长期在斯坦福大学任教。著述颇丰,出版有多本关于法国、欧洲文明和世界文学的作
品。代表作《一种理想的生存与死亡: 古典时期的法国》。

Ideal: France in the Classical Age, 1928)一书的影响。在盖拉尔的指导下,芮沃寿写下了《巴尔扎克与历史精神》《梅列日科夫斯基与拿破仑,或神秘、历史、理论与荒谬》两篇文章,分别对巴尔扎克的文学思想和梅列日科夫斯基[1]的象征主义美学进行了一系列深入的研究。这两篇芮沃寿早期的论文里所透露的文风就已经表露出了他一生的治学风格:"仔细地阅读史料,对自命不凡者深恶痛绝,努力探索准确而清晰的表达,一旦确信有理,就敢于大胆作出最终论断。"[2]

芮沃寿对欧洲历史的某些问题和美学的深入研究,与此同时他对中国佛教的兴趣也是与日俱增。在斯坦福求学期间的 1935 年,《斯坦福写作年鉴》(*A Year Book of Stanford Writing*)中收录了一篇芮沃寿所写的题为《卡莱尔与现代气质》的论文,在后面的注释中写着:"阿瑟,英国俱乐部成员。曾在东方广泛游历,东方宗教学者。爱好高尔夫球。明年他即将就读牛津大学。"[3]从中可以看出芮沃寿已基本将研究重心转向东方宗教也就是中国佛教上面去了。

1935 年,芮沃寿进入英国牛津大学继续深造,修中诚(Ernest Richard Hughes)[4]成了他的导师。在他的指导下,芮沃寿不断丰富着自己的有关中国历史文化和宗教方面的知识。除此之外,他依然保留着从斯坦福时代就萌发的对美学的浓厚兴趣和职业敏感。在牛津求学期间,他参加了一个名叫"大燕"的大学生文学学会。芮沃寿还一直广交朋友,扩大自己的学术人脉。他热情真诚地与志同道合的学者交流思想,切磋学问。也许正是在牛津的这段经历,使他在 20 世纪50 年代成名之后,依然能够充满激情地奉献自己宝贵的时间和精力,在风景如画、环境优美的地方组织一系列规模庞大、规格一流的学术会议,为美国中国学的发展做出了卓越的贡献。

---

[1]　梅列日科夫斯基(Merezhkovsky, 1866—1941),俄国作家和文艺评论家,毕业于莫斯科大学和彼得堡大学历史系。早期作品以诗歌为主,1896 年后开始致力于宗教哲学题材的小说创作,完成长篇三部曲《基督与反基督》,在俄罗斯与欧洲引起轰动。梅列日科夫斯基是象征主义诗人和理论家的代表人物。

[2]　史景迁著,夏俊霞等译:《中国纵横——一个汉学家的学术探索之旅》,上海远东出版社,2005 年,第 361 页。

[3]　史景迁著,夏俊霞等译:《中国纵横——一个汉学家的学术探索之旅》,第 361 页。

[4]　修中诚(Ernest Richard Hughes, 1883—1956),英国伦敦会传教士。1911 年来华,在福建汀州传教 18 年。1929—1932 年,在上海任中华基督教青年会全国协会干事。1933 年回英,任牛津大学中国宗教与哲学教授。1948—1952 年,任美国加利福尼亚大学教授。著有《西方世界对中国的侵略》(1937)、《古典时代的中国哲学》(1942)。他曾将冯友兰著《中国哲学史》译成英文。

1937 年，完成了在牛津的学术研究工作之后，芮沃寿返回美国进入哈佛大学攻读硕士、博士学位。在哈佛的三年时光里，芮沃寿师从于叶理绥（Serge Elisseef）[1]和魏鲁南（James Ware）[2]二位教授，开始系统地学习汉语和日语课程。另外，他还选修了美学、宗教社会学以及因印度宗教等课程。在两位导师的耳提面命下，芮沃寿对汉语和日语的使用日益驾轻就熟，同时受益于叶理绥的影响，芮沃寿培养出了对欧洲汉学尤其是法国汉学浓重的情结，对沙畹、伯希和这些伟大的学者怀着深深的敬意。

不过，芮沃寿在哈佛最重要的收获或许是他结识了自己一生的知心伴侣——芮玛丽（Mary Clabaugh Wright）[3]。那时的芮玛丽本名叫玛丽·奥利弗·克莱博（Mary Oliver Clabaugh），来自美国东南部阿拉巴马州的塔斯克卢萨市。她刚刚从瓦萨学院（Vassar）毕业，在决定把研究方向由欧洲转向中国后，她进入雷德克里夫学院（Radcliff）师从费正清教授专攻中国近代史。据费正清回忆："与其说她是一个生于塔斯克卢萨的南方美人儿，还不如说她是一个来自瓦萨学院的高材生。她容貌美丽，思维敏捷，词锋尖厉——不是天然粗糙的而是已经过精细加工的一颗钻石。"[4]而费正清在不经意间就成了他们的月老。1936 年费正清回到哈佛任教后，在校园里的温特洛浦街 41 号拥有了一幢黄色木板房。每个星期四下午五点，费正清夫妇就在那里举行家庭招待会，备有茶点。来自世界各地的男女学者在此相聚，谈天说地，交流学术，形成良好的学术氛围。这个茶话会不仅帮助费的学生形成了一个和睦融洽、志同道合的学术团体，更使得一些男女学者在此相知相爱，结成伉俪。芮玛丽就是在这里吃茶点时与芮沃寿相识的，双方一见如故，相谈甚欢。一个专攻中国古代史，一个专攻中国近代史，两人可谓是才子佳

---

〔1〕 叶理绥（Serge Elisseeff, 1889—1975），法籍东方学者，生于俄国圣彼得堡，父为富商，先后赴德日两国留学。1912—1920 年在圣彼得堡大学执教。1920 年赴法，从汉学家伯希和问业，后执教于法国巴黎大学。1934 年经伯希和推荐，被聘为哈佛燕京学社社长，兼美国哈佛大学远东语言系主任。同年来华视察哈佛燕京学社工作。1956 年退休回法。

〔2〕 魏鲁南（James Roland Ware），美国人。1929 年来华，为哈佛燕京学社第一个研究生。1932 年返美，获得哈佛大学哲学博士学位。旋即任该校远东系讲师、副教授、教授。

〔3〕 芮玛丽（Mary Clabaugh Wright, 1917—1970），美国著名汉学家，研究中国近现代史。芮沃寿的第一任妻子。她毕业于瓦萨学院，1951 年获克里夫学院博士学位，是费正清教授最有才华的学生之一。先后担任耶鲁大学历史副教授和教授兼大学图书馆远东文献部顾问。主要著作有：《同治中兴》《中国历史和历史职业》《中国再次估价它的过去：人民共和国的历史著作》等。

〔4〕 费正清著，陆惠勤等译：《费正清对华回忆录》，知识出版社，1991 年，第 440 页。

人,珠联璧合,因而迅速坠入爱河。1939 年芮玛丽与芮沃寿订婚,她在给父亲的一封信中写道:"虽然经济上仍不宽裕,但我们却有信心,现在真是心花怒放啦。我得赶着去韦德内尔(Widener)图书馆了。""费正清教授认为我的论文很出色,是'一项惊人的研究''一项丰硕的成果',等等。我的论文真的是一流的,达到了哈佛大学最优等的水平。"〔1〕1940 年 7 月 6 日,爱情和事业可谓是双丰收的芮沃寿和芮玛丽在华盛顿的国家大教堂举行了婚礼,婚后两人很快就有了两个儿子:查尔斯·邓肯·瑞特(Charles Duncan Wright)和乔纳森·阿瑟·瑞特(Jonathan Arthur Wright)。同年 9 月,在芮沃寿取得哈佛授予的硕士学位之后,为了继续各自的学术研究,也包含去自己向往的异国度蜜月的性质,夫妇俩从西雅图出发,坐船穿过浩瀚的太平洋到达日本。

至此,芮沃寿早期的学术研究脉络已清晰可见:最早因为对欧洲某些历史问题的关注而迷上美学,随着美学兴趣的深入发展又使得他开始了对中国佛教的研究,最后因为研究佛教而必然接触到汉学。这就基本奠定了芮沃寿一生的研究领域。

1940 年芮沃寿夫妇来到日本求学,这似乎是个不太明智的选择,世界局势日益动荡,美日在亚太地区剑拔弩张,然而这并没有影响他们钻研学问的兴致。他们在京都暂时居住,聘请了七个家庭教师〔2〕,学习汉语、日语口语和课文,以及佛教的历史和一些佛教经典。他们参观日本寺庙,在乡间野外游玩。同时他们还要面对书本和食物日益匮乏的窘境,无条件遵守日本政府限制娱乐饮酒的禁令。在日本寒冷的冬日里,芮沃寿在四处奔波之后终于搞到了取暖用的炉子。1941 年初,他们的家庭教师增加到了九人或者更多,其中六个是为芮沃寿授课的,其中一人可能就是当时嵯峨清凉寺的主持塚本善隆教授〔3〕,其余的为芮玛丽教授中国

---

〔1〕 1940 年 1 月 18 日芮玛丽致父亲的信,写于马萨诸塞州的剑桥。转引自史景迁著,夏俊霞等译:《中国纵横——一个汉学家的学术探索之旅》,第 366 页。

〔2〕 1940 年 10 月 12 日,芮玛丽家信,写于日本京都。转引自史景迁著,夏俊霞等译:《中国纵横——一个汉学家的学术探索之旅》,第 366 页。

〔3〕 塚本善隆(Tsukamoto Zenryū, 1898—1980),文学博士,日本国立京都大学名誉教授,嵯峨清凉寺主持,华顶短期大学校长,日中友好佛教协会会长,日中友好净土宗协会理事长,京都大学人文科学研究所所长,中国古代史及佛教史研究专家。主要著作:《支那佛教史研究》《日支佛教交流史的研究》。

近代史方面的内容。[1] 这段宝贵的学习经历为后来芮沃寿研究中国古代佛教典籍打下了坚实的基础。

随着日本国内局势的日益紧张和美日关系的持续恶化,芮沃寿夫妇双方的家庭都来信催促他们尽快返回美国,但是两人不想因此耽搁自己的学术研究而拒绝了家人的要求。1941 年 3 月,芮沃寿动身去北平打听在当地求学的可能性。他坐火车横穿了朝鲜半岛和蒙古,途径沈阳到达北平。在那里,几位哈佛的老校友设宴热情款待他。芮沃寿拜访了很多身在北平的中外学者,例如方志彤(Achilles Fang)[2]和福开森(John Calvin Ferguson)[3]。在确信北平的局势比较安定之后,6 月份芮沃寿夫妇就来到了北平,住在一个满族风格的大宅院里。他们请了一个家庭教师,每天学习三小时汉语,之后家庭教师又增加到了四个人,帮助他们的研究工作。夫妇俩还用不低的报酬雇用了三个佣人来照顾他们的日常起居。[4]在北平,他们仍然广交善缘,认识了许多欧美的汉学家,其中就有一批德国的杰出学者,例如后起之秀傅吾康(Wolfgang Franke)[5]。

然而忙碌繁重的学习生活也无法排除他们心头战争阴霾带来的焦虑和不安,双方父母再次催信要求两人回国,他们只好在回信中解释学术事业的重要性并坚持留下来。或许是为了一扫心中的苦闷,他们在当年秋天到北戴河度假,10 月底,他们又去了一趟山西。在那里,芮沃寿终于看到了自己梦寐以求的云冈石窟,还

---

[1] 1941 年 3 月 1 日,芮玛丽家信,写于日本京都。转引自史景迁著,夏俊霞等译:《中国纵横——一个汉学家的学术探索之旅》,第 367 页。

[2] 方志彤(Achilles Fang, 1910—1995),中国朝鲜族人。青年时代得到美国传教士的资助,来到上海读高中,入清华大学哲学系。后参与了 1935 年辅仁大学出版的西文东方学刊物《华裔学志》的编辑工作,任编辑部秘书兼助理长达十余年之久,曾把中国学者沈兼士和裴学海等的论著译成英文在《华裔学志》上发表。1947 年赴哈佛大学任教。

[3] 福开森(John Calvin Ferguson, 1866—1945),美国传教士,1888 年来到中国南京传教,并创办汇文书院,1897 年至上海协助盛宣怀创办高等工业学堂(即南洋公学),并担任第一任监院。1917—1928 年任北洋政府总统府顾问。1936—1938 年任国民党政府行政院顾问。他对中国美术颇有研究,并收集多种中国古玩,著有《中国绘画》《中国美术大纲》等。今上海市徐汇区武康路原名福开森路,即由他的名字命名。

[4] 1941 年 8 月 5 日,芮玛丽家信,写于中国北平。转引自史景迁著,夏俊霞等译:《中国纵横——一个汉学家的学术探索之旅》,第 369 页。

[5] 傅吾康(Wolfgang Franke, 1912—2007)是当代德国著名的汉学家和战后汉堡学派的主要代表人物,汉堡大学中国语言文化系名誉教授。其父为德国著名汉学家福兰阁。他精通中、英、德文,一生潜心研究明清史、中国近代史和近代东南亚华人碑刻史籍,著作丰富。20 世纪 70 年代赴马来亚大学授业和研究。

参观了古老的长城。1941 年 12 月 7 日,日本海军偷袭美国珍珠港,太平洋战争爆发。这打断了芮沃寿的学术研究,但是他的学术研究兴趣已经形成并确定了下来,那就是中国古代佛教史。回到北京后,芮沃寿认真研读了几个日本学者最新完成的有关佛教的著作《河南龙门石窟佛教研究》(*A Study of the Buddhistcavetemples at Lung-men, Honan*),其中一位作者便是塚本善隆教授。他强调了必须以科学的方式研究庞杂的历史文化,日本的学者在法国的汉学之外又开辟了一个崭新的研究领域。之后他把这篇评价论文寄给了《哈佛亚洲研究杂志》(*Harvard Journal of Asiatic Studies*),继续研究自己的课题。随着时局的持续恶化,芮沃寿夫妇的生活水平直线下降。朋友们和家庭教师一个一个都离开了,书籍装箱待运。作为敌对国家的公民,他们与美国的通信被切断。两人的钱也基本花光,几乎到了山穷水尽的地步。

1943 年 3 月 24 日,芮沃寿夫妇收到了日本占领当局的拘留证,两人和其他数百名西方同盟国的侨民被一起转移到了山东潍县集中营。[1] 据当年的幸存者回忆,集中营里的住宿条件十分恶劣:"有家眷的一家人,住一小间学生宿舍。单身的男女分别集体住教室或会议室的大房间,墙壁剥落、地板空荡,没有自来水。原始式茅厕,简陋的烘炉,两间有淋浴的房屋,三间大型的公共厨房,一间残破的教室,一座空无一物的医院。最初大约有 1500 人被塞进杂乱残破的集中营里,宿舍拥挤得像沙丁鱼罐头一样,每张床与床之间想相隔不到一尺,毫无隐私可言。"[2] 后来为了克服这些生活上的苦难,生存下去,这些盟国的囚犯成立了自治委员会,规定不论职业、国籍、性别、年龄,每个人各取所长,都要参加劳动。在集中营里,芮沃寿先后被安排当屠夫、搬运工和消防队员,自己制作了几件家具。他还想方设法把论文复本带进集中营里,继续他的研究。芮玛丽也在里面向人们学习满语和俄语。[3] 1945 年 8 月 17 日,集中营的上空降落下七名美国伞兵,解放了这些西方侨民。在经过将近两年半的囚禁生活之后,他们终于获得自由。芮沃寿夫妇

---

〔1〕 1943 年日本在山东潍坊设立了一座外侨集中营,关押了约两千名欧美人士,其中包括 300 名儿童。美国原任驻华大使恒安石、华北神学院院长赫士博士都曾关押其中。被囚人员 1945 年 8 月 17 日获得解放。

〔2〕 据纪录片《潍县集中营》里亲历者回忆。2008 年这段尘封的历史由山东省潍坊市人民政府和山东电影电视剧制作中心制作成五集电视纪录片《潍县集中营》,在央视十套《探索·发现》栏目中首播,在国内外引起了强烈反响。

〔3〕 参见史景迁著,夏俊霞等译:《中国纵横——一个汉学家的学术探索之旅》,第372 页。

一直待到十月份才被遣散回北平,"重新在北城原来为傀儡政府的一名官员所占用的一座四合院里,开始潜心他们的研究。这所房子里陈设着装有黄铜饰钉的箱笼、精致光洁的红木家具、雕花的窗棂,还有其他一些吸引人的东西,再加上老式的受过专门训练的仆人"[1]。芮玛丽于 1946 年 1 月和几个德国汉学家成立了一个清史研究机构:清史研究会。半年间,研究会每隔两个礼拜在一个会员家中召开一次研讨会,由负责的主人准备一个相关的题目。6 月上旬,他们在这里接待了前来看望他们的恩师费正清教授,并把他介绍给了一位年轻的苏联研究生——谢尔盖·齐赫文斯基[2]。

战争结束后,芮沃寿决定重拾在战争中错过的汉学研究,后来他在美国的《哈佛亚洲研究杂志》发表了他的论文《1941—1945 年北平的汉学研究》[3](Sinology in Peiping 1941-1945)。他指出战时德国汉学家已经在汉学研究领域独占鳌头,这个战争期间这些德国汉学家都在全身心地投入,当然,中国和西方的其他一些学者也没有放弃。1946 年 10 月,芮沃寿夫妇有机会拜访了中共中央的所在地——延安,访问期间,他们见到了朱德和毛泽东,在延安的医院、学校和监狱走访。芮沃寿对他的所见所闻有些不以为然,而芮玛丽则恰恰相反,对延安的一切的充满了好奇和热情。她在给家人的信中写道:"你们可以想象,大学是我们最感兴趣的地方之一。窑洞、条件差、几乎没有课本,但是这里却有一流的教师和无穷无尽的热忱,这就足以使他们做成大事。"[4]他们俩在延安搜集了大量的资料,后来都捐给了美国胡佛研究所。

到了 1947 年春天,国共内战早已全面爆发,进入最激烈的阶段,中国的局势持续动荡。芮沃寿在给他的岳父所写的一封信中写道:"现在,我感觉这个国家正

---

〔1〕 费正清著,陆惠勤等译:《费正清对华回忆录》,第 371 页。

〔2〕 谢尔盖·齐赫文斯基(Sergei Tikhvinskii, 1918—2018)汉学家。苏联科学院(现俄罗斯科学院)院士(1981 年)、苏联特命全权大使(1967 年)。师承俄罗斯著名汉学家、俄罗斯汉学研究彼得堡流派奠基人 B. M. 阿列克谢耶夫,并在此基础上形成具有自己特色的中国学研究流派,被公认为当前俄罗斯汉学界的泰斗。代表作《19 世纪末中国维新运动与康有为》和《孙中山的外交政策观点与实践》。2013 年 3 月 23 日,齐赫文斯基被授予"世界中国学贡献奖"。

〔3〕 "Sinology in Peiping 1941-1945", *Harvard Journal of Asiatic Studies*, Vol. 9, No. 3/4 (Feb., 1947), pp. 315-372.

〔4〕 1946 年 10 月 31 日,芮玛丽家信,延安。转引自史景迁著,夏俊霞等译:《中国纵横——一个汉学家的学术探索之旅》,第 374 页。

在以十分鲁莽的方式疾驰,另外,排外的情绪正在高涨,到处弥漫着饱受挫折的感觉。"[1]他决定返回美国到母校斯坦福大学历史系任教,和芮玛丽恋恋不舍地离开了中国。

芮沃寿在斯坦福大学逐渐安定下来,并在获得哈佛大学授予他的博士学位之后,他终于迎来了其学术上的高产期,所谓"厚积薄发",他在随后的几年中发表了很多论文。他总结继承了以前的研究,成了一名专门从事中国佛教研究的学者,于 1959 年最终汇成了他的第一部著作《中国历史上的佛教》(*Buddhism in Chinese History*)[2]。这本书是在他于芝加哥大学所做的六次演讲的基础上发展起来的,该书总共分为六章,言简意赅,深邃犀利,关注佛教在具体时空中与中华文明的互动,提出诸多重要问题,如汉代秩序的瓦解如何为佛教的进入中国做好了准备、带有浓重印度色彩的佛教对于中国文化的适应以及中国本土思想对佛教的挪用嫁接等等。这本书成为美国学术界研究佛教的最早作品之一,是入门级的经典作品,并对后来学者的佛教研究产生了重要影响。此外,他还深入研究了前中国近代史中的人物个性与传统模式,为其在随后开辟新的学术领域埋下了伏笔。

1950 年,美国的麦卡锡主义兴起,当年在华和国共双方都打过交道,后来被指责诬蔑为"丢掉了中国"的外交官和学者们受到了残酷的迫害,费正清也无法独善其身。在这种大的国际国内环境之下,美国的儒家思想研究逐渐兴起,费正清于同年安排芮沃寿与芝加哥社会人类学界的领袖罗伯特·莱德菲尔德(Robert Redfield)教授见面,达成了共识,很快就建立了美国亚洲研究协会中国思想研究委员会(Association for Asian Studies' Committee on Chinese Thought)(CCT),芮沃寿于 1951—1961 年担任了该协会的主席,并提出暂时由芝加哥方面提供资助召开一系列学术讨论会的计划。不久"在 1952 年至 1960 年期间先后组织召开'中国思想的历史特征''中国思想与制度''行动中的儒家''儒家的说服术''历史上的儒家人物'等五次关于中国儒家思想的研讨会"[3]。而"当时有关中国思想的研究——编写任务传记,研读原始文件,探讨思想运动——已发展基本成形,初

---

〔1〕 1947 年芮沃寿写给岳父的信,北平。转引自史景迁著,夏俊霞等译:《中国纵横——一个汉学家的学术探索之旅》,第 373 页。

〔2〕 Arthur Frederick Wright, *Buddhism in Chinese History*, Stanford: Stanford University Press, 1959.

〔3〕 吴原元:《略论 20 世纪 50 年代美国的儒家思想研究》,《兰州学刊》2008 年第 6 期,第 116 页。

具规模,以致芮沃寿和他的主要合作者,剑桥大学的杜希德(Denis Twitchett),能够邀请许多国家或地区——英国、法国、德国、澳大利亚、日本、香港、马来亚、加拿大和美国——处于同一学识和理论水准的学者共聚一堂,发表他们的研究成果。其结果是 6 部专题论文集的问世"[1]。在此期间,芮沃寿为中国思想研究会的发展呕心沥血,出任期刊的编辑,服务于委员会,他的研究领域也因此涉及中国儒家思想这一块内容。同时他在美国亚洲研究协会(Association for Asian Studies)(AAS)工作期间,也做了力所能及的大量的行政工作。例如,他在 1962—1965 年担任国际学者联络委员会(Committee on International Scholarly Liaison)的指导,在 1967 年领导了第 27 届国际东方学者大会财务委员会(Committee on the 27th International Congress of Orientalists)的工作。芮沃寿还与福特基金会协商,使得该基金会捐出 12 万美元用于资助亚洲问题研究会 1966—1971 年的学术项目,展现了杰出的组织才能和理财能力。

1959 年,芮沃寿接受了耶鲁大学历史系的邀请,被聘为终身教授,居家迁到了康涅狄格州。1961 年成为了耶鲁大学第一任查尔斯·西摩讲座教授。在耶鲁的日子是芮沃寿夫妇人生中的最后一段时光,这也是他们最繁忙的时期,攀上了各自了学术上的巅峰。芮沃寿依然笔耕不辍,他于 1960 年发表了《中华文明研究》(The Study of Chinese Civilization)[2]一文,在文中主要探讨了 18—20 世纪初中国在西方文明的冲击下自我形象的变迁,以及中国、欧美和日本史学家对中国历史与传统文化的研究方法的演变,其中多少带有费正清"冲击—反应"学说的色

---

〔1〕 费正清著,陆惠勤等译:《费正清对华回忆录》,第 444 - 445 页。笔者注:丹尼斯·特威切即杜希德,这六本论文集分别是:《中国思想研究》(Studies in Chinese Thought, ed. Arthur F. Wright, Chicago: The University of Chicago Press, 1953)、《中国的思想与制度》(John K. Fairbank, ed., Chinese Thought and Institutions, Chicago: The University of Chicago press, 1957)、《行动中的儒教》(Confucianism in Action, ed. David S. Nivison and Arthur F. Wright, Stanford: Stanford University Press, 1959)、《儒家信念》(The Confucian Persuasion, ed. Arthur F. Wright, Stanford: Stanford University Press, 1960)、《儒家人格》(Confucian Personalities, ed. Arthur F. Wright and Denis Twitchett, Stanford & California: Stanford University Press, 1962)以及精编本《儒家与中国文明》(Confucianism and Chinese Civilization, ed. Arthur F. Wright, Stanford: Stanford University Press, 1964)。

〔2〕 "The Study of Chinese Civilization", Journal of the History of Ideas (Apr. -Jun., 1960), pp. 233 - 255.

彩。他还担当了于 1964 年出版的《儒家与中国文明》(*Confucianism and Chinese Civilization*)[1]论文集的总编辑。战后,美国学术界由费正清所倡导的区域研究 (Area Studies)开始兴起,也正是在他的大力扶植下,现代中国问题研究联合委员会(Joint Committee on Contemporary China)于 1959 年成立,这个委员会主要对 20 世纪中国的改革展开研究。但是费正清也意识到"我们需要建立一个同现代中国问题研究联合委员会类似的委员会来主持对 1911 年以前的中国的研究,否则人文学科和社会学科之间在这方面的竞争和相互攻击将会严重破坏这一领域里的工作"[2]。于是,1962 年他又在美国学术团体理事会(American Council of Learned Societies)(ACLS)组织召开了一次会议,敦促一些中国古代史方面的权威如卜德和芮沃寿等,在其下成立一个中华文明研究委员会(Committee on Studies of Chinese Civilization)(CSCC)。这个倡议不久就得到了实现,芮沃寿在 1964—1973 年一直担任该协会的主席。在任期内,芮沃寿依然勤勤恳恳,一直扮演着会议组织者和资金筹措者的角色。他用他开放的思想、积极的参与,以及新的研究方法不断拓宽着人文学科的研究领域,使得该组织成为一个能代表欧美学术最前沿的国家性学术组织。

在学术组织上的工作并没有让芮沃寿在学术领域上停滞不前,隋唐史又成了他最新的研究领域。芮沃寿把主要精力放在来研究唐朝的都城长安上,随后于 1962—1963 年在伦敦做了一系列演讲。1968 年和 1969 年举办的关于中国城市的研究会议也获得了他的大力支持,这都为今天有关中国古代城市化的研究打下了基础。1965 年他发表了《象征与实用——长安和其他大都市的反省》(Symbolism and Function—Reflection on Changan and Other Great Cities)[3]一文,1973 年又和杜希德(Denis Twitchett)[4]教授合编了《唐代研究面面观》

---

[1] Arthur F. Wright, ed. *Confucianism and Chinese Civilization*, Stanford: Stanford University Press, 1964.

[2] 费正清著,陆惠勤等译:《费正清对华回忆录》,第 452 页。

[3] "Symbolism and Function — Reflection on Changan and Other Great Cities", *Journal of Asian Studies*, August, 1965. pp. 667 - 679. 刘素芬译:《象征与实用——长安和其他大都市的反省》,《"国立"台湾大学建筑城乡研究学报》第一卷第一期,1981 年 9 月,第 167 - 175 页。

[4] 杜希德(Denis Twitchett, 1925—2006),又译"崔瑞德",英国著名汉学家、历史学家,于剑桥大学获得博士学位。1960—1968 年任英国伦敦大学亚非学院(SOAS—University of London)汉学教授;1968—1980 年任英国剑桥大学汉学教授;1980—1994 年任美国普林斯顿大学胡应湘汉学教授。1967 年 2 月选为英国学术院(the British Academy)院士。主要研究中国隋唐史,与美国哈佛大学学者费正清共同主编《剑桥中国史》《剑桥中华文史丛刊》(*Cambridge Studies in Chinese History Literature and Institutions*)等。

(*Perspectives on the T'ang*)[1]一书。此外,芮沃寿在隋史方面也下了很大功夫,在生命的最后十年里完成了一项很重要的工程,就是应杜希德教授的委托,写成了《剑桥中国隋唐史》(*The Cambridge History of China*, Vol. 3: *Sui and T'ang China*, 589 - 906, *Part* 1)[2]里第二章隋朝的部分。后来在他去世后,他的学生又将其原来所写的隋史论文加上《剑桥中国隋唐史》里的内容扩充成了《隋朝》(*The Sui Dynasty*)[3]一书,于他去世两年后即1978年出版。晚年的芮沃寿另一个很感兴趣的领域就是中国历史学和比较历史学,他尤其关注史学的社会角色问题、史家的历史作用问题。他曾邀请世界各地的学者,于1970年在耶鲁举办了一个长达一年的关于中国史学和比较史学的研讨班。[4] 很遗憾的是,他想把这次研讨会的成果集结成书的愿望没能实现。

芮沃寿在耶鲁执教的几年为耶鲁大学做出了卓越的贡献,1961年,他与福特基金会协商,让后者为耶鲁大学捐赠了一大笔款项,用于重建耶鲁的区域研究。之后他又把自己的理念付诸实施,成立了"国际和区域研究大会"(Concilium in International and Area Studies)并担任执行秘书。他还帮助建立了东亚、俄国、东欧、拉美、非洲和西欧区域研究协会。他四处筹集资金用于帮助优秀的东亚研究协会的学生做课题,让耶鲁大学继续接受美国卫生教育和福利部(HEW)的拨款来用于语言和区域中心的发展建设。同时,他每年都要给历史系研究生做一次介绍性的演讲课程,主办至少三个不同的本科生研讨会,指导内容跨度从唐代至明清变迁的学术论文。

1970年,芮沃寿一生的知心伴侣、同事芮玛丽罹患癌症不幸去世,这对芮沃寿来说是一个不小的打击。幸运的是,芮沃寿遇到了一位富有同情心、和蔼可亲的女士——玛利亚·维兰维茨·韦尔奇(Marya Wanlowicz Welch),两人很快结婚。在中美关系正常化后,芮沃寿曾于1973、1974年两次来到中国大陆访问。1975年,芮沃寿接见了前来拜会他的美籍华裔历史学家黄仁宇,当时黄仁宇为了自己

[1] Arthur F. Wright and Denis Twitchett, ed(s.) *Perspectives on the T'ang*, New Haven: Yale University Press, 1973.

[2] 杜希德编,中国社会科学院历史研究所西方汉学研究课题组译:《剑桥中国隋唐史》,中国社会科学出版社,1990年。

[3] Arthur Frederick Wright, *The Sui Dynasty: The Unification of China*, New York: Alfred A. Knopf Publishers. Inc, 1978.

[4] 可参考朱政惠主编:《海外中国学评论》第1辑,上海古籍出版社,2006年,第243页。

的新作《中国并不神秘》来寻求芮沃寿的帮助,但是芮沃寿并不认同他用过少的篇幅,以纵向的宏观视野的"大历史观"来诠释中国历史的逻辑脉络,双方未能达成一致。不过万幸的是,芮沃寿肯定了黄所提到的"一部反映 16 世纪末某一年发生在中国的事"的写作计划。"这本《中国并不神秘》的姊妹篇则是中国历史的横切面,以明朝晚期为切入点,叙述帝国内部的运作状况。黄仁宇准备用这个时代的几个人物的综合传记来反映明朝末期统治的情况。而芮沃寿建议让他参考朱东润撰写的《张居正大传》,同时提醒黄仁宇不要写成小说和历史的混杂体。"[1]这本书后来历经波折终于写成出版,即为著名的《万历十五年》。

非常遗憾的是,就在芮沃寿认真整理,准备出版自己有关佛教的论文集[2]时,他突发重病于 1976 年 8 月 11 日在康涅狄格州的新伦敦去世。

二　芮沃寿的中国佛教史研究

美国的中国佛教研究起步比较晚,与欧洲、日本相比水平还较为逊色,但最近几十年有后来居上的趋势。美国的中国佛教研究主要奠基在 20 世纪 60、70 年代,也可称为开创酝酿阶段,芮沃寿可以被认为是当之无愧的开拓者之一。

芮沃寿之所以会转入中国佛教研究领域,除了青少年时期所受到的耳濡目染外,最主要的还是受中国历史与时代背景影响所致。中国自进入近代以来,被西方列强的坚船利炮打开了国门,割地赔款,丧权辱国,民族危机空前加深;在精神层面,原有的儒家思想、封建纲常,也在西方资产阶级思想和文化的冲击下摇摇欲坠,几乎陷入了万劫不复的境地,中西文明发生了剧烈的碰撞。中国必须努力寻求对西方文明的理解,以看清自己身居何处并走向何方。平心而论,这并不是中国第一次遇到外来思想文化的空前挑战,由此上溯近两千年,由印度传来的佛教也曾对中国本土固有的思想文化掀起了巨大的波澜,"佛教甚至比 19 世纪的西方文化对中国文明提出更直接的挑战,对佛教的容纳是中国人在近代以前对外来事

---

〔1〕　参见新浪新闻中心:孙展:《〈万历十五年〉一波三折的背后》,网址: http://news. sina. com. cn/c/cul/2006-08-18/102210761745. shtml.

〔2〕　Robert M. Somer, ed. *Studies in Chinese Buddhism*, New Haven: Yale University Press, 1990.

物最大的一次吸收"[1]。在这种强烈的现实关怀下,芮沃寿将目光转向了中国佛教史,探究历史上两个文明相遇时所发生的种种相互作用和延续至今的影响,以及由此引发的中国思想和文化的变迁,从而更好地理解中国的过去和今天。

芮沃寿对中国佛教史研究的领域可以说是十分广泛,涉及了中国佛教的阶段划分问题,佛教的中国化即儒、释、道三教的关系,梁慧皎《高僧传》的研究,以及初唐政教关系及反佛运动问题等等。他主要从宏观和微观两个层面来研究中国佛教的发展历史,具体体现在《中国历史中的佛教》[2]和《中国佛教研究》[3]这两本著作以及《唐太宗与佛教》[4]等论文之中。其中《中国历史中的佛教》虽然篇幅不长,却已成为美国中国佛教研究的入门书籍之一,成了该领域的经典名著。

此书的形成源于芮沃寿在芝加哥大学所做的由人类学系和联合神学院共同举办的六次演讲,仔细分析不难看出,其主干部分脱胎于芮沃寿于 1957 年在《亚洲研究期刊》上所发表的论文《佛教与中国文化:相互作用的阶段》(Buddhism and Chinese Culture: Phases of Interaction),再加上论汉代思想和文化的第一章,以及论当代佛教在中国遗产的最后一章,最终成书。

全书共分为六章:(1) 汉代的思想与社会(公元前 206—公元 220 年);(2) 准备(preparation)时期,即东汉至六朝初期(公元 65—317 年);(3) 驯化(domestication)时期,即南北朝时期(公元 317—589 年);(4) 独立成长(independent growth)时期,即隋唐时期(公元 589—900 年);(5) 挪用(appropriation)时期,即五代至清末(公元 900—1900 年);(6) 中国佛教之遗产。纵观以上目录,可知芮沃寿将中国佛教发展分为四个时期。至于为何要如此划分,芮沃寿在书中说道:

> 对这些范围广阔的问题和过程的考察,可以采用共时性的方式,即分不同章节讨论中国文化中受到佛教影响或改造的各个不同方面;也可以采用历

---

〔1〕 费正清、赖肖尔著,陈仲丹等译:《中国:传统与变革》,江苏人民出版社,2012 年,第 79—80 页。

〔2〕 英文版名为 *Buddhism in Chinese History*, Stanford University, 1959。中文版《中国历史中的佛教》,常蕾译,北京大学出版社,2009 年。

〔3〕 Robert M. Somer, ed. *Studies in Chinese Buddhism*.

〔4〕 芮沃寿著,陶晋生译:《唐太宗与佛教》,《唐史论文选集》,幼狮文化事业公司,1980 年。

时性的方式,即按时代来分割。我选择了历时性的方式。作为一个历史学家,我习惯于思考一个文明整体在时间中的变化,以及这个文明的各个方面在某个特定时刻的交互作用。……这个时期被冠以不同的名字,提示每个时期佛教与它所进入的文化相互作用的不同模式。〔1〕

由此可见,芮沃寿是站在中国本土文化与外来佛教文化不断互动的过程——这一角度来分析看待问题的,而不是持有像黑格尔、诺斯罗普那样的欧洲中心论,更非持有像兰克所说的那样"东方民族是永远静止的民族"的观点。而当代学术界和宗教界对于佛教发展的时期划分,呈现出"仁者见仁,智者见智"的局面。芮沃寿之所以这样划分中国佛教发展的时期,外在地看,其主线是中国本土文化与外来印度佛教之间不断碰撞交流即佛教中国化的过程。若仔细分析其内在线索,中国佛教的发展史就是一部儒、佛、道三教冲突融合的历史,一部三教的关系史。芮沃寿的这本著作就是以佛教为主角,围绕着佛教与中国本土的儒、道二教的关系展开的。

非常突出的是,芮沃寿在研究一历史事物的时候,不只是简单的描述和评价,就事论事,而是一定要上溯追寻其社会背景和历史渊源。这也可算是他的一个重要的学术特征和治学方法,在其别的著作中也有充分的体现。他在本书第一章中详细地描述分析了佛教传入中国前西汉已拥有的儒家思想体系和社会制度。西汉在历经初创时期的休养生息、韬光养晦,经过了长达半个世纪的物质积累之后,到了汉武帝时期,西汉社会已经呈现出空前繁荣的局面。经济基础决定上层建筑,物质上的繁荣稳定必然决定了意识形态上的"大一统"局面的到来。其后汉武帝采纳了董仲舒"罢黜百家,独尊儒术"的主张,把经过改造后的儒家思想作为官方正统的意识形态。芮沃寿指出:

佛教渗入中国的第一阶段所遭遇到的,正是这个综合体和与之相伴的世界观。这个综合体是于特定的社会状况中得以成型,并在精英阶层的思想中取得权威性的。……我们称之为汉代儒学的观念体系可以视作新的士族精英阶层对合理化新帝国秩序和他们自己在其中的位置这一问题所作出的知

---

〔1〕 芮沃寿著,常蕾译:《中国历史中的佛教》,第2页。

性反应。〔1〕

从他的分析中可以看出汤因比似的文明形态观的思维方式，又能感受到其重视思想的社会背景的研究方法。芮沃寿还称：

> 看来极好服务于君主和精英需求的帝国儒学，却最后被证明有几个致命的缺陷。它在类比推理方面走得太远，招致了无神论者和自然主义者的批判，从而使整个高度衔接的结构都被置于怀疑之中。……关注稳定和等级的汉代儒学逐渐僵化为专注于权威经典解释的争论和诡辩的繁琐哲学。这削弱了它自我更新的容受力和解决社会及政治环境的变化的无论是智力的还是实际的新问题的能力。〔2〕

他认为，汉代儒学与汉帝国的政治制度是融为一体的，荣辱与共。一旦汉帝国覆灭，汉代儒学也将随之土崩瓦解。再加上皇室内部的争权夺利，士大夫阶层的抨击时政，以及农民的反抗斗争，这三者的合力留下了一个社会根基业已动摇、撕裂的社会，这样的社会也就"成为异域思想和制度得以植入的极有希望的温床"〔3〕。

进入两汉之际，印度的佛教由西域传入了中国。佛教想要在中国广泛地传播，首先面临的困难是中印两大文明在文化上巨大的鸿沟。就以语言文学为例："汉语是非曲折的、语标的，而且很大程度上是单音节的，而印度语言是高度曲折的、字母的、多音节的；汉语没有系统的语法；而印度语言，尤其是梵语，有规则的、高度精致的语法；当我们转向文学模式时，我们发现中国人喜欢简洁、求相似的隐喻、具体的形象，而印度文学往往是散漫的、比喻夸张的，并充满了抽象。"〔4〕所以佛教要在中国生根立足，就必须适应中国固有的文化和信仰，吸取儒学和道教中的有用成分。佛教的中国化也就是佛教的儒化和道化，这一过程是通过佛经的翻译所表现出来的。

佛教在进入中国的相当长的一段时间里，对一般民间百姓的影响是相当有限

---

〔1〕 芮沃寿著，常蕾译：《中国历史中的佛教》，第7页。
〔2〕 芮沃寿著，常蕾译：《中国历史中的佛教》，第11—12页。
〔3〕 芮沃寿著，常蕾译：《中国历史中的佛教》，第13页。
〔4〕 芮沃寿著，常蕾译：《中国历史中的佛教》，第24页。

的,主要在皇室及贵族上层传播。芮沃寿将其解释为:"汉代思想与制度的综合体的崩溃还没有孤立各个阶层的中国人,从而使他们易于响应新的尤其是来自于异域的思想和制度;另一层面是佛教还没有完成最初的适应进程,以使它更易于为中国人所接近和理解。"[1]所以东汉三国时期,在老百姓和帝王贵族的眼里,都是佛、道不分的,视佛教为神仙方术或黄老浮屠的一种,例如楚王英和汉桓帝都把佛陀和黄老一体对待,一并奉祀。正如芮沃寿所引马伯乐之话:"道教团体有助于传播某些佛教的象征和崇拜,因此扮演的角色类似于帮助早期基督教在罗马世界传播的犹太团体。"[2]随着西域来华僧人的增多,译经事业日趋繁盛,早期译经家为了迎合本土的需要,开始使用大量的道教、儒家用语来翻译佛经。例如把"法""菩提"翻译成"道",把"罗汉"翻译成道教神仙"真人",把"涅槃"翻译成道家的"无为",把"释迦牟尼"翻译成儒家的"能仁"。以第一部汉译佛经《四十二章经》为例,它里面吸取了《淮南子·精神训》里"解无为法""行道守真"之类的道家思想,来讲沙门行戒和修清静无为,它的文体则模仿了儒家经典《孝经》。大乘佛经《般若经》又以它的性空、本无之义,和当时盛行的老庄玄学相比附,使它在魏晋获得广泛流行。并且玄学本身就是儒、道兼综,因此玄佛合流也就有了三教融合的意味。汉代佛经为适应中国的伦理道德规范也作出了很大的调整,如将与儒家孝道相冲突的部分删除或不译,将原文中的男女平等改为男尊女卑等等。在汉末时期,当时社会上就流行着"老子化胡说",即"老子入夷狄而为浮屠",老子西入印度化作了释迦牟尼,道家的始祖成了佛教的创始人。后又有《老子化胡经》流传。一般都认为此种说法是道士为了刻意抬高道教的地位,凌驾于佛教之上而伪造的。佛教因为当时自身的弱小,所以只能采取默许的态度,甚至有意攀附。但是镰田茂雄却提出了相反的看法,他认为"老子变成释迦和老子教化释迦,也许都是为使中国社会接受佛教才提出的权宜之说,或者说,最初是佛教方面提出来的"[3]。荷兰汉学家许理和[4]在其著作《佛教征服中国》[5]中最后一章对此进行了详尽的描述,

〔1〕 芮沃寿著,常蕾译:《中国历史中的佛教》,第16页。

〔2〕 芮沃寿著,常蕾译:《中国历史中的佛教》,第24页。

〔3〕 镰田茂雄著,郑彭年译:《简明中国佛教史》,上海译文出版社,1986年,第39页。

〔4〕 许理和(Erik Zürcher, 1928—2008),荷兰著名汉学家,莱顿(Layden)大学教授。1959年以《佛教征服中国》获得博士学位,该书于当年出版后久享盛誉。1962年任莱顿大学东亚史教授。1969年创设莱顿大学汉学院现代中国资料中心。1974—1990年任该校汉学院院长,其间还兼任该校中文系主任、《通报》主编。

〔5〕 许理和著,李四龙、裴勇等译:《佛教征服中国》,江苏人民出版社,1998年。

也持怀疑的态度。

到了魏晋时期，格义佛教也就流行了起来。所谓"格义"，就是选择佛教的概念组并以相类似的本土概念组与之匹配，以使人们更好地理解并接受佛教。例如佛教的"四大"——地、水、火、风，为了解释的目的而与中国的五行"配对"，儒家的"五常"等同于佛教的"五戒"，直到魏晋后佛经翻译的逐渐成熟和规范化后，"格义"才被废弃不用。芮沃寿认为另一种改造和解释佛经的方式是"护法文"，即这种著作为外来的系统辩护，不仅赞扬它的优点，还指出它与本土思想和价值相一致或为其补充之处。其代表作就是成书于汉末或三国时期的牟子[1]的《理惑论》。作者牟子针对当时人们对佛教的怀疑和非难，站在佛教的立场上，大量引用孔子、老子等人的话为佛教辩护，论证佛教与儒、道并无二致。"他对佛教的辩护很柔和机捷，从不同的儒家和道家的经典中寻找看起来支持佛教信仰或修行的段落。"[2]牟子为反对出家人不敬其亲、有违孝道的说法，提出出家人一旦成就佛道，"父母兄弟皆得度世"，这就是最大的孝，并不违背儒家道德。值得注意的是，《理惑论》在极力提倡儒、佛、道一致的同时，对原始道教和神仙之术进行了批判。在两晋以前，是佛教依附于道教，在思想理论上是佛教吸取道教。但是随着佛教的初步发展，羽翼渐丰，二者相互吸取的情况发生了相反的转化。发展壮大的佛教已无法容忍"老子化胡"的说法，屈居于道教之下，准备对道教展开反击。可以说《理惑论》拉开了此后长期的佛道之争的序幕。

进入南北方朝时期，佛教在中国迎来了空前的发展。芮沃寿在书中第三章中认为，汉帝国与汉代儒学已经完全崩溃，上层精英与大众都开始皈依佛教。他引证戴密微的观点，认为慧远[3]就是中国文人转向佛教的一个典型。而且旧儒学的名词例如"理"被赋予了大乘佛教哲学的形而上学的新含义。与此同时，佛教与儒、道二教的斗争也逐渐展开。因为南北分裂的历史背景，南北佛教形成了各自

---

〔1〕 牟子（170—?），名融，字子博。苍梧郡广信人。东汉末年佛学家。他精通诸子百家，成为广西最早研究佛学的人。三国初，著有《理惑论》三十七篇，糅合儒、道各家学说，是中国第一部佛学专著。

〔2〕 芮沃寿著，常蕾译：《中国历史中的佛教》，第28页。

〔3〕 慧远（334—416），俗姓贾，东晋时人，出生于代州。居庐山，与刘遗民等同修净土，为净土宗之始祖。精通儒学，旁通老庄。二十一岁时，偕同母弟慧持前往太行山聆听道安法师讲《般若经》，于是悟彻真谛。入庐山住东林寺，领众修道。为道安的上座弟子，善于般若，并兼倡阿毗昙、戒律、禅法。因此中观、戒律、禅、教及关中胜义，都仗慧远而流播南方。净土宗的基本经典有《无量寿经》《观无量寿经》《阿弥陀佛》《往生论》等。

的风格,佛教与王权以及佛教与儒道的关系在南北方也有各自的特点。南方佛教重义理,北方佛教重实践。"在南方,无论财富还是政治的权力都没有集中在王权手中,反而是大的地方士族控制和操控王权,并垄断官员遴选。"[1]南方帝王虽然崇佛,但对儒道仍然加以利用,即使有时出于政治需要,对过分发展的佛教采取限制措施,但手段都很温和,儒、释、道三教的斗争一般也只是思想领域的斗争。所以南方才有因果报应之争、夷夏之辨、《神灭论》之争的大论战,甚至会出现慧远《沙门不敬王者论》的辩解。在北朝,因为异族君权的强大,则出现了帝王利用权力灭佛的激烈事件,佛教与儒道的斗争,也表现为借助于帝王的权力来打击对方,呈现出"不爱文斗爱武斗"的特点,突出表现为北魏太武帝和北周武帝先后两次灭佛。这两次灭佛事件虽均含有佛道矛盾因素,但都具有更深刻的政治经济内容。北朝佛教不仅有政府设立的僧职机构,而且出现了拜天子即为礼佛的说法。对此,芮沃寿评论道:"比起南方佛教徒满足于让政治上软弱无力的皇帝成为大施主,并以印度转轮王的方式使用君主权力为信仰谋福。北方佛教更接近于政教合一的体制(Aesaro-papism)。"[2]但是总的来说,佛教在南北方都赢得了最高统治者的支持和保护,传播到社会的各个领域,起到了弥合社会裂痕的作用。同时在减少南北文化差异中扮演了重要角色,为统一的、最终是儒家社会的来临奠定基础。

隋唐时期是中国佛教发展的巅峰,并完成了其自身的中国化,本文将在本章的第三节对隋唐佛教的某些方面进行阐述。晚唐时期唐武宗发起的灭佛运动给了中国佛教以致命的打击,佛教趋于衰微,但是入宋以来佛儒道"三教合一"的趋势却大大加强。芮沃寿认为:"新儒学不知不觉地挪用了佛教思想中那些有持续吸引力的元素,为精英阶层提供哲学和思想形态。"[3]宋代及以后的社会改革家和政治家身上,具有一股唐代迂腐儒学中所缺乏的理想主义和社会道德责任感。他引用刘子健(James T. C. Liu)[4]的观点,以范仲淹为例,范的座右铭"先天下之忧而忧,后天下之乐而乐"所表现出来的伦理的普世性即"挪用"于大乘佛教。

---

〔1〕 芮沃寿著,常蕾译:《中国历史中的佛教》,第38页。

〔2〕 芮沃寿著,常蕾译:《中国历史中的佛教》,第45页。

〔3〕 芮沃寿著,常蕾译:《中国历史中的佛教》,第72页。

〔4〕 刘子健(James T. C. Liu, 1919—1994),早年求学于燕京大学、美国匹兹堡大学和哈佛大学,美国普林斯顿大学教授。研究遍及宋代政治、文化和社会生活的方方面面。著有《宋代诗研究汇编》《中国转向内在》等。

朱熹的理学有着佛教渐进派的影子,王阳明的心学则有佛教顿悟派的味道。新儒学的塑造者们生活在充满了佛教影响的氛围里。在民间,佛教元素渗透在宗教、文化和社会生活各个层面中,佛教原有的特征逐渐湮灭,不为人所辨。例如佛教节日盂兰盆会对盆子的使用只是对梵语音节"ban"音译的误解;佛道在民间的信仰日趋融合,佛寺道观同立关帝和观音像,和尚道士一起被邀驱邪求雨,超度法事;宋代以后兴盛的宗族组织的很多特征都是源于佛教等等。进入明清时期,佛教与儒道继续融合,几乎到了个性渐泯、彼此混同、你我难辨的境地。

在全书的最后一章,芮沃寿介绍了20世纪的中国佛教,重点分析了近代中国佛教"回光返照"式复兴的原因。他的思想方法带有浓重的汤因比的文明史观和费正清的"冲击—反应"理论的色彩。他认为,佛学复兴是中国知识分子对近代西方文明挑战的回应行为。芮沃寿引证戴密微的观点,说明佛学复兴中普遍的做法是论证西方文化的发明创造都是佛教中已具有的东西,例如民主、人道、理性主义乃至自然科学中的原子理论。又引用列文森(J·R·Levenson)[1]的结论,认为梁启超之所以特别强调中国人在大乘佛教形成中所起的关键作用,是想在中国传统文化一败涂地,国人对自身文化丧失信心的情况下,以此来增强中国人的民族自尊心与自信心。但是这种复兴毕竟是十分微弱的,佛教思想和术语的晦涩难懂以及它的消极避世,对政治的漠不关心,都使得大多数西化的中国知识分子对它不感兴趣甚至是激烈抨击。

《中国历史中的佛教》一书正是芮沃寿在宏观上对中国佛教发展精辟的梳理和把握,卜德教授对此评价道:

> 他所展现的画卷不但引起了那些学习中国历史、宗教和文化互动的学生们的强烈兴趣,而且可能也为在今日中国正在发生的文化借鉴与适应的复兴过程提供了清晰的线索。尽管芮沃寿教授研究的中国佛教有着令人敬畏的跨度和复杂性,但他还是以其简明清晰,深刻洞察娴熟地驾驭了这个主题。他大师般地使用了众多中文和日文的专业研究成果,以及当时欧洲方面的文

---

[1] 约瑟夫·列文森(Joseph R. Levenson, 1920—1969),美国著名汉学家,美国中国近代思想史研究领域的开拓者和领导者,曾任加州大学伯克利分校教授,是美国20世纪五六十年代中国学研究领域最主要的学术代表之一。其代表作为《梁启超与近代中国的心灵》和《儒教中国及其现代命运》。

字材料。[1]

当然,限于此书的篇幅,芮沃寿对中国佛教史上很重要的人物例如僧肇和玄奘,几乎没有提到或者只是一笔带过,对"会昌法难"只用了短短两句的描述。而且他过于关注佛教的外在的社会影响,而不是其内在教理的发展变化。卜德教授认为此书应该的篇幅可以再扩充一倍,增加一些佛教艺术的内容如石窟雕塑应该更为完美。总之,此书瑕不掩瑜,是美国中国佛教史研究领域中一本继往开来的经典著作。

芮沃寿对中国佛教史的研究分为宏观和微观两个方面,也可以说是纵向和横向两个层面。《中国历史中的佛教》主要代表了其宏观和纵向的研究成果,其微观和横向则选定了魏晋南北朝和隋唐这两个时期的佛教作为研究对象。具体地表现在《中国佛教研究》这本论文集中。这本书收录了芮沃寿五篇关于中国佛教的学术论文,第一篇《佛教与中国文化:相互作用的阶段》(Buddhism and Chinese Culture: Phases of Interaction)为《中国历史中的佛教》的蓝本,第五篇主要讲初唐时期傅奕的反佛运动。其余三篇都是研究或涉及南朝梁代释慧皎[2]所作的《高僧传》,按发表时间分别为:《佛图澄传》(Fo-t'u-têng: A Biography)[3],《安令首尼师传》(Biography of the Nun An-ling-shou)[4],《慧皎的高僧传——人物传和圣徒传》(Biography and Hagiography: Hui-chiao's Lives of Eminent Monks)[5]。芮沃寿首先从佛图澄和安令首这两位南北朝时的著名僧尼入手,见微知著,进而对慧皎的《高僧传》进行深入细致的研究。对个案的研究又引发了他对整个中国佛教史的关注。可以说他对《高僧传》的研究为其佛教史的写

---

[1] Derk Bodde, Reviewed work(s): *Buddhism in Chinese History* by Arthur F. Wright. *The Annals of the American Academy of Political and Social Science*, 1959, p. 171.

[2] 慧皎(497—554),南朝梁时僧人,佛教史学家。会稽上虞人。撰《涅槃义疏》十卷、《梵网经疏》三卷行世。因对梁僧宝唱所作《名僧传》不满,遂集前人资料,撰成《高僧传》十四卷,记载汉明帝以来四百余年数百名僧传略,为汉传佛教史上第一部较系统的僧传,所创僧传体例为后世所依。

[3] "Fo-t'u-têng: A Biography", *Harvard Journal of Asiatic Studies*, Vol. 11, No. 3/4 (Dec., 1948), pp. 321 - 371.

[4] "Biography of the Nun An-ling-shou", *Harvard Journal of Asiatic Studies*, 15, Nos. 1, 2 (Jun. 1952), pp. 193 - 196.

[5] "Biography and Hagiography: Hui-chiao's Lives of Eminent Monks", *The Silver Jubilee Volume of the Zin-bun-Kagaku-Kenkyyusbo*, 1954, pp. 383 - 432.

作奠定了良好的铺垫。最终的成果就是宏观的《中国历史中的佛教》一书的问世。

芮沃寿为何要选择佛图澄这位北朝时后赵的一位外国僧人作为其研究《高僧传》的切入口呢？这必须考虑到当时的时代背景。南北朝时期除了西晋前期(公元 265—301 年)曾获得过短暂的统一外,随后便爆发了著名的"八王之乱",其余大部分时间内处于动荡战乱中,加上北方少数民族进入中原,五胡乱华,先后建立过 35 个大大小小的政权,各个政权间为争夺势力范围相互厮杀,战争频繁,军阀混战,人民生活极端困苦,痛不欲生。特别是北魏统一以前,北方历次的战乱破坏性很大,饿殍载道,人口锐减。佛教在南北朝时期获得了空前的大发展。在东晋之前,历代皇帝都不允许汉人出家为僧,"往汉明感梦,初传其道,唯听西域人得立寺都邑,以奉其神。其汉人皆不得出家。魏承汉制,亦循前轨。"[1]西晋篡夺曹魏而建立,对待佛教的政策也承袭曹魏,禁止晋人出家:"太康(西晋武帝年号)中,禁晋人作沙门。"[2]只允许天竺和西域来的僧人在京都建立寺庙,翻译经书,供奉佛陀。这一切都为佛法在中国的广泛传播奠定了深厚的社会基础和便利的政治条件。而"佛教史家把佛图澄、道安及慧远三人当做中国佛教界的伟人"[3],由此大致可了解佛图澄在来华的外国僧人中所做出的贡献是相当巨大的,将其作为研究对象是很具有代表性的。

芮沃寿在《佛图澄传》中分生平事迹、史料来源、姓氏籍贯考证和《高僧传》里的故事四个部分详细地研究了佛图澄的一生。他一开始就介绍了佛图澄来到中国的时代背景和社会状况,佛图澄以七十九岁高龄,带着满腹经纶从西域来到西晋的都城洛阳,本想在洛阳建立寺院弘扬佛法、翻译经书,但是正赶上北方匈奴族的首领刘曜攻陷都城,整个国家陷入一片混乱。迫不得已,他只好暂居草野,等待时机。后来佛图澄得知当时的羯胡首领石勒拥有雄才大略,便通过其麾下大将郭黑略的关系,面见石勒并略施法术来印证佛法的无边广大:

> 他知道石勒无法领会深奥的义理,只能通过神通使其信服佛教的力量……因此他拿出他的钵,装满水,燃了香,施了咒。瞬间长出了青莲花,它

---

〔1〕《高僧传》卷九《佛图澄传》,陕西人民出版社,2010 年,下册,第 516 页。
〔2〕《法苑珠林》卷二十八《晋抵世常传》,上海古籍出版社,1991 年,第 198 页。
〔3〕 镰田茂雄著,郑彭年译:《简明中国佛教史》,第 46 页。

的光芒和色彩使人目眩。[1]

这赢得了石勒一生的折服与信任,佛图澄便在其身边参与军机要务,出谋划策,施展神通,最长于咒术和预言。在石勒死后,佛图澄继续与其侄子石虎保持了亲密的关系,石虎奉之为国宝,尊称为"大和尚"。《世说新语·言语》第四十五则有这样一句话:"佛图澄与诸石游。林公[2]云:'澄以石虎为海鸥鸟。'"芮沃寿认为这是说佛图澄把石虎当做海鸥这种具有野性和警惕性的鸟类,能觉察自己任何不忠的想法,如同《庄子》中的鸥鸟那样。[3] 在取得了石勒家族的信任与全力支持后,佛图澄便开始在北方大力弘扬佛法,建立佛寺 893 所,使佛教获得令人瞩目的发展。并以佛教慈悲戒杀教义劝诫统治者保护民众,安定秩序,发展生产。在北方,佛教高僧取得异族统治者的支持不外乎都是靠着展示非凡神力、帮助祈雨祛病、帮助赢得战争这些手段获得的。对此,芮沃寿分析道:

> 当胡人首领足够明白他们的部落方式不能支撑他们对北方中国的控制时,他们也不愿采用老谋深算的汉人顾问们竭力推荐的儒家原则,因为这种做法或许意味着文化身份的丧失,以及把致命的权力拱手相让给臣服的汉人。佛教提供了一种颇有吸引力的选择,而且佛教僧侣们很多是外国人……他们支持佛教的更深的原因是它的伦理是普世性的,可以为所有种族、时代和文化的人们所接受,因此它看来正好可以弥补伤害这些政体的社会裂缝,并有助于建立一个统一而圆通的社会体。[4]

异族的统治者为了在中原建立稳固的统治必须借助来自西方的佛陀——被视为"戎神"的力量来加以神化和巩固,西域的僧侣也需要皇权的荫庇来对抗本土的儒道势力,大力传播佛法。双方一拍即合,各取所需。芮沃寿认为,佛图澄在中

---

[1] Robert M. Somer, ed. *Studies in Chinese Buddhism*, p. 47.

[2] 支遁(314—366),字道林,世称支公,也称林公。陈留(今河南开封市)人。东晋高僧、佛学家、文学家。他初隐余杭山,25 岁出家,曾居支硎山,后于剡县(今浙江省嵊州市)沃洲小岭立寺行道,僧众百余。晋哀帝时应诏进京,居东安寺讲道,三年后回剡而卒。他精通佛理,有诗文传世。

[3] 参考徐菲、丁宏武:《"澄以石虎为海鸥鸟"新解——兼谈佛图澄与石氏关系的意义及影响》,《宗教学研究》2012 年第 2 期,第 145 页。

[4] 芮沃寿著,常蕾译:《中国历史中的佛教》,第 42 页。

国佛教发展史上至少有两点贡献:一是首创了佛教与统治者紧密结合的模式,到北魏时发展为"政教合一"的体制。使得佛教由民间的宗教活动一跃成为国家大力扶持的官方意识形态,这对后来的隋唐时期佛教的大发展以及其后的政教关系产生了深远影响。二是培养出一大批杰出的弟子,例如竺法雅、道安、竺僧朗、竺法汰、法和、竺佛调、安令首等,尤为突出的是道安协助鸠摩罗什准确翻译了大量的佛教经典。

芮沃寿在文章最后收录了 46 篇《高僧传》里关于佛图澄的故事,其中给人留下深刻印象,充满神异色彩的有:以水洗肠、幽州灭火、闻铃断事、龙岗咒水、手涂麻油、预知未来等等。他的这些社会活动主要分为政治、军事、医学、人情世故、幻术五个方面。由此可见佛图澄知识极为渊博,见识超群,社会阅历非凡人所能及。虽然他在佛学理论上是大乘、小乘兼修的"杂家",但是其学说没有流传于后世,反为其神迹所掩。汤用彤先生曾评价道:"澄公党徒之众,必常多为其方术所欲动……而澄之势力所及,必更多智识阶级以外。"[1]总而言之,佛图澄变消极避世的佛教为积极入世,与政治紧密结合,光大佛教,并努力服务于社会,造福百姓。他在中国佛教史上必然占有一席之地,芮沃寿选择他作为研究对象,相得益彰。

在篇幅很短的《安令首尼师传》中,芮沃寿着重考察了佛教教规与中国社会道德伦理的冲突与协调的问题。安令首为后赵时代之尼僧,其生平事迹收录于宝唱[2]所撰写《比丘尼传》中。这篇传记实际上印证了牟子《理惑论》的主旨,即提倡佛儒合一,普通男女出家并非不孝,而出家人一旦成就佛道,"父母兄弟皆得度世",享受荣华富贵,脱离六界轮回的苦海,到达解脱的彼岸。这才是真正的孝,与儒家伦理道德并不冲突。芮沃寿分析认为,实际上佛图澄在后赵朝廷位高权重,掌握着相当大的权势和资源,他的暗中帮助一定能使徐仲升官发财,得偿所愿。这才是佛法能使人们进入"极乐世界"的真正原因。

对佛图澄和安令首的研究只是芮沃寿在研究佛教僧侣方面的小试牛刀,随后他将目光投向了南北朝时著名的佛教僧人传记《高僧传》。《高僧传》是我国历史上流传至今保存相当完整的佛教僧侣传记,作者慧皎记述了自东汉永平十年(67)至梁天监十八年(519)共 453 年间五百余位高僧的逸闻故事,在中国佛教史上享

---

〔1〕 汤用彤:《汉魏两晋南北朝佛教史》,北京大学出版社,1997 年,第 137 页。

〔2〕 宝唱(生卒年月不详),南朝齐梁时期僧人、佛学家。俗姓岑,吴郡(治今苏州)人。师事僧祐。齐建武中入闽。梁天监中还京,住新安寺,又住庄严寺。作《名僧传》三十卷,撰著多达七种。清人严可均《全上古三代秦汉三国六朝文》辑存其文四篇。

有十分崇高的声誉。

古今中外对《高僧传》的研究就有很多,而芮沃寿的《慧皎的〈高僧传〉——人物传和圣徒传》一文更是从作者生平、创作动机、材料的取舍和来源方面作了十分细致的说明。

芮沃寿在文章里详细分析了慧皎的生平经历,慧皎是梁代会稽上虞人,在南北朝大分裂的时期,大量北方门阀士族和知识精英为了躲避战乱,来到江东,在建康建立了一系列偏安的南方政权。这些知识分子也带来了大量先进的知识文化,例如当时的名士如阮裕、谢安、谢灵运、王羲之,不仅是各个领域中的翘楚,也都热衷于玄学的清谈之风。会稽本就位于吴越之地,又靠近首都建康,所受影响巨大,文化底蕴自然十分深厚。再加上会稽处于江南,气候宜人,风光秀丽,许多的佛寺和道观就选址于其中,宗教气息浓厚。所以在《高僧传》里我们能看到许多玄学的影子,充满了《老子》《庄子》和《易经》的语言,慧皎在青年时代受到儒道的巨大影响可见一斑。

芮沃寿着重分析了慧皎创作《高僧传》的几个动机:一是他对前代史书中关于僧人的记载不甚满意。在那些世俗的史书中,对僧人的记录要么被刻意省略,要么总是被排在无足轻重的位置上。而那些已有的僧传中,又存在着大量的问题(例如他对《名僧传》的批评)。所以他觉得自己应该去伪存真,去芜取菁,创作出一部更加全面、更加系统的崭新的僧人传记。二是作为一个虔诚的佛教徒,他有义务去弘扬佛法,传播这些高僧的事迹,正如芮沃寿所指出的:

> 从某种程度上说,站在中国史学的角度,用中国史学的编撰方法来构思并撰写这些高僧的传记,他是一个传记作者;站在阐述佛教徒虔诚信奉佛教的成果的角度,他用佛教的准则来编撰僧传,他就是一个圣徒传作者。[1]

而且在此以前,印度的僧传总是充满了大量的神话色彩,中国的文学神话故事如《搜神记》都对中国僧传的编写造成了不良的影响,降低了这些高僧事迹的可信度,因此芮沃寿推测:

---

〔1〕 Robert M. Somer, ed. *Studies in Chinese Buddhism*, p. 75.

比起让贵族和知识阶层知道佛教在心智上是值得尊敬的，佛教僧侣也过着非常有益、富有创意且严格自律的生活来，慧皎对利用神迹使愚民产生敬畏的兴趣要小得多。[1]

所以慧皎采取了中国史学客观真实的方法来编写僧传，扭转这种风气。三是拉近政教界的距离。慧皎在书中记载了大量佛教高僧与上层贵族之间的交往事迹，叙说统治阶层对佛教界是如何的尊敬与礼遇，以及双方的亲密友谊，凸显佛教在中国贵族阶层的生活中占有十分重要的地位。

芮沃寿还分析了慧皎撰写《高僧传》的所要表达的态度：首先是反对道教。虽然慧皎受到玄学、道家思想的一些影响，但是佛道二家为了获得更多的信众，取得统治者的支持，在南北朝时的斗争十分激烈。他在书中把道教描绘成一个完全失败和有害的宗教，笔下的道士也是邪恶腐败的。其二，强调佛教僧团的独立性，抬高佛教的地位。芮沃寿认为慧皎对世俗王权的态度与慧远"沙门不敬王者"的主张是一致的。慧皎在序言中明确谈到了创作缘由：

> 自前代所撰，多曰名僧。然名者，本实之宾也。若实行潜光，则高而不名；寡德适时，则名而不高。名而不高，本非所纪，高而不名，则备今录。故省名音，代以高字。[2]

他认为佛法东迁以来，大量的僧众为了弘扬佛法，历经千难万险，当然属于大德高僧，但是有的所谓"名僧"只是趋炎附势，徒有虚名而已，以"高"代替"名"表达了他的立传标准。最后一点，对朝廷僧团的冷淡。慧皎提出以"高"代"名"实际也是对撰写《名僧传》的宝唱的暗中攻击。芮沃寿提到慧皎对身在建康朝廷的僧团态度十分冷淡甚至是厌恶，这或许是身处乡下的僧侣对出在大都市同行的嫉妒，不禁让人想起中世纪比利时天主教教士的一句话："一个罗马的神学博士，到了鲁纹(Louvain)就一文不值。"[3]

慧皎的《高僧传》在体例上对中国史学是一脉相承的。芮沃寿提到《史记》

---

〔1〕 Robert M. Somer, ed. *Studies in Chinese Buddhism*, p. 76.

〔2〕 （梁）释慧皎撰，汤用彤校注：《高僧传》，中华书局，1992年，第525页。

〔3〕 Robert M. Somer, ed. *Studies in Chinese Buddhism*, p. 84.

是我国第一部纪传体通史,创立了书、表、本纪、世家、列传的格局,《高僧传》则分为书分为十科:译经、神异、义解、习禅、明律、亡身、诵经、兴福、经师、唱导。我国第一部编年史《左传》,创立了篇末评语的新形式,即在叙事中或叙事结束后直接加入议论,以"君子曰""君子是以知"等对事件或人物作出道德伦理评价,鲜明地表现出作者的立场和感情。司马迁正是受此启发,在先秦史书"论赞"的形式上,加以改造创新,创造出了一种新的史学批评模式,《史记》在每篇正文或前或后都附有一段"太史公曰",篇前称"序",篇后称"赞",司马迁在这些赞序中,或借以补充原篇中的事和义,或进行历史上成败经验教训的总结,或对历史人物进行评价。《高僧传》则分为十科,每科后均附有论赞,共有十篇论赞。十篇论赞上起一个序引的作用,集中放置在每部分的末尾,起总结升华的作用,论、赞分列,论主要用来阐释过程,提纲挈领;赞则是就事论事地抒发传者情感。总的说来,慧皎不仅在史学体例上继承了传统,同时又创造了符合时代要求的新的风格。

芮沃寿还指出了《高僧传》在材料上的取舍和来源。实际上,《高僧传》即脱胎于宝唱的《名僧传》。《名僧传》著于《高僧传》之前,正文有 30 卷,加上最末一卷的"序录",共 31 卷,收录后汉至南齐时期的中外僧人共 425 人,分为七个科目:一,法师;二,律师;三,禅师;四,神力;五,苦节;六,导师;七,经师。其价值和诸多优点是不容忽视的,但是也存在着一定的不足之处,如体例杂乱、不够严谨,记录的僧人过于广泛,不免有滥竽充数之嫌等等。慧皎通过对"众记"的详细考察,深刻发现了"高而不名"和"名而不高"的问题,他认为名僧未必有真实的修养和学问;而有真才实学的人,又常常不肯随俗俯仰,未必能知名于当世。所以对宝唱所著的《名僧传》这个"名"字不太满意,不提倡以"名"作为立传的标准,于是在重作僧传时,以"高"字代之,提出了"高僧"的标准。"高僧"这一名称,就是在此时产生的,并且一直流传使用至今。而在称呼上习惯以"高"代"名",可以说也成了中国佛教的一个特色。

芮沃寿对《高僧传》的研究着重于考察在佛教发展史上起到巨大作用的人物,并且尤其注意宗教人物与政治上层的关系。所以政教关系也成了他重点的研究领域。

除了魏晋南北朝外,芮沃寿对佛教微观研究的另一个时期就是隋唐两代。"隋唐时期是中国佛教独立和创造的黄金时期。最高统治者大力支持佛教,佛教寺院遍及全国,佛教全面而成功地在整个中国建立起来。中国接过了佛教思想发展的接力棒,天台宗、华严宗、禅宗等流派将佛教思想中国化推向高峰。"[1]具体地说,芮沃寿在《唐太宗与佛教》和收录于《中国佛教研究》的第五篇论文《傅奕与反佛运动》(Fu I and the Rejection of Buddhism)[2]中,将研究方向集中在初唐的政教关系与反佛运动这两个领域上。

中外史学界关于唐代佛教的学术著作数不胜数。初唐的政教关系主要体现在唐太宗与佛教的关系,关于唐太宗对佛教的态度,学术界早前有两种截然相反的说法:一种说唐太宗对佛教是十分厌恶排斥的,因为根据贞观六年(632),傅奕第二次上书挑起佛道论战,佛教僧侣上书驳斥对方,诋毁道教始祖老子这位李氏遥尊的祖先,损害了皇室的权威,引起李世民的反感,他于贞观十一年(637)下《道士、女冠在僧尼之上诏》,确立了"道先佛后"的位次。另外在贞观二十年(464),他又下诏贬斥崇佛的大臣萧瑀:"至于佛教,非意所遵,虽有国之常经,固弊俗之虚术。……报施之征,何其谬也!"[3]并得意地数落萧瑀的祖先梁武帝和梁简文帝,醉心于佛教,最后弄得国破人亡。另一种说法依据唐太宗兴建佛寺、剃度僧尼、布施还愿等措施,就认为他非常媚佛,简直与佞佛的隋文帝父子如出一辙。芮沃寿认为这两种说法都过于简单化,一般来说是忽略了以下三种历史现象:"一,唐太宗处身的文化脉络;二,唐太宗个人——他的政治和心理传记;三,他面对强大的宗教社团、有影响力的佛教信徒和百姓所作的复杂的意识形态和政策的选择。"[4]

首先,李世民出生于北朝胡化程度很深的统治阶级家庭,他的祖母是强大的鲜卑族独孤氏,其家族充满着尚武的气息,弓马娴熟,热衷狩猎,对儒家书本反而比较陌生。而且当时的北方社会完全处于佛教的浸润里,民众对佛教的崇信皈依十分热忱普遍。据《新唐书》记载,李世民的两个兄弟都有佛教的小名,在高祖李渊为隋朝刺史时,李世民罹患疾病,李渊就为其在寺庙里塑了一座佛像,保佑其早日恢复健康并降福于全家。太宗就是在佛教的耳濡目染中成长起来的。而且李世民的母亲窦氏也是出身于混血的北周皇室,拥有北方游牧民族妇女坚强而独立的个性,并是个虔诚的佛教徒。芮沃寿指出,草原的游牧民族都有母亲宠爱儿子

---

〔1〕 芮沃寿著,常蕾译:《中国历史中的佛教》,第49页。

〔2〕 "Fu I and the Rejection of Buddhism", *Journal of the History of Ideas*, Vol. 12, No. 1 (Jan. , 1951), pp. 33 - 47.

〔3〕 《旧唐书》卷六十三《萧瑀传》,中华书局,1975 年,第 216 页。

〔4〕 芮沃寿著,陶晋生译:《唐太宗与佛教》,《唐史论文选集》,第 19 页。

的传统,这就容易造成血型的父子冲突。窦氏对李世民的影响是十分巨大的,在下文可见李世民崇佛的若干行动显然都是为了纪念他的母亲而发起的。

李世民在成年后,参与了其父领导的反隋斗争,成了李氏夺权的策划者和灵魂人物。但是近年来的历史研究发现,这些可能都是李世民施加压力篡改历史记载的结果。武德三年(621)时,太宗为了攻打占据洛阳的王世充,征召了附近嵩山少林寺的武僧助战,在取得胜利后给予了他们丰厚的赏赐。第二年,李世民在荥阳擒获了农民起义军首领窦建德,晚上行军时,忽见天空中观音菩萨显灵,认为此战获胜为观音所庇佑。后奏报高祖,在荥阳广武山建观音寺。在发动"玄武门之变",诛杀其兄弟,逼迫其父让位,自己继承大统后,李世民采取了一系列有利于佛教发展的措施,如度僧三千人,请来很多高僧来皇宫举行了七天的法会等等。629年,"太宗又下令在七个不同的站址,各造寺院一座,让僧侣们为在唐初战争中死难的将士长期地诵经超度亡灵"〔1〕。对此芮沃寿分析道:

> 一般来说,在中央政府的用人,太宗小心地确认地区、家族和利益团体来帮助他巩固权力。在这段期间中,他对佛教的正式行动也具有类似的目的:他要讨好多数,避免刺激少数,并且疗养内战和他夺权时期社会的和政治上造成的伤害。〔2〕

但当太宗逐渐巩固了他的统治,坐稳皇位后,他对佛教的批评越来越多。如上文所说的对佛道论战的态度和对萧瑀的贬斥。他还在公元629年颁布了包括《道僧格》的《贞观律》,几次在全国范围内检校佛法,清肃佛门,禁断私度,致使大量僧人和私度者还俗,所剩寥寥。不过太宗在出席纪念皇太后的法会时,向僧侣们解释了其抑佛扶道的态度,吐露一些友善之词。这显得他对佛教的态度愈加摇摆。而且随着太上皇和能直言劝谏的长孙皇后的去世,李世民逐渐改变其早期低调内敛、虚心纳谏的态度,变得好大喜功,骄奢淫逸,不听劝谏,芮沃寿称之为"汉武帝并发症"。他营造宫殿,修建陵寝,沉迷于声色犬马之中,还想去泰山封禅,数次远征高丽,对自己的文治武功十分自负。

可是在太宗的晚年,在遭遇了皇室内部争权夺利的立嫡风波、远征高丽的失

---

〔1〕 斯坦利·威斯坦因著,张煜译:《唐代佛教》,上海古籍出版社,2010年,第14页。
〔2〕 芮沃寿著,陶晋生译:《唐太宗与佛教》,《唐史论文选集》,第25页。

败以及病痛的折磨一系列打击后,他又逐渐接近佛法。公元 645 年,高僧玄奘取经从印度归来,太宗举行了盛大的庆典来欢迎他,并与他进行了畅谈。在此期间,他还劝玄奘还俗做官,被玄奘婉拒。可见吸引太宗的并不是玄奘的佛教思想,而是其第一手关于西域的风俗见闻与地理知识,因为当时太宗准备对西突厥用兵,急需情报,不过他还是给予玄奘译经一些必要的支持。直到其生命的最后一年,健康日益恶化的太宗或许是出于对死亡的恐惧,才真正地把玄奘当做自己精神上的导师,在玄奘的指导下研读佛经,觉得身体有所好转。玄奘趁此机会,劝太宗度僧传播佛法,拯救众生。"太宗旋即于公元 648 年 9 月下诏全国 3716 座寺庙各度僧 5 人,弘福寺度僧 50 人。此举令全国僧籍增加 18500 人。"〔1〕次年太宗在去世前夕,与玄奘研究佛理,问因果报应,感叹道:"朕共师相逢晚,不得广兴佛事。"〔2〕直到他生命的最后几天,他一直让玄奘陪伴在身边,给他以心灵上的慰藉。纵观太宗一生,其对佛教的信仰可以说由半信半疑到信而弥坚。

认识太宗同佛教的关系,就应该综合芮沃寿所说的三个方面加以分析。太宗作为一代明君,国计民生必须放在首要位置,个人的宗教态度只能从属于国家利益。唐初天下初定,民不聊生,经济凋敝。佛教鼓吹出家出世,不事生产,逃避缴税服兵役的义务,与国家大计方针势必冲突,因而太宗只能沙汰僧尼,限制佛教发展。但是,太宗必须将民众共识纳入到考虑的范畴之内。佛教是具有广泛群众基础的,有业报轮回和普度众生的说法,能够缓和社会矛盾,想要完全取缔,显然不切合实际。适当地加以利用,对皇室以及对皇帝个人来说都是一件有益无害的事情。而且李氏家族本身就有很深的佛教情结。

初唐时为何会兴起反佛运动?"分裂时期结束的佛教在南方和北方的民众及精英中都有着广泛的追随者。这就使得它自身成为重新统一的隋朝及后继者大唐缝合两种文化的工具。"〔3〕但是另一方面,统治阶层也需要复兴改造汉代以来的儒学,作为其思想大一统的官方意识形态。芮沃寿指出了初唐时精英贵族阶层在思想领域的两难困境:

> 他们需要儒家的政治制度来确保自身的权力。他们也需要佛教来满足

---

〔1〕 斯坦利·威斯坦因著,张煜译:《唐代佛教》,第 23 页。

〔2〕 斯坦利·威斯坦因著,张煜译:《唐代佛教》,第 24 页。

〔3〕 芮沃寿著,常蕾译:《中国历史中的佛教》,第 51 页。

自己在精神和心智上的需求。但是佛教的学说与儒家的政治制度是不一致的,而且儒家学说依然保持着苍白无力的状态,以致无法满足精神上的需求。[1]

初唐的"傅奕辟佛"就是在这种历史背景下展开的。傅奕(555—639),相州(今河北临漳)人。生活于北周、隋和唐初,唐高宗武德年间任太史令,是一位著名的天文学家。他年轻时曾在道观中修行,芮沃寿着重指出其道士出身的背景,这或许是他"歇斯底里"攻击佛教的一个重要原因。他还把魏晋以来的反佛人物编为《高识传》,可见其反佛态度的坚定。唐武德四年(621)、武德七年(624)和贞观元年(627),傅奕先后上书唐高祖与唐太宗,请求废除佛教。

傅奕的三次上书虽然取得了高祖、太宗的认可,也采取了一些限制佛教的措施。但是唐朝统治者依然对佛教采取有尊有抑的态度,并没有太激烈的排佛举动。芮沃寿指出,其原因不外乎四点:一,佛教势力立刻采取了反击的措施,例如法琳作《广析疑论》与傅奕论战,萧瑀与之当庭争辩,等等;二,唐代统治者吸取了北魏太武帝、北周武帝灭佛的教训,前两次灭佛多少损害了官府的统治基础;三,唐朝想要成为东亚的政治中心,佛教正是东亚各国的宗教纽带,对佛教的攻击会削弱唐朝在东亚文化圈的政治文化影响力;四,佛教拥有强大的社会和政治基础,尤其是在皇室贵族和官僚阶层里拥有为数众多的佛教信众。傅奕只是单纯的反佛,而没有考虑到其政治影响和后果。更为重要的是,他没有切实证明本土的儒道思想究竟比佛教优越在哪里,也提不出将佛教消灭后可行的替代的意识形态。

"傅奕辟佛"是上承二武灭佛的一次反佛运动,但对佛教并没造成太大的损害。一直到两百多年后,唐武宗在位时,终于发动了一场十分激烈而又彻底的废佛运动,几乎使中国佛教遭受灭顶之灾。至于发起的动因,唐代日本留学僧圆仁在《入唐求法巡礼行纪》中记载道:"道士奏云:'孔子说云李氏十八子,昌运方尽,便有黑衣天子理国。臣等窃惟黑衣者,是僧人也。'皇帝受其言,因此憎嫌僧尼。意云:李字十八子,为今上当第十八代,恐李家运尽,便有黑衣夺位欤。"[2]"会昌法难"使得中国佛教元气大伤,从此以后一蹶不振,在内部理论上再也没有大的发

---

〔1〕 Robert M. Somer, ed. *Studies in Chinese Buddhism*, p. 116.

〔2〕 圆仁:《入唐求法巡礼行纪》,广西师范大学出版社,2007年,第138页。

展,开始走下坡路,中国佛教开始进入另一个发展阶段。此外,斯坦利·威斯坦因在《唐代佛教》中认为,造成佛教衰落的原因还应包括唐末的黄巢大起义,农民战争对社会和寺院的蹂躏最终使得佛教遭到毁灭性的打击。

三 芮沃寿的儒家思想及隋唐史研究

众所周知,近代东西方的文化交流从 16 世纪西方耶稣会士来华传教时就开始了,传教士将西方先进的自然科学和哲学思想传入了明清时期的中国,同时把中国传统的儒家思想和典籍翻译成西方语言,传回了欧洲。儒家道德和政治学说对当时的西欧产生了一些有益的影响,并引发了欧洲早期的"中国热"。西方对儒家思想的研究也由此发端,但他们对儒家思想的认识在以后的几个世纪里基本都停留在旧的层面和范畴中,甚至有一些误解。

20 世纪 50 年代,结束在中国的访学之旅回到美国之后,芮沃寿的学术研究开始由中国佛教逐渐转移到中国儒家思想研究上来。如前文所述,按照费正清的安排,1951 年芮沃寿与芝加哥社会人类学界的领袖罗伯特·莱德菲尔德(Robert Redfield)[1]教授见面,达成了共识,很快就建立了美国亚洲研究协会中国思想研究委员会(Association for Asian Studies' Committee on Chinese Thought)(即远东协会)。芮沃寿于 1951—1961 年担任了该协会的主席,在他的主持下,于 1952 年至 1960 年期间先后组织召开"中国思想的历史特征""中国思想与制度""儒家在行动""儒家的说服术""历史上的儒家人物"等五次关于中国儒家思想的研讨会。这五次研讨会邀请的参与者,除了像费正清(John K. Fairbank)、卜德(Derke Bodde)、狄百瑞(William Theodore de Bary)[2]、芮沃寿(Arthur F. Wright)、史华慈(Benjamin I. Schwartz)、傅汉思(Hans H. Frankel)、列文森

---

〔1〕 罗伯特·莱德菲尔德(Robert Redfield, 1897—1958),美国著名人类学家和社会学家。毕业于芝加哥大学通信研究学院,并取得过法学和人类学博士学位。1927 年到墨西哥从事拉丁美洲农民的研究。1950 年当选美国人文科学学院院士。

〔2〕 狄百瑞(William Theodore de Bary, 1919—2017),美国哥伦比亚大学历史系教授,二战时加入美军从事情报工作。对东亚尤其是日本和中国的历史、文化、文学有着深入研究。其公认的成就是开创了新儒家的研究领域。代表作有《儒家的困境》。

(Joseph R. Levenson)、倪德卫（David S. Nivison）[1]等美国本土的资深中国学家，还有中国学者牟宗三，美籍华裔学者杨联陞、瞿同祖、刘子健、方志彤等，以及英国的杜希德(Denis Twitchett)和蒲立本(Edwin G. Pulleyblank)，日本的宫川尚志和村松祐次等国际著名汉学家。这五次会议每次都持续召开将近半个月，所讨论研究的成果也以论文集的形式结集出版。那么芮沃寿为什么会和其他美国中国学家在二战后将研究方向转向中国儒家思想了呢？就芮沃寿个人而言，除了他本身固有的对中华文明的兴趣外，他在研究中国佛教发展分期的时候，是将中国佛教的发展历程看作是儒释道三家碰撞交流互动的结果。正是儒家文化在形而上方面的缺乏，使得外来的佛教有了可以发挥的余地。随着对中国佛教的深入研究，就必然要涉及有关中国本土的儒家思想这一块的内容。

芮沃寿的中国儒家思想研究并未有系统的著作，他的一些文章是零星地出现在这五次学术会议的论文集里的。1952 年 9 月 7 至 14 日，在芝加哥大学的赞助下，由芮沃寿负责牵头，邀请了欧美各国的学者在美国科罗拉多州的阿斯本(Aspen)召开了一次以"中国思想"为主题的学术会议，会后于 1953 年主编并出版了这次会议的论文集《中国思想研究》(*Studies in Chinese Thought*)[2]。这本书里总共收录了狄百瑞、卜德、列文森、芮沃寿等人的 9 篇文章，芮沃寿在前言中指出这次会议为系统分析和研究问题开辟了新的道路。它包括：研究诸子百家的思想渊源；描述、评价一些观点发展的历程；谈论价值观念的沿革；研究非语言符号意义的发展过程等等。这本论文集的最后一篇便是芮沃寿的《中国语言与外国观念》("The Chinese Language and Foreign Ideas")。芮沃寿开篇就指出外国的思想与观念传入中国已经差不多有 1 900 多年了，无论是印度的佛教僧侣、西方传教士、近代的科学家或者是共产主义运动的领导者，他们都面临着怎样用中国的语言文字将自己的思想准确地表达并传播开来的问题。首先，他们所面对的中国语言是一个充满生机的、主要基本语法几乎没有变化过的庞大系统；其次，他们要想传播自己的理念，就必须屈从于中国本土的价值观和文化制度，与中国的语言文字建立内在精密的联系。一千多年以来，外国的思想文化观念基本上就是按照语

---

〔1〕 倪德卫(David S. Nivison, 1923—)，美国汉学家，斯坦福大学荣休教授，对中国古代思想史、西周系年都有深入研究，擅长做文献学精细分析以及哲学的细密思考。代表作有《章学诚的生平及其思想》《西周诸王年代研究》等。

〔2〕 Arthur F. Wright, ed. *Studies in Chinese Thought*, Chicago: The University of Chicago Press, 1953.

法和文化上这两个层面开始苦苦探寻在中国的传播之道的。

《中国语言与外国观念》主要就"意译""音译"和"当代的文化因素"三个部分来梳理总结了外国主要是西方文化传入中国,翻译成汉语言文字的历程。在意译方面,如本文第二章佛教里所提到的那样,芮沃寿首先就举了魏晋时期的"格义"佛教的例子,由于古代中印两国巨大的文化差异,为了完成自身的中国化,大规模地弘法,西域来的僧人只能将佛教教义与中国本土的儒道二教的教义相比附,借助儒道的语言使中国人接受理解,但是这本身就会导致佛教原理翻译后变得不准确和丧失了其原有的精神内涵。16 世纪末到达中国传教的西方天主教耶稣会士也面临着同样的问题,如利玛窦(Matteo Ricci),他就撰写了一部《天主实义》,书中部分的内容明显吸收了中国传统的儒家思想的成分,将天主教教义和儒家思想加以汇合,适应了儒家伦理的概念,比较容易被中国士大夫阶层所接受,从而打开了传教的局面。但是 19 世纪鸦片战争后,来到中国传教的英美基督新教长老会传教士就对早期耶稣会士的做法持批评态度,例如狄考文 (Calvin Wilson Mateer)[1]他就认为上帝耶和华(Jehovah)就应该被翻译成"上帝"(God),而不是带有与中国传统文化妥协色彩的"天主",这种译法随后被太平天国运动的领导集团所接受并推广。近代中国人如卢赣章[2]在西方语言文字的影响下开始汉字拼音化、简化的最早尝试,西方自然科学的传入也使得中国人自己发明一些新的字或者词语来表达相关学科里的物质和概念,例如物理化学中的"钯""钋""氩""力学"等,这些文字和词语都是中国语言文字中原本没有的。不过芮沃寿仍然指出汉语中很多翻译出的新词是很容易引起歧义的,他举了两个词,第一个是"白宫"(White House),卜德在 1949 年的中国曾经碰到过一位女士,她说自己以为美国是个皇帝统治的帝国,因为"宫"(Palace)这个字在中国就是表示皇帝居住的宫殿,美国的最高统治者住在白色的宫殿里,自然是皇帝了,这一切都让卜德哭笑不得。另一个词就是"社会主义"(Socialism),这个词语本身并没有很好地表达出其拉丁

---

〔1〕 狄考文(Calvin Wilson Matteer, 1836—1908),北美长老会来华传教士。1864 年到山东登州(蓬莱),传教 40 多年。又创办中国境内第一所现代高等教育机构文会馆,传播西方的科学和文化,以后规模不断扩大,是著名的齐鲁大学的前身。

〔2〕 卢慧章(1854—1928),字雪樵,又字雪庵。清福建厦门同安县人。18 岁参加科举考试,县试名列前茅,府试却落第。20 岁随邻村双圳头的王奇赏研读《圣经》并开始学习西洋的科学知识。21 岁往新加坡攻读英文,四年后又回到了厦门,并定居鼓浪屿日光岩下内厝沃,以教华人英语、教西人华语为生。间隙时,他便开始研究漳泉十五音和话字音。他曾应英国传教士马约翰的邀请,参加了《英华字典》的翻译工作。

词根"socius""伙伴、同伴"的本意。在音译方面,芮沃寿主要考察了外国语言是怎样按照读音直接被中国人翻译过来的,其中他举的一个例子让人印象深刻:日本同为汉字圈国家,抗战前夕的蒋介石曾经发表过一番谈话,就日本对其他国家的称谓大发议论。蒋说日本将中国称为"支那"(Chihna),这本身带有强烈的蔑视和贬义,意为"东亚病夫""半死不活的人"。日本又将俄罗斯称为"露西亚"(Lusiya),"露"是何意呢?就是清晨的露水,日本即为太阳,当烈日灼人的时候,露水就被蒸干了。这本身就表明日本对俄罗斯觊觎已久,妄图侵略吞并。再看对美国的称谓,中国将美国称谓"美利坚",意为"美丽、锋利、坚强",而日本将美国称为"米国"(Mikuo),在汉语的语境里米就是大米的意思,这表明日本早就想一口把美国吃掉。从这一切都能看出日本是多么的狼子野心,妄图侵略各国,在亚太建立霸权。芮沃寿就此指出:"以上的言论和其他类似的例子都表明,中国人对这些书面符号不仅仅坚持赋予它们记号的功效,更给予它们超越表面的不可思议的内涵。"[1]在文章最后当代的文化因素方面,芮沃寿特别提到了中国的共产主义者在将马克思主义中国化的过程中对传统儒学的吸收,"延安时代和以后的思想改造,曾利用过中国的传统术语,并且援引了儒家思想的理论依据"[2]。例如刘少奇的在《论共产党员的修养》中认为,"一个好共产党员必须通过修身,通过'慎独'功夫来锻炼自己,使他能够顺应自如地服从党的领导"[3],人人可为尧舜。不过芮沃寿也提出了自己的疑问,那就是如果共产主义的意识形态已经在中国取得了胜利,那么延续了几千年的传统文化和思想会不会还是无法摆脱被逐渐削弱甚至是消亡的命运呢?十几年后中国爆发的"文革"或许正是芮沃寿预见性的最好证明。

在《中国思想研究》一书里,其他的美国中国学家针对中国的儒家哲学也发表了自己的见解。正是在第一次会议取得不错成果的鼓舞下,中国思想研究委员会以"中国的传统观念与制度习俗之间的关系"为主题,于1954年9月3—10日在新罕布什尔州拉哥尼亚(Laconia)附近的斯蒂尔山(Steele Hill)召开了第二次大会。会后这次大会的论文集由费正清主编,并以《中国的思想与制度》(*Chinese Thought And Institutions*)为名出版。这本论文集总共收录了13位学者的论文,正如前言里所说的:"会议的第二项任务是将研究的注意力更加集中到不同的思

---

[1] Arthur F. Wright, ed. *Studies in Chinese Thought*, p. 299.
[2] 费正清著,孙瑞芹、陈泽宪译:《美国与中国》,商务印书馆,1973年,第296页。
[3] 同上。

想上,尤其是与儒家思想的相互关系上;集中到中国的政治制度和各个大事上,其中的焦点是儒学的状况。"〔1〕本书开篇正文第二篇便是芮沃寿所写的《隋朝意识形态的形成(581—604)》(The Formation of Sui Ideology, 581-604),他在文章里着重阐述了隋朝开国君主隋文帝在重新建立大一统王朝时所使用的思想控制。芮沃寿首先分析隋朝建立前夕中国南北大分裂所导致的文化鸿沟,隋初所面临的问题。其后描述了隋文帝的遗传因素,成长环境以及个人性格,这一切都体现在皇帝的思想主张和政策法令里。芮沃寿还探究了儒释道三家的思想是如何分别为统治者所利用,成为国家意识形态的,他指出了道教的地位:"文帝没有广泛地将到道教用于意识形态领域,他个人对道士的偏见以及对于道教意识形态影响力的现实考虑,使他把更多的注意力放到了儒学和佛教上。"〔2〕最后他点明了儒教与佛教才是隋文帝真正器重的:

> 他们采用了儒家经典和历史所尊奉的王朝更迭规范,这套规范是最完整的,最有权威性的。大约在此时,文帝对儒教的利用达到了顶点,此后儒学地位就逐渐衰落了。为了安抚被征服的南方,克服文化差异,他越来越多的将其他传统思想,特别是佛教用于意识形态。〔3〕

芮沃寿在这里将隋朝初年的儒教作为研究对象自然有其学术上的继承性,这不仅上承佛教研究里的佛教中国化即儒释道三教关系的内容,因为隋唐盛世时佛教发展到了巅峰,儒释道三教呈现逐步融合的趋势。而且这为其后来隋唐史的研究埋下了线索和伏笔,可谓是承上启下。此外,在这本书里别的学者从各自的角度研究了儒家思想与政治制度的关系,如狄百瑞主要研究了明末清初的思想家黄宗羲的《明夷待访录》,黄宗羲在里面提出了诸多限制君权、改革土地制度的要求,其改革愿望都是在两千多年前儒家经典中提出的"为民"的君主统治的基础上实施的。费正清的《条约下的共治》(Synarchy under the Treaties)则描绘了鸦片战争后,传统理论的瓦解以及中国人和外国官员如何共同管理中国的,等等。

1957年和1958年,在洛克菲勒基金会(Rockefeller Foundation)的赞助下,中

---

〔1〕 费正清编,郭晓兵等译:《中国的思想和制度》,世界知识出版社,2008年,第10页。
〔2〕 费正清编,郭晓兵等译:《中国的思想和制度》,第67页。
〔3〕 费正清编,郭晓兵等译:《中国的思想和制度》,第72页。

国思想研究会又召开了两次学术会议,其主题分别是"儒家在行动"和"儒家的说服术",会后分别在 1959 年和 1960 年出版了论文集《行动中的儒教》(*Confucianism in Action*)〔1〕和《儒家信念》(*The Confucian Persuasion*)〔2〕。这两本论文集是姊妹篇,前一本为芮沃寿和倪德卫合编,后者为芮沃寿单独编辑。《行动中的儒教》总共收录了 11 位学者的论文,与前面两本著作不同,这本论文集开始由关注宋朝和宋以前的儒教思想,转向宋以后的宋明理学了。而且顾名思义,这些论文也由单纯地研究儒教的原理和思想转向儒家学说的社会实践,主要关注三个方面:家族制度、官僚行为以及君主与文官之间的权力关系。不过,这部论文集里并没有芮沃寿的文章。

《儒家信念》论文集中总共收录了 10 位学者的文章,此书主要研究的是两大块内容:一是儒家思想作为一种"可操作的力量"是如何具体影响个人命运和制度变革的,二是儒家思想自其诞生两千五百年多年来,是如何完成使自己适应中国社会不断变化的需要这一复杂的历史过程。其中第二篇文章就是芮沃寿的《隋炀帝的个性和定型的言行》(Sui Yang-Ti: Personality and Stereotype),他再次将隋史作为了研究对象。芮沃寿在文中主要从隋炀帝的个性、儒家思想对其的影响、政治传统对其的影响、后世史籍和文学作品对他的评价几个方面勾勒出了隋炀帝毁誉参半、基本以暴君形象闻名于世的一生。文章中描绘了隋炀帝的文治武功:营建东都、开凿大运河、确立科举制等等,可以说隋炀帝是一位十分有想象力和创造力的伟大君主。但是因为他的爱慕虚荣、贪图享乐、不恤民力、好大喜功等性格上的缺点,最终激化了隋朝的社会矛盾,给人民带来了巨大的痛苦。因此在后世深受儒家道德和政治学说影响的史学家笔下,隋炀帝就成了一个可以和夏桀商纣相媲美的"末代暴君"。在民间传说、戏曲和故事中,隋炀帝的形象也被大大地抹黑和扭曲了,这不能不说是儒家政治思想所起的决定性作用。此外,两位日本中国学家的文章也是值得注意的。

1960 年,中国思想委员会以"历史上的儒家人物"为主题,召开了第五次学术

---

〔1〕 David S. Nivison and Arthur F. Wright,（eds）, *Confucianism in Action*, ed., Stanford: Stanford University Press,1959.

〔2〕 Arthur F. Wright ed., *The Confucian Persuasion*, Stanford: Stanford University Press,1960.

会议,这次会议的论文集《儒家人格》(*Confucian Personalities*)[1]由芮沃寿和他的老搭档杜希德主编,于1962年编辑出版。本次论文集收录了14位学者的大作,将对儒家思想的研究更加细化,主要探讨历史上著名的儒家人物。开头两篇短文为芮沃寿和杜希德的前言介绍性文章。芮沃寿在其《价值、角色与个性》("Values, Roles, and Personalities")一文中分析了中国的传记作者写作的目的和他们投射到写作对象上的特殊的特质。他指出,有很多中国人有意识地选择历史上的楷模作为标准,并在想象后尽力在生活中将此付诸实践,以此达到良心上的安宁。这样就给了"传统"以生命,而且将其不断充实。此种现象或许带给史料的编辑者们以暗示:从那些楷模身上带来的激励并没有多少是来自正式传记的,也不是来自其他的阅读材料,而是来自"活着的传统"——民间故事、童话、歌曲、戏剧、大众宗教,甚至是长辈和导师的谆谆教导与鼓励。

1964年,芮沃寿主编了一本《儒家与中国文明》(*Confucianism and Chinese Civilization*)[2],这本论文集是从前面《行动中的儒教》《儒家信念》《儒家人格》三本书中所挑出来的12篇文章合编成的一本精选集。芮沃寿在其中将它们分为"意识与价值""制度""艺术与文学""人物与权力""抗议与异议""传统的结束"六个部分重新编排,限于本文的篇幅,笔者在这里就不重复论述了。

中国思想委员会召开的这五次学术会议以及相配套的六本论文集可以说代表了美国20世纪50至60年代中国儒家思想研究的最高水平和前沿成果,它也呈现出了自己的特色。在此以前,美国中国学家在研究儒家思想时主要是用语言、文字、考据等人文科学的方法来进行研究。但二战后美国的社会科学的快速发展,使得其对其他学科产生了巨大而深远的影响。巴勒克拉夫(Geoffrey Barraclough)就曾指出:"坚定不移的推动历史学和社会科学的结合是(20世纪五六十年代)美国史学的显著特征。"[3]费正清就明确地指明:

> 在这个领域里,社会科学的分析能力同人文学者特有的专业知识同样重要。我们必须坚持采用两种方法,兼容并蓄。为了透彻分析保存完好、深奥

---

[1] Arthur F. Wright and Denis Twitchett, (eds). *Confucian Personalities*, Stanford: Stanford University Press, 1962.

[2] Arthur F. Wright, ed. *Confucianism and Chinese Civilization*.

[3] 杰弗里·巴勒克拉夫著,杨豫译:《当代史学新趋势》,台北云龙出版社,1999年,第51页。

难懂的中国历史文学内涵,我们需要汉学家的严谨态度和极大耐心。同时,为了搞清中国政治现象所蕴含的深意,使之对现代科学的研究有所帮助,我们又必须研究后者的方方面面,尤其是科学领域的知识。[1]

所以一些美国中国学家在研究儒家思想时,也采用了社会科学的方法,例如艾博华(Wolfram Eberhard)[2]在《中国汉代天文学及天文学家的政治职能》(收录于《中国的思想与制度》论文集)一文中,就运用了统计学的方法,从大量的史料中描绘了天文现象所引发的灾异和征兆,来探讨汉代天文学和天文学家对政治的影响及其自身的政治地位。柯睿格(E. A. Kracke)[3]在《中国科举制中的地区、家庭和个人》一文中,运用了社会学、人类学、统计学的方法,配有很多统计表格,探究了科举制度在中国政治思想中的地位和影响。此种例子,在五本论文集中不胜枚举。

除了借鉴社会科学的研究方法这一特色之外,美国儒家思想研究的另一特色就可以称之为"外在的研究方法","即将思想人物或思想内容置于外在的政治、经济、社会等历史脉络中加以考量。这种研究方法,强调的是外在的社会环境,而非思想文本本身"[4]。芮沃寿明确地指出:"研究中国儒家思想的方法有很多种,如典籍研究、思想体系的研究、现代社会的分析以及制度和运动的历史研究等,但第四种方法最能体现儒家思想对中国历史的影响。"[5]其意思就是要将思想与其所处时代的相互关系梳理清楚,将思想家的思想与其个人所处的时代背景、社会环境、个人活动等方面的相互影响纳入研究的范畴之内。例如芮沃寿所写的两篇隋初意识形态的论文,就是隋代两位皇帝是如何基于当时中国社会的政治问题,运用儒释道三家的思想来加以解决的。史华慈教授在后来回忆这一时期美国儒家思想研究的风格时说:

---

〔1〕 费正清编,郭晓兵等译:《中国的思想与制度》,第13页。

〔2〕 艾博华(Wolfram Eberhard, 1909—1989),出生在德国波茨坦,1933年获伯林大学中国学和社会学博士学位,1934—1936年间在北京大学任教,后在美国柏克莱加州大学任教近三十年。主要著作有《中国史》《汉语大辞典》《中国民间故事类型》等。

〔3〕 柯睿格(E. A. Kracke, 1908—1976),美国史学家,芝加哥大学中国文学院教授,主要研究中国的思想和制度。

〔4〕 吴原元:《略论20世纪50年代美国的儒家思想研究》,《兰州学刊》2008年第6期,第118页。

〔5〕 Arthur F. Wright and Denis Twitchett, (eds.) *Confucian Personalities*, p. 3.

美国学术界一本强调社会、政治史，即使对人类文化有兴趣，也是从文化人类学的角度出发，他们研究思想史，不是强调它的内涵，而是将思想活动本身当作一种社会历史现象，所以思想总是被当作社会力量或心理结构的反射，而思想内涵本身并无新意。[1]

简单地说，这一时期的美国学者基本上是从外部关系来看待儒家思想的发展和影响的，并不倾向从儒家内部思想原理的变化来看待儒家思想的变迁。这一点与后来中国学者的研究思路差异比较大。中美两国学者研究儒家思想的方法和思路的分野，或许也正体现了双方思维方式和文化传统的巨大差异。

20 世纪 50 至 60 年代，美国的儒家思想研究在全球学术界产生了巨大的影响，很多西方中国学家对儒家研究的成果——这五本论文集给予了高度评价，法国汉学家白乐日（Etienne Balazs）[2]的评价相当有代表性："有关中国思想的系列论文集正预示着美国汉学时代的到来，它们代表着美国汉学研究的真正成就。"[3]可以说，20 世纪 50 年代美国的儒家思想研究，开辟了新的领域，并在一定程度上纠正了对儒家思想的一些错误认识。

此外，在这一阶段儒家思想研究过去之后，七八十年代美国的中国学家对儒学的研究以哲学角度为主，通常用西方哲学的理念来分析儒家思想。而最近十多年来，美国的中国学家逐渐摒弃了传统的研究方法，呈现出"去儒家化"的趋势，即"研究者否认有所谓的一成不变的儒家存在，不再以传统的'Confucianism'（儒家思想）来指称自孔子以降一直到清代儒者的思想，从而对儒家思想的研究根据不同历史阶段进行了比传统研究更为细致的划分。"[4]很多学者提出用"Ru"来指先秦儒家，用"Confucianism"指代汉以后的儒家。这正是对以前西方汉学界认为儒家思想铁板一块、毫无变化的一种反动。追根溯源，20 世纪 50 年代的儒家研究已经开启了这一理念的先河。

---

〔1〕 吴原元：《略论 20 世纪 50 年代美国的儒家思想研究》，第 118 页。

〔2〕 白乐日（Etienne Balazs, 1905—1963），法国著名汉学家，研究中国古代经济史学者。著有《唐代经济史》《哲学家范缜及其神灭论》《中国中世纪社会经济研究》《中国文明与官制：一个主题的变化》等著作，以及承担"宋史研究计划"部分项目。

〔3〕 吴原元：《略论 20 世纪 50 年代美国的儒家思想研究》，第 118 页。

〔4〕 董铁柱：《从"Confucianism"到"Ru"：论美国汉学界对上古儒家思想研究的新趋势》，《文史哲》2011 年第 4 期，第 49 页。

　　几乎与开展中国儒家思想研究同时,芮沃寿开辟了另一个新的学术研究领域,这就是隋唐史研究。为何会有这样的拓展? 认真分析就不难发现,芮沃寿的学术研究脉络是清晰可见的:在前面提到的中国佛教研究中,芮沃寿花了大量的篇幅放在隋唐时期的佛教这一块内容,因为隋唐时期中国佛教的发展达到了史上的最高峰,无论是内部教理不断地推陈出新,还是外部教派的纷纷确立,这都标志着佛教已基本完成了中国化,或者说儒释道三家已经开始融合,奠定了中国古代思想界的基本格局。这就必然要涉及大量隋唐史的内容,同时在儒家思想研究论文集中,芮沃寿有两篇都是关于隋朝两位皇帝的统治政策问题的。他将研究方向转向隋唐史也就是顺理成章、水到渠成的事情。

　　西方隋唐史尤其是唐史的研究可以说是比较短暂的,起步于 20 世纪五六十年代,其开山鼻祖是蒲立本与杜希德。隋朝虽然短命而亡,但是就如同汉承秦制一样,隋朝的制度创设和灭亡教训对唐朝的影响是极为深远的,隋史与唐史不可分割。芮沃寿也就另辟蹊径,将目光投向了隋史这块领域。总的来说,芮沃寿关于隋史的研究就是两块内容,一个是前面儒家思想研究论文集里的两篇文章:《隋朝意识形态的形成(581—604)》(The Formation of Sui Ideology, 581 - 604)和《隋炀帝的个性和定型的言行》(Sui Yang-Ti: Personality and Stereotype);另一块就是应英国著名中国学家杜希德的邀请和委托,撰写了《剑桥中国隋唐史》(*The Cambridge History of China*, *Vol. 3: Sui and T'ang China*, 589 - 906, Part 1)(1979 年出版)里开篇第二章隋朝的部分,其五节内容还是主要以隋文帝和隋炀帝两代帝王为线索来进行记述的,这里不再赘述。以此两大块为基础,芮沃寿着手撰写一部关于隋朝的通史,非常遗憾的是,芮沃寿只完成了了前面的六章,就于1976 年 8 月 11 日突然去世了。所以他的学生和助手罗伯特·M. 萨默斯(Robert M. Somers)在整理了芮沃寿的遗稿后,又将《剑桥中国隋唐史》第二章里隋朝的内容提取精华部分汇成了三章,萨默斯补充了一章,终于编成《隋朝》(*The Sui Dynasty*)一书,并在 1978 年出版。

　　《隋朝》总共有十章,分别是:一,隋朝面临的挑战;二,公元 6 世纪的中国;三,杨坚的崛起;四,重新统一;五,文化领导权的恢复;六,南方的征服;七,隋炀帝;八,隋朝的辉煌;九,军事灾难与政治瓦解;十,隋朝的遗产(由罗伯特·M. 萨默斯所写)。在开篇的两章,芮沃寿对 6 世纪早期时中国社会南北方地理的、种族的、社会的、文化的差异进行了总的概括,他尤其强调地理形势对巩固南北大分裂的局面所起的重要作用,说明了隋朝统治者所面临的严峻形势。随后他就主要从隋文帝和隋炀帝这两位帝王的角度来着重说明了他们所采取的平定南方、巩固统一、确立王朝合法性、确立文化领导权等一系列措施。芮沃寿在分析隋朝两位皇帝统治政策的时候延续了前面学术论文的观点,即从儒释道三家的思想是如何被他们交替使用,融会贯通的。而且他的观点依然打上了浓重的佛教印记,比如他就主要讲到隋炀帝上台以后,是如何利用佛教为自己洗脱罪名,披上统治合法外衣的。在儒家修史者的笔下,隋炀帝杀兄弑父,荒淫残暴。他尊南方高僧智顗为智者大师,受智顗菩萨戒。因佛教经典《大涅槃经》有摩羯陀王阿阇世杀父弑君代立为王但却无罪的经文,《阿阇世王受决经》更有阿阇世必将在未来成佛的预言,所以智顗在《观无量寿佛经疏》中特意借阿阇世王的事来牵强附会,说杨广杀父一是由于前世彼此积有宿怨,现世虽为父子,所以要相报。二是大权现逆,不是世间一般恶逆可比,以此影射杨广篡位是前世决定的,是必然的、合理的。他不但无罪,更是弘扬佛法的恩人,与儒家的评价截然相反。芮沃寿本人对隋炀帝的评价也相当高,认为其很有才能,是一位杰出的诗人和散文家,继承了其父亲开创的伟业。他之所以被彻底否定是因为儒家修史者的抹黑和民间传说的歪曲。

《隋朝》一书充分体现了芮沃寿扎实的史学功底和娴熟的写作能力,但是这本书也暴露了明显问题。芮沃寿主要是从隋代帝王的角度来分析隋朝的分崩离析,或者说过分夸大了杨坚和杨广的个人作用,主观色彩过于浓厚,使得本书更像是隋朝的帝王传。这或许是因为芮沃寿继续延续了儒家思想研究里两篇论文的思路,同时觉得把伟大的历史人物放在全书中心更符合普通读者的胃口。但是他的解释就很难说明隋朝为何迅速崛起完成统一,为何完成统一后又很快地土崩瓦解这一复杂的历史现象。

正如伊沛霞(Patricia Buckley Ebrey)所指出的:

> 本书最大的不足在于芮沃寿没有完成的部分,本书的前半部分已经透明流利地陈述了历史的情况和对于那段时期的观点,但是后半部分却没有体现出来。如果芮沃寿能够完成后半部分并修订全书,他或许能够改变自己叙述的重点,或者能够把自己的观点更好地贯彻下去。[1]

---

[1] Patricia Ebrey, Reviewed work(s): *The Sui Dynasty: The Unification of China*, by Arthur F. Wright. *The Journal of Asian Studies*, Vol. 39, No. 3 (May, 1980), p. 545.

不过总的来说,《隋朝》一书大醇小疵,体现了芮沃寿的史学才华,也是其学术生涯的绝唱。它是西方史学界关于中国隋史的一本很有阅读和参考价值的著作。

除了唐代的佛教,芮沃寿在唐史方面并没有把政治制度或者社会生活作为自己的研究领域,反而是多少有点令人惊奇地研究唐代的都城长安。1965年,他在当年的亚洲学会第七届年会上发表了《象征与实用——长安和其他大都市的反省》("Symbolism and Function—Reflection on Changan and Other Great Cities")这篇论文,全文分"位置的选择""都市规划""建筑物的实用与象征性""无常之城与永恒之城"四章,将希腊罗马时期的欧洲城市与唐都长安进行了对比,把唐朝时期的城市风貌与精神内核全面地展示了出来。

在第一章里,芮沃寿提到中外城市的选址都是实用性与象征性相互比较衡量的结果。长安本身的地理风水是非常优越的,但是西汉时期营造的长安城到了隋初已经残破不堪,而且它被很多分裂时期的短命王朝所占据,气数已尽,供水不洁,再加上经过几百年的战乱,城市里充满了横死者的冤魂。所以隋初的统治者决定废弃旧都,在经过占卜后选定旧城的东南方营建新都,即"大兴城"。芮沃寿提出希腊罗马城市的选址也要经过宗教仪式和占卜,只不过中国城市的选址更注重历史论证。谈到城市规划,中国和罗马在城市方位的规定方面非常相似,但是对于城市的基本计划是大相径庭:中国的都城以皇宫为中心,以现世的统治者和宇宙的中轴显示出帝王的中心性,而罗马城市的中心是公会所,象征了市民的利益,大众娱乐的权力,以及市民在城市的世俗和宗教事务中所扮演的积极角色。两者的根本差别在于:"中国城市的实用和象征意义都由国家权力主宰,罗马城市的实用和象征意义则由国家和市民的利益共同决定。"[1]

在第三章里,芮沃寿认为中国都市的象征性远远大于自身的实用性,这与罗马城市截然相反。长安城世俗的建筑型态,反映出城市和帝国的权力阶级组织,最大的建筑者是皇帝和宗室,相对于罗马,长安的居民不是市民而是臣民。唐代皇帝不会受制于任何要求提供面包、杂耍和娱乐的压力,皇帝对人民福利的关切表现在赏赐贱民、大赦天下、偶尔免税和其他方式上,但不会表现在建筑上。所以芮沃寿再次强调了佛教的因素,对它评价甚高,因为它多少给长安的百姓带来了福利。在整齐划一的城市形式中,唯一给人带来立体感的是高耸入云的佛塔。佛

---

〔1〕 芮沃寿著,刘素芬译:《象征与实用——长安和其他大都市的反省》,《台湾大学建筑城乡研究学报》第一卷第一期,1981年9月,第170页。

教还把对万物充满同情怜悯的信念带入了中国,佛教寺庙成了躲避喧嚣的避难所,也是群众集会和社交礼仪的中心场所,某种程度上还是城市的公园。佛教把社会文化的多元性引进了唐代的长安城,提供医院、慈善机构的社会服务——这种服务在罗马城市通常都由市政当局提供。至于长安城为何"无常",而罗马城却能"永恒"?芮沃寿明确指出,表面上看中国限于自然环境的限制,只能采用土木材料来修建城市,这使得建筑物在天灾人祸面前就很容易损坏,而罗马城是采用大理石等坚固的石材修成的,可屹立千年不倒,但是实际上最根本原因是因为双方价值观即"宇宙观"的不同。以法治精神立国、以城邦国家兴起的罗马人在不断的向外扩张时,发展出一种观念,认为罗马的大建筑物应该永存不朽,以此来象征罗马秩序的万古长存;而中国人"在城市选址和城市规划上,存在着一种古老而繁琐的象征主义,在世事的沧桑变迁中却始终不变的延传下来"〔1〕,中国人没有把都市国家制作基本政治单位的传统,再加上中国王朝循环的历史规律,使得即便是皇帝也不完全相信自己的王朝能永垂不朽。能让自己名垂千古的就是皇帝的陵寝,或者是史学家的笔下的历史记载。所以中国皇帝没有营建永恒之都的内在精神驱动力。

　　一言以蔽之,芮沃寿对唐都的研究依然是从人文、历史的角度来出发的,这与后来施坚雅对中国明清城市的研究而开创的,主要带有社会学、人类学色彩的"施坚雅模式"迥然不同。后来,芮沃寿著有《中国城市的宇宙论》一文,全面继承并阐述了他对中国古代城市营建所体现出的中国人在城市方面的哲学和宇宙观的看法。芮沃寿从"宇宙论"视角来考察中国古代城市,在当时十分新颖,对此后的城市史研究产生了很大影响。自芮沃寿之后,从"空间"的概念考察城市结构及其变化,遂成为20世纪90年代以后的研究热点。

　　芮沃寿在唐史研究领域的另一大成果就是与他的好友和搭档杜希德合编了一本唐史论文集——《唐代研究面面观》(*Perspectives on the T'ang*)。1969年,在唐史专家杜希德的号召下,来自世界各地的学者在英国的剑桥(Cambridge)召开了一次国际唐史学术研讨会,于1973年出版了这次会议的论文集。此书分为三个部分:"制度与政治""思想与宗教""文学",总共收录了11篇文章,不光涉及史学,也包括了宗教和文学的问题,但是以史学论文最具功底和前瞻性。在本书的序言中,杜希德与芮沃寿总结了唐朝为何具有如此巨大的生命力:一是它的折

---

〔1〕 施坚雅编,叶光庭等译:《中华帝国晚期的城市》,中华书局,2000年,第37页。

中主义(eclecticism),即把此前四百年中国历史中胡汉、南北的文化传统扬弃地集中起来;二是它的世界主义(cosmopolitanism),即对来自外部世界的文化影响兼容并蓄。在书中第二部分就收录了芮沃寿的《唐太宗与佛教》("T'ang T'ai-tsung and Buddhism")一文。值得一提的是,芮沃寿的高徒魏侯玮(Howard Wechsler,又译为韦其勒)的论文《初唐政治上的党争》("Factionalism in Early T'ang Government")中对陈寅恪先生所提的"关陇集团"说进行了质疑和反驳。他在文中用统计学的方法罗列表格分析了初唐年间(618—649)中央三省长官的出身籍贯,认为除了陈所主张的关陇和山东士族集团外,南方集团的人数也是不容小觑的,足以形成三足鼎立之势。因而认为"唐代文官体系的地理重心之转移,在时间上至少比陈寅恪所界定之武周之世要更早些"[1]。而且他还用大量表格考察了太宗朝引起激烈争议的六个政治问题中朝臣的态度,发现赞成和拥护者在三大集团里都有分布,即"朝臣之本籍或所属集团,与其所持之意见并无关联"[2],因此认为陈寅恪的关陇集团说无法成立。

(作者系华东师范大学历史系 2014 年硕士毕业生)

〔1〕 芮沃寿著,陶晋生译:《唐史论文选集》,第 64 页。
〔2〕 芮沃寿著,陶晋生译:《唐史论文选集》,第 49 页。

海外中国书籍史研究评述

侯 琳

20世纪90年代前后,北美中国研究学界兴起了不同于传统版本学、目录学的书籍史(book history)研究。[1] 这种新的书籍史虽仍以书籍为主体,但其研究角度不再限于书籍本身,而是将书籍置于社会生活,将研究视角扩展至书籍的生产、流通、销售、消费与阅读等环节,以及参与到这些活动中的人。[2] 关于海外中国书籍史的研究状况,美国学者梅尔清、包筠雅,大陆学者张仲民,台湾学者徐丰恩

---

〔1〕 1996年,西方权威的中国史研究期刊 *Late Imperial China* 推出书籍史专刊,首次发表了一系列中国书籍史研究的具体成果。1998年6月,周启荣和包筠雅牵头在 Timberline Lodge 召开了题为 Printing and Book Culture in Late Imperial China 的会议,并于2005年出版同名论文集。此外,贾晋珠、包筠雅、周绍明、周启荣等人出版了中国书籍史研究专著,成为这个领域的专家。

〔2〕 笔者认为,新的书籍史研究涵盖了一切与书籍相关的人和物,探讨一切与之相关的文化、经济、政治因素。首先,书籍是人类劳动的产物,因此书籍史不仅研究创作和修改文本的作者、编者和出版者,也研究生产制作书籍的刻字工、排字工、印刷工和装订工,还探讨运输和流通书籍的出版商、印刷商、运输商和经销商,当然更关注消费和阅读书籍的读者。其次,书籍是一种物质,因此书籍史也强调书籍的物质载体,探求纸、墨、雕板、活字在书籍生产、流通和消费中所扮演的角色。再次,书籍是社会的产物,因此书籍史强调将书籍置于社会之中,强调经济、文化、政治环境对于书籍的意义生产和社会功能的制约。具体而言,经济因素(经济水平、原料价格、劳动成本、书籍价格、读者收入、销售网络、销售方式)、政治因素(如政府赞助、审查制度)、文化因素(文化水平、识字率、社会风气)都直接或间接地形塑了书籍的普及程度和影响范围。因此,广义的书籍包含了一切与书籍相关的人与物,研究一切与之相关的物质、经济、文化、政治因素。本文评述的研究成果,多在以上所述研究范围内耕耘。

等已作过评述。〔1〕这些成果多发表于 2000 至 2010 年间,而北美中国书籍研究学界于 2010 年后在书籍史研究,尤其是阅读史研究理论以及最新成果上又有了新的进展。本文将详细分析书籍史研究所使用的理论方法,梳理其具体的研究成果,并对新理论(副文本理论)及其应用做概要评介。〔2〕

一 西方书籍史研究的理论源流

1. 以罗杰·夏蒂埃为核心的法国书籍研究

年鉴学派的书籍史研究是以生产、发行和接受此三棱镜式的架构,实践费夫

---

〔1〕 张仲民梳理了自文艺复兴以来西方书籍史研究的脉络,强调西方的书籍史研究从 1960 年代《印刷书的诞生》开始到 21 世纪初期,有一种从在社会经济史框架内研究书籍到强调读者地位的阅读史研究的趋势。随后又梳理了阅读的概念、晚清书籍史/阅读史的研究概况。张仲民:《从书籍史到阅读史——关于晚清书籍史/阅读史研究的若干思考》,《史林》2007 年第 5 期。包筠雅梳理了西方与日本学界在中国书籍史研究中的诸多议题,如学界对中国印刷革命的探讨。列举了中国书籍生产个案的研究,如建阳和四堡。探讨了印刷对中国社会的影响,如传统儒家经典解释遭到质疑,官方知识结构改变等问题,之后梳理了出版与国家的关系,最后对阅读史相关问题进行了讨论。见 Cynthia J. Brokaw, "Book History in Pre-modern China", *Book History*, Vol. 22, No. 1(2006), pp. 253 - 290. 梅尔清介绍了过去十五年来美国和日本学界有关中华帝国晚期书籍史的研究,并将中国书籍史置于世界书籍史研究的框架内。论文先是讨论了与书籍史研究相关的概念,随后指出海外学界过去十年的关注点已摆脱了对版本和技术史的研究,而是在社会与文化语境下理解中国书籍,重视出版实践。之后分别在时间和空间维度上讨论书籍史研究,呈现了书籍发展的脉络,指出中国书籍史研究主要集中于江南,最后探讨了出版业与政治权威的关系。见(美)梅尔清著,刘宗灵、鞠北平译:《印刷的世界:书籍、出版文化和中华帝国晚期的社会》,《史林》2008 年第 4 期。徐丰恩先是回顾了近年来西方书籍史研究的状况,介绍了马尔坦、费夫贺、夏蒂埃、麦肯锡、达恩顿等西方书籍研究者及其成果。随后引出了明清中国的书籍与社会研究,对学界对明清时期中国的书价、识字率的争论进行了进一步探讨,并对明清时期重要的出版中心的研究进行了介绍。见徐丰恩:《明清书籍史的研究回顾》,《新史学》第 20 卷第 1 期,2009 年 3 月。

〔2〕 书籍研究是由来自不同学科、不同方向的学者在因缘际会之下开拓的新领域,主要涉及历史学家、文学家、目录学家。由于专业和水平的限制,本文主要偏重于历史学界对书籍的研究成果,并涉及少量文学界的研究成果。另外,世界范围内研究中国书籍史的学者与成果甚多,本文主要侧重于以周启荣和包筠雅为首的北美书籍研究学术圈,而该学术圈以明清书籍研究为主。

贺对此研究领域所要求的"整体史"理念。[1]其中的"接受",是1970年代中叶启动法国书籍史学进行认识论和方法论反省的关键议题,就此展开的阅读史研究,至今方兴未艾,[2]并有成为书籍研究主流的势头。而"法国书籍史之父"马尔坦和"新风格法国书籍史"学者夏蒂埃在此领域发挥了重要作用。

年鉴学派对书籍研究的关注与其关注点从社会史到文化史的研究转向有关,其书籍史研究之初关注作为物质的书籍的印刷、流通与销售,以及书籍的流通带来的影响。1952年,费夫贺在其写给马尔坦的信中表示了要对书籍史这一"未知之地"进行研究的想法,试图说明"印刷术所代表的,如何、为何不单只是技术上巧妙发明的胜利,还进一步成为西方文明最有力的推手"[3]。马尔坦在1958年前后,写成《印刷书的诞生》并将其出版,在第一部分"书籍商品"中呈现了印刷书的生产、交易和流通状况。在第二部分"变革的推手"中,通过使用遗产清单中的私人藏书清册,鉴别藏书所有者的社会阶层和职业分布,梳理当时印刷出版的书籍种类,以及印刷书与人文主义和宗教改革、欧洲现代语文的关系。[4]印刷术的使用,使得书籍跳出手抄的限制从而能快速生产,大规模涌现。作为一种承载思想的物,其大规模涌现、传播以及阅读势必带来变化。但它究竟是如何发挥了"西方文明最有力的推手"的作用的呢? ——事实的描述相对而言容易,影响的分析却不是容易事。

受心态史和年鉴典范的影响,早期学者主要用计量方法研究书籍史。起初,学界普遍承认计量方法的有效性,罗杰·夏蒂埃本人也是这种方法的实践者。[5]夏蒂埃在研究17、18世纪在街头兜售的各式各样的被称为《蓝皮文库》的庶民读物时,发现看似具有一致性的读物其实差别巨大,"用传统的计量方法难以给予满

---

〔1〕 "整体史"是年鉴学派学术主张与特点之一,法国书籍研究从一开始作为研究计划被提出就遵循着整体史的目标,即将书籍的生产、发行和接受都纳入到书籍研究的范畴。可是夏蒂埃强调阅读与所读物的历史有明显界限,因此他认为书籍史就是"书籍"的历史,而阅读史则强调接受。

〔2〕 秦曼仪:《书籍史方法论的反省与实践——马尔坦和夏提埃对于书籍、阅读及书写文化史的研究》,《台大历史学报》2008年第41期。

〔3〕 (法)费夫贺、马尔坦著,李鸿志译:《印刷书的诞生》,广西师范大学出版社,2006年,第3页。

〔4〕 (法)费夫贺、马尔坦著,李鸿志译:《印刷书的诞生》,第248页。

〔5〕 (法)侯瑞·夏题叶著,谢柏晖译:《书籍的秩序:欧洲的读者、作者与图书馆(14—18世纪)》,联经出版事业股份有限公司,2012年,第107页。

意的回答。特别是,当一位读者面对一个文本时,他如何构造其中的含义,他如何把该文本变为自己的东西?"〔1〕出于统计的需要,可以将书籍作为一种印刷产品、流通商品或图书藏品的物质形式而量化,而书籍在交流、接受和使用过程中的文化特性却是难以计量的。〔2〕随着研究的深入,计量的方法遭到质疑。

20 世纪 70 年代,英美书目学传入法国,为法国书籍研究提供新思路。〔3〕传统书目学强调鉴别印刷文本,通过建立版本系谱,最终得到古文本最正确的版本。〔4〕夏蒂埃最初认为书目学可以被用来鉴别盗版书和禁书。但美国学者塞恩格(Paul Saenger)透过书写组织和文本编排的形式,重建了从口语的、发声的,到视觉的、默读的阅读方式的演变,使得书籍研究者重新思考书目学的应用。〔5〕随后,麦肯锡扩大了书目学的内涵:书目学既研究文本被保存的形态,也研究它们从生产到接受的整个过程,即文本社会学。并指出让文本能被阅读、被听见的物质形式,不仅传达,也建构了意涵。此外,还要关注书在生产中的各种"人为因素"的处理。故文本的物质形式,如书籍开本、段落、章节的切割以及编排设计,都是作者/出版者用以表达意涵的方法,都影响读者的阅读感受。〔6〕这种方法深深影响了夏蒂埃,注重文本的形式成为其书籍研究方法论的重要方面。书籍史不再局限于计算书籍总量、分类书名,或调查私人藏书的社会分配。法国书籍史成功转型。〔7〕

夏蒂埃认为文本、印刷和阅读是影响阅读运行机制的三个因素。〔8〕正如那句耳熟能详的俗语,"一千个读者就有一千个哈姆雷特",我们认可它,但它为何会

---

〔1〕 周兵:《罗杰·夏蒂埃的新文化史研究》,《史学理论研究》2008 年第 1 期;李宏图、王加丰编:《表象的叙述:新社会文化史》,上海三联书店,2003 年,第 134 页。

〔2〕 同上。

〔3〕 (法)侯瑞·夏题叶著,谢柏晖译:《书籍的秩序:欧洲的读者、作者与图书馆(14—18 世纪)》,第 108 页。

〔4〕 秦曼仪:《书籍史方法论的反省与实践——马尔坦和夏提埃对于书籍、阅读及书写文化史的研究》。

〔5〕 同上。

〔6〕 D. F. Mckenzie, *Bibliography and the Sociology of Texts*, New York: Cambridge University Press, 1999.

〔7〕 秦曼仪:《书籍史方法论的反省与实践——马尔坦和夏提埃对于书籍、阅读及书写文化史的研究》。

〔8〕 (法)罗杰·夏蒂埃:《文本、印刷、阅读》,(美)林·亨特编,姜进译:《新文化史》,华东师范大学出版社,2001 年,第 140 页。

出现这样的结果？其中的机制是如何运行的？夏蒂埃称阅读为"文本世界和读者世界相交的方式"，以及"文本'现实化'过程"，二者生动地描述了他眼中阅读的含义与运行机制。文本和读者原本分属于两个不同的世界，一方是载体上的文字，一方是现实中独立的人，但二者因为阅读这一行为联结到一起。现实中的人通过阅读载体上的文字而获得知识、改变认知、分享体验，载体上的文字因为现实中的人的读而发挥作用、产生意义。但是读者与文本的关系远比此处描述的要复杂，因为二者的相交有各种不同的方式，受到诸多因素的影响。夏蒂埃认为主要的影响因素存在于三个方面：文本、印刷和阅读。

首先，文本与阅读。文本有其控制力，通过话语编排等机巧约束读者。通过运用策略控制读者，并将其想法强加于读者。例如，文本利用标题、前言、序文来"规定"文本的意涵。按照这一逻辑，阅读就是自动产生的。但事实上，读者有其创造力，能够回应文本，在文本中劳作，甚至窃取文本。[1] 历史学提供了两条研究路径，其一是从纷杂的史迹中重建古老阅读的多样性；其二是找出作者和出版商试图对文本施加正统阅读时采用的策略，如从前言、序文、评注，以及较为含蓄的机巧中寻找。[2] 具体方法则是研究文本，展现文本印刷物如何引导被预设的阅读；收集个人陈述中实际阅读和读者共同体建构的实际阅读。

其次，文本意义依赖于形式，因为文本不可能脱离其载体而存在。[3] 在印刷本占主流的时代，印刷本身也是影响阅读的因素。传统文学史认为作品是抽象文本，印刷形式无关紧要；接受美学坚持文本传出的"文学信号"与"期待视野"（即读者群的预期）间是一种纯粹的关系，这就使阅读所产生的效应与文本的物质形式无关了。[4] 但书不是作者"写"出来的，而是印刷、排字、装订等工人"做"出来的。[5] 因此，读者所面对的不是凭空存在的抽象文本，他们接触和感知的是实物和形式，后者的结构和形态将支配阅读／接受活动，将左右他们对所读／所闻之文

---

〔1〕（法）罗杰·夏蒂埃：《文本、印刷、阅读》，（美）林·亨特编，姜进译：《新文化史》，第148 页。

〔2〕（法）罗杰·夏蒂埃：《文本、印刷、阅读》，（美）林·亨特编，姜进译：《新文化史》，第149 页。

〔3〕（法）罗杰·夏蒂埃著，吴泓缈、张璐译：《书籍的秩序》，商务印书馆，2013 年，第25 页。

〔4〕（法）罗杰·夏蒂埃著，吴泓缈、张璐译：《书籍的秩序》，第 92 页。

〔5〕（法）罗杰·夏蒂埃著，吴泓缈、张璐译：《书籍的秩序》，第 93 页。

本的可能理解。[1]那所谓的形式都包括什么？书的开本大小、纸质、印刷质量、装订、插图等。具体如何分析呢？比如说，大开本更珍贵，而小开本更容易拿着读；纸质的优劣反映印本的优劣，进而反映受众的经济状况。因此要分析作者意图和写作策略，出版决策和工艺局限。夏蒂埃在研究法国《蓝皮文库》的过程中，通过对这些小册子的仔细阅读，分析其书目学的源流，发现这些于17、18世纪以下层民众为受众的读本，在其文本最初出版时却是面对文人墨客的。出版商为了创造新的读者以盈利，从而对文本进行删减，并印制成纸质粗糙、外观低劣的小册子以卖给庶民大众。出版商以改变文本受众而进行的这一系列改动，实质上使文本意义发生了改变，读者的阅读也发生了改变。[2]

再次，阅读终究是一种实践活动，离不开动作、空间和习惯。因此，不同的实践方式同样对阅读产生影响。每个读者都有自己独特的实践网络与阅读规则，涉及读者群体不同的阅读能力、识字与否；读的方式，出声与否；阅读规范和习惯；对阅读的期待和兴趣。所以，不同的读者，知识工具不同，与文字的关系不同，这些因素决定了他们采用不同的阅读方式、实践。要理解其方式及种种区别特征，阅读史的任务之一是发现上述网络与规则。因此，首先要关注阅读方式，如有感情地读、朗诵、说书、课堂讲、睡前故事、朋友分享。如高声朗读，这种方式能将文本传达给不识字者，还能巩固聚会人际关系。其次要关注阅读发生的空间、家里、茶馆、课堂，以及不同的阅读习惯，如睡前读、火车上读等。从而重现被遗忘的行为，找到已逝的习惯。这样不仅能揭示旧读法，还能揭示为旧读法所设计的文本结构。[3]

2. 罗伯特·达恩顿及其"交流循环"模式

罗伯特·达恩顿与书籍研究的结缘非常偶然。他1965年进入到法国纳沙泰尔印刷公司(STN)留存下来的档案中，寻找法国大革命时期的政治家雅克-皮埃尔·布里索(Jacques-Pierre Brissot)的史料，因为布里索在1789年前在STN出版

---

〔1〕 （法）罗杰·夏蒂埃著，吴泓缈、张璐译：《书籍的秩序》，第88页。
〔2〕 （法）罗杰·夏蒂埃著，吴泓缈、张璐译：《书籍的秩序》，第95页。
〔3〕 （法）罗杰·夏蒂埃著，吴泓缈、张璐译：《书籍的秩序》，第92页。

了他大部分作品。[1] 在这个过程中,他找到了布里索与 STN 来往的 160 封信。但在这 160 封信之外,是纳沙泰尔巨大的史料库——书商和其业务伙伴约 5 000 封书信,以及数量庞大的账簿——它们提供了 18 世纪出版活动的最生动和详细的图景。他在这些档案中发现了一个比布里索传记更重要的主题,即书籍本身,以及旧制度下生产和分发书籍的男男女女。[2] 他一头扎进纳沙泰尔的史料库,看到了几百年前生动鲜活的印刷出版生活,并由此写下了一系列书籍史名作。

由费夫贺与马尔坦编著的、作为现代书籍史研究发轫的《印刷书的诞生》出版于 1958 年,达恩顿开始接触纳沙泰尔的出版档案是 1965 年。可以说,达恩顿是最早一批对"新"书籍史进行探索的史学家之一。他对书籍史的探索,研究与反思能深切反映书籍研究领域的状况。1982 年,他发表了论文《什么是书籍史?》,为处在上升期,且研究领域出现杂乱状况的书籍史研究提供了一个可将各方面的因素串联起来的研究模式——书籍"交流循环"模式。[3] 此模式按照社会史的思路,将书籍出版过程中所涉及的各个主体——作者、出版商、印刷商、运输者、售书者、读者等,诸多因素——经济发展状况、政治政策与形势、思想影响与知名度,都纳入进来,为我们呈现了一个动态的、全面的书籍生命史。[4] 但作者也在文章中强调,他提出这个循环系统并不是说这是书籍研究的唯一模式,也不是说书籍研究都要涉及这些主体和这些因素;框架的提出,只是为了把此领域涉及的各种主体串起来,全方位多角度把握这一领域,从而使此领域的轮廓变得清晰。这一模式提出后,作者先后发表了关于书籍研究的一系列的著作和论文,如《启蒙运动的生意》等,这些研究基本上都符合他在该文章中提出的模式。

24 年后,达恩顿发表《〈什么是书籍史〉再思考》(2007)[5]。在这篇文章中,他首先回应了其书籍交流循环的研究模式所招致的批评。他强调:"提出研究书

〔1〕 Robert Darnton, "'What is the History of Books?' Revisited", *Modern Intellectual History*, Vol. 4, No. 3(2007), pp. 495 – 508.

〔2〕 同上。

〔3〕 原文是"What is the History of Books",1982 年发表于 *Daedalus*,中文版被翻译成《书籍史话》,收录于《拉莫莱特之吻》,本文所引用的是后者。Robert Darnton, "What is the History of Books", *Daedalus*, Vol. 111, No. 3(1982), pp. 65 – 83. (美)罗伯特·达恩顿著,萧知纬译:《拉莫莱特之吻:有关文化史的思考》,华东师范大学出版社,2011 年。

〔4〕 关于书籍"交流循环"模式,达恩顿在其文章中进行了详细分析,国内外学界也有诸多针对这一模式的分析研究,笔者不再赘述。

〔5〕 载(美)罗伯特·达恩顿著,萧知纬译:《拉莫莱特之吻:有关文化史的思考》。

籍史的模型,我并非要告诉书籍史家他们应该如何工作。我希望那个模型在一种启发方式上可能有效,而不是将它看作堪比被经济学家所垂青的模型,那种你嵌入数据,计算,得到答案。"他认为,书籍史领域本身反对用框架和图表来"限制"这一领域,并举了冰岛的书籍史的例子来反驳。冰岛在16到19世纪中期没有书铺和学校,但是18世纪末期几乎所有冰岛人都有读写能力。人们的阅读能力主要来自家庭,除了信仰作品,他们读的东西主要是北欧传说——由很多代人传抄的成千上万的手抄书,它们构成了当今冰岛档案最重要的藏品。三个半世纪以来,鉴于阅读书籍,冰岛拥有读写能力的人口比重非常大,但它并没有出版物、书店、图书馆、学校。冰岛口头和抄写文化相互加固,超越了印刷文字的范围。冰岛的例子足以反驳所有的书籍史研究框架,因为阅读/书籍本身也是因时因地不同,没有哪一个图表能够把所有阅读/书籍文化都概括进来。探索完美框架不可能,也不是书籍研究的终极目标。达恩顿希望史学家们将精力放在具体的书籍研究上。

达恩顿对阅读史研究也进行了一系列探索。阅读的研究在整个书籍史研究领域是公认的一大难题,这种看似大同小异、随时随处可能发生的行为,把这些历史学家难得够呛。达恩顿也不例外,但他仍然做了许多有益的尝试。作为一种社会现象,达恩顿认为阅读史涉及五个问题,分别是什么人在读,读的是什么书,在哪里读、什么时候读,人为什么读书,怎么读。

针对是什么人在读、读的是什么书的问题,达恩顿认为可以通过高屋建瓴的宏观式和解剖麻雀般的微观式来研究。法国书籍史研究有着宏观式的传统,他们擅长用计量和社会史研究的方法。宏观研究可以看出文化潮流的大趋势,但统计数据容易落入过于宽泛的境地。微观研究可以利用从中世纪至今的书目、私人藏书阁目录、图书馆记录等。

针对在哪里读、什么时候读,达恩顿认为可以从多种不同的记录形式入手,他选择了绘画、文学作品和档案。阅读虽不是绘画的主要主题,但是历史上还是遗留下一些与阅读相关的绘画。作为一种场景性极强的表现形式,绘画能表现出当时阅读的场景,即人们在哪里读,在什么时候读。作为一种艺术,绘画也许不能完全体现现实状况。但它们会让我们看到前人是如何看待阅读,并反映他们认为的人们应该在什么情况下读,以及在什么时候读。[1]文学作品和档案中也有一些

---

〔1〕 (美)罗伯特·达恩顿著,萧知纬译:《拉莫莱特之吻:有关文化史的思考》,第143页。

关于阅读场景的描述,如卡洛·金斯伯格在《奶酪与小虫》中所使用的宗教审判的档案。

至于最困难的两个问题,人为什么读书和怎么读书,达恩顿承认阅读不是个简单的技巧问题,而是把文字变成意义的过程,这个过程肯定因文化而差异。[1]若想找到放之四海而皆准的公式,几乎是痴心妄想。但是探索某一时期某一文化的特定阅读还是有可能的,为此他指出了五种研究方法。第一,找到过去的人们对阅读有什么理念和假定,而这些理念和假定又是怎样影响到他们的阅读行为的。若想找到人们的阅读理念和假定,则需要去文献中寻找当时人是如何描述阅读行为的,还有书籍广告和印刷出版社的宣传文字,以及审查图书的人所写的报告。第二,研究一般老百姓是怎么阅读的,如何学会阅读的。第三,根据少数遗留下来的蛛丝马迹做个案研究。弄清楚历史上大众阅读的方方面面实非易事,那么我们可以通过一些具体的史料来研究。卡洛·金斯伯格的《奶酪与小虫》就是一个成功的例子。第四,将文学理论与图书史研究联系起来。重视副文本(paratextuality)以及文本的互文性(intertextuality)。因为文学理论可以告诉我们读者对文本的反应大致有多少可能性,特定的修辞会对阅读构成怎样的制约;尽管史料有限,但图书史仍然可以大致告诉我们实际的阅读情况是怎么样的。第五,利用书目分析学的方法,包括麦肯锡对书目学的再思考而提出的文本社会学方法。文本的排版、印刷规范对读者构成一定影响,这反映了作者预想的读者和出版商预想的读者之间的空隙。阅读并非简单的从文中攫取信息的过程,因为信息需要经过筛选、分类和解释,这一过程受到一定文化范式的影响,而文化范式则在历史上经历了很多变化。在这一层次上,阅读的历史跟思想史一样复杂。读者的阅读方式,也是其理解世界的方式。

3. 英美目录学以及文本社会学

在书籍进入历史学家的研究视野之前,有关书籍的版本、生产工艺的书籍研究已在版本学家、目录学家、书商、印刷商和藏书家中广泛开展。[2] 最早可以追

---

〔1〕 (美)罗伯特·达恩顿著,萧知纬译:《拉莫莱特之吻:有关文化史的思考》,第146页。

〔2〕 于文:《"书籍史"的孕育与诞生》,《图书·情报·知识》2009年第132期。

溯到文艺复兴后。书籍史研究滥觞《印刷书的诞生》的执笔人马尔坦就是一位目录学家。并且,《印刷书的出现》这本书在出版后并没有立刻引起历史学界的关注,却在目录学界掀起三层浪。古文献历史学家和图书馆专业人士对其抱有浓厚的兴趣,他们从这本书里看到了新的研究方法给本领域带来的新活力。[1] 不仅如此,目录学家麦肯锡对传统目录学的补充,使之具有了文本社会学的意涵,这一补充为书籍史,尤其是阅读史研究提供了方法论启发。

西方(英语世界为主)的目录学主要包括了"汇集书目或是分析文本"的列举目录学和"运用与书籍研究相关的印刷史和技术史知识"来分析作为物的书籍的实物目录学两个分支。[2] 19 世纪前,西方的目录学基本都是列举目录学,主要为了提供完整的书目信息。而实物目录学,通过将古代版本视作一种实物,探索其被制造出来的方法、问世的情形、刊行者的真实身份等信息,于 19 世纪产生并有了长足发展。[3]

实物目录学起源于对莎士比亚戏剧和 16 世纪中期至 17 世纪中期这一百年间的戏剧的不同版本的研究。[4] 活字印刷术发明后,莎翁的戏剧被多次印刷,而实物目录学家的任务就是找出诸多版本中最权威的版本,这就要求目录学家对书籍生产过程的各个环节进行严格的考据。印刷出版流程中的诸多环节,如编辑和校对等,都被细致的挖掘,以排除其对文本的干扰,从而获得最能体现作者原意的文本。其研究特点是将书籍文本传播过程中除作者以外的因素均视作干扰因素;以物为主体,强调书籍作为一种物质的物质形态,而不仅关注其文本内容;并将书籍的产生视作一个复杂系统的产物,在这个系统中包含了字体、纸张、排字、印刷、装订等多种环节;让研究对象本身说话,但不包括其产生的社会因素。[5]

随后,麦肯锡通过强调目录学研究中人和社会的作用,将传统的目录学赋予文本社会学的新意涵。作为一位目录学家,他的影响力巨大。达恩顿称他为目录学界的马丁·路德,并认为他的"离经叛道,使目录学得以重生"。麦肯锡所做的"离经叛道"之事,便是吸纳历史学的研究方法,即在研究书籍的过程中,不再将视

---

〔1〕 (美)罗伯特·达恩顿著,萧知纬译:《拉莫莱特之吻:有关文化史的思考》。

〔2〕 (意)米盖拉、韩琦编:《中国和欧洲:印刷术与书籍史》,商务印书馆,2008 年,第 154 页。

〔3〕 王京山:《英美目录学的源流与发展》,《中国图书馆学报》2003 年第 1 期。

〔4〕 (意)米盖拉、韩琦编:《中国和欧洲:印刷术与书籍史》,第 155 页。

〔5〕 于文:《"书籍史"的孕育与诞生》,《图书·情报·知识》2009 年第 132 期。

野局限于书籍这件物本身,而是将书籍还原到其生产、流通、传播与阅读的具体语境中,将经济、社会和技术等因素考虑进来,将目录学赋予"文本社会学"的意涵。而历史学也吸纳了目录学的研究方法,如夏蒂埃,在研究书籍的过程中,跳出计量的限制,将注意力放到书籍的物质形式等较为微观、具体的层面,从而分析阅读的发生机制。简而言之,目录学受到历史学关注经济、社会等因素的影响而获得新发展,历史学(主要是书籍/阅读研究)受到目录学的影响而扩展了书籍史研究的方法论。

前文已经简单介绍过,实物目录学起源于对莎士比亚戏剧不同版本的研究。目录学家希望通过尽可能多的将同一作品的不同版本进行对比分析,从而得到该作品的权威版本,但麦肯锡认为这是种"不可能的理想"。[1] 因为文本本身不稳定的特点使得书目学家需要重新定位书目研究。[2]

麦肯锡重新定位书目研究的灵感来自一份 17 世纪印刷坊的史料,这份史料记载了该印刷坊的字体、印刷机,其管理者、印刷工、排字工、校对者、工匠和铁匠的日常活动,以及定价、排版、打印和工资支付的详细记录。这些史料使得恢复一家早期印刷坊的运作成为可能,而这也是目录学家们第一次拥有一个印刷书生产方式的动态模型。[3] 但新的模型让人不安,因为它不符合当时在分析目录学和文本目录学中的许多的假设,也就是说以往的研究是脱离现实的。如,模型显示了没有一本书能包含要解释它生产所必需的所有证据,因此,将眼光限制于书籍本身是不够的。再如,虽然创作、修改和印刷的过程是普遍的,但生产中各方的关系每天都在不断变化,这使得研究要因具体的情况展开。[4]

新的质疑以三种方式在方法论上开辟了这一学科。首先,书籍生产的环境比迄今所想的要复杂得多,所以这一学科被从归纳的束缚中释放,转向去挖掘尽可能多的史料,从而梳理书籍生产的具体环境,这使得目录学拥有了一个新的有创造力的生命。其次,在寻求恢复文本及其多样的含义的生产的复杂情形时,它推动研究进入一个历史环境的扩展圈子。例如,在 17 世纪的伦敦,若干印刷坊可能将一本书分

---

〔1〕 首先,每个版本都有被编辑的正当性。针对特定的版本,作者在作品再版之前可能会再次修订,修订前后的两个版本可能有很大差距。其次,书籍出版商会根据市场的需要而修改文本,有时候甚至进行合并或改编。再次,现代的新技术允许读者以他们喜欢的形式重建和传播文本,而很少受到约束。

〔2〕 D. F. Mckenzie, *Bibliography and the Sociology of Texts*, New York: Cambridge University Press, 1999, p. 1.

〔3〕 D. F. Mckenzie, *Bibliography and the Sociology of Texts*, p. 3.

〔4〕 D. F. Mckenzie, *Bibliography and the Sociology of Texts*, p. 4.

裂,使得各方能同时开工。这无可避免地要将历史因素纳入进来,而不是仅仅专注于书籍本身。还有社会因素,书籍无法脱离具体的社会环境。埋头于书籍本身已经无法满足目录学研究。所以麦肯锡提出新"文本社会学",虽然是对目录学的颠覆,但这也给了目录学以新生命。再次,它直接关注书籍本身其他形式的视觉因素,如选择与主题一致的字体风格、尺寸的工艺规范上,页面的配置,版式和纸张的质量,体裁和读者的关系,等等。这就使得书籍印刷中的各个元素同读者联系起来。

麦肯锡对目录学的突破带给书籍研究非常大的启发,其中最重要的一方面是他所提出的载体本身对文本理解的影响。他在研究康格里夫戏剧中更进一步阐发了这一原则。而这一原则在夏蒂埃、达恩顿等书籍史家的具体研究中都得到了应用。

4. 热拉尔·热奈特的"副文本"理论

热拉尔·热奈特是当代法国最有影响力的文学理论家、文学批评家之一,于20世纪70年代末、80年代初提出了副文本(paratext)的概念,并于1987年发表专著《门槛》。其副文本理论为当代书籍史研究提供了新思路,周启荣、何予明等美国学者就深受启发。

热奈特在其研究副文本的专著《门槛》中,对副文本的定义、特征、性质、范围、功能、局限等方面进行了分析。首先,作者认为文学作品由文本组成,文本是文学作品的核心。但是文学作品不等于文本,因为文本不可能以一种毫无粉饰的状态呈现,文本的呈现伴随着一系列其他元素:这些元素分布于文本周围,或是承载它的载体,如纸、墨;或是呈现(present)它的元素,如标题、序言、插图。其中这类分布在文本周围,将文本延伸与呈现的元素,就是副文本,主要包括:出版商的内文本、作者名、标题、书的封面(或是插页)、献辞和题词、序言、原序、其他序言、内部标题、提示、公众外文本、私人外文本等。为了帮助读者理解这一概念,作者将副文本比作"门槛",或者一个向外部的世界提供了或是踏入、或是转身就走的可能性的"前厅"。[1]

其次,副文本的种类多、范围广,不同书中的副文本有所差别,在分析这些元素的过程中所使用的方法,要通过描述其空间的、时间的、本质的、实际的和功能

---

〔1〕 Gerard Genette, *Paratext: Thresholds of Interpretation*, New York: Cambridge University Press, 2001, p. 2.

的特征来进行。更具体来说:规定一个副文本元素由确定其位置(where);其出现的日期,(若有的话)其消失的日期(when);其存在的方式,言语的还是其他的(how);其交流情境的特征——其发送者和接收者(from whom to whom);这个信息要完成的功能(to do what)。就位置而言,作者认为副文本包括外文本(epitext)和附文本(peritext),即副文本=外文本+附文本。外文本是文本外部的副文本,如媒体对作者的访谈、对话,新书发行前出版商所进行的宣传等。而附文本则是文本内部的副文本,即作者名、标题、插图等元素。就出现的时间而言,分为先前的副文本,即先于文本的,如内容介绍、即将到来的出版的预告,或连接正式出版前报纸或杂志上的元素,它们有时会随着书籍的出版而消失;与文本同时出现的副文本,即最初的副文本;比文本的出现要晚的副文本,如在某部作品的第二版中的新加入的序言。按作者在世与否分为作者死后出现的副文本、生前出版的副文本。另外,部分副文本会消失,其消失的时间由作者决定或者外界干预或时间侵蚀。作者认为,几乎所有的副文本它们本身是一种文本的种类,或起码是言语的事实:标题、序言、访谈,所有这些表达共有文本的语言地位。但副文本的功能和价值也可能存在于其他形式,如符号的(插图)、物质的(印刷选择),或纯粹事实的(factual),如作者的年纪或性别。还有一些琐碎、基本的特征,如作品周围的隐性语境(implicit contexts),可能是著者的,类型的(如小说),历史的(如"19 世纪")。在原则上,每个语境都是一种副文本。知道这些的人们与不知道这些的人们在读一本书的时候不同。就副文本信息的发送者和接收者而言,发送者基本上是作者、出版者或作为代表的第三方。接收者大致可以被定义为"大众"。最后,针对副文本的功能,因为各种形式的副文本是一种话语,它从根本上受不同规律支配的,附加的/补充的,并献身于服务除它之外、构成其存在的理由的文本。不论作者在副文本元素中制作了什么样的审美的还是意识形态的投入,不论他加入了什么样的风骚或矛盾的反转,副文本元素总是服从于"它的"文本,这个功能决定了其存在的本质。[1]

再次,局限。就副文本本身而言,其功能就是为了表达文本,使作者的意义、目的等尽量减少损耗地传递给读者,这是副文本的使命。但它并非总能很好地完成其任务,有时候反而会变成一种障碍。但不论如何,副文本本身并非意义所在,它是为了文本而存在的。正如作者所说的门槛是为了穿过而存在的。

副文本理论作为文学理论的一个分支,其提出对文学作品的研究提供了启

---

〔1〕 Gerard Genette, *Paratext: Thresholds of Interpretation*, pp. 2 - 13.

发。而这一理论对书籍史研究也极具启发意义,因为这一理论为一本书中在文本之外的种种元素提供了解读方法,如书的封面设计是如何体现出版者意图的,书籍的版面设计体现了编辑以什么样的方式呈献给读者的。这有助于书籍研究者透过书籍本身来研究作者、出版者、编辑,以及"理想的读者",从而为书籍研究提供了新的方法启发。

西方学者对西方书籍史的研究日益成为学术热点的同时,西方的中国史学者也开始受到影响,而将关注点放在中国书籍史研究上。[1] 与欧美书籍史研究者相似,海外的中国书籍研究学者深受以法国为首的欧美理论影响,对这些理论进行梳理与分析,是研究海外中国书籍研究的必经之路。笔者将在下面的两部分中对海外中国书籍研究者的具体研究成果进行梳理,并尽可能地分析他们所使用的理论基础。

二 书籍的生命史

书籍的"交流循环"模式是罗伯特·达恩顿在探索瑞士纳沙泰尔公司档案的过程中提出的书籍研究模式,此模式按照社会史的思路,将书籍出版过程中所涉及的各个主体——如作者、出版商、印刷商、运输者、售书者、读者,诸多因素——经济发展状况、政治政策形势、思想影响与知名度,都纳入进来,为我们呈现了一个动态的、全面的书籍生命史。但作者也在文章中强调,提出这个循环系统的目的并不是为了说明这是书籍研究的唯一模式,也不是说书籍研究都要涉及这些主

---

[1] 周启荣、包筠雅等学者是海外中国书籍史领域的开拓者,他们方向不同,专业有别,都在因缘际会之下转向了书籍研究。周启荣对书籍史产生兴趣是源于他对李贽的研究,在研究李贽在晚明出版业的作用的过程中,他逐渐将视角扩展至印刷对晚明文化实践的影响上,并顺着这一思路研究了晚明的考试文化,即大量考生参与到出版市场,不仅获得了经济收入和社会地位,还大力促进了出版市场的兴盛,而作为编辑的考生在编辑考试用书的过程中,无意中对正统权威带来了挑战。日本学者大木康最初的研究对象是冯梦龙,他发现冯氏编辑出版了大量书籍,为了搞清楚书籍、出版业之于冯氏的意义,他进入到晚明出版业的研究中。何予明在加州大学伯克利分校攻读硕士学位时,无意间在书店看到了罗杰·夏蒂埃的《书籍的秩序》,并受到极大触动——当时以中国戏剧史为方向的她开始思考为她的戏剧研究提供物质基础的明代书籍本身是如何影响到戏剧的创作、流传与阅读的。学者们因自身研究的需要而关注中国书籍领域,同时也受到其欧洲同行们对西方书籍史研究的影响,使得中国书籍史逐渐成为当代海外中国研究的重要议题。而他们也在积极地沟通交流,举办会议,创办刊物,发表成果,并培养第二代中国书籍史研究者。而这些二代学者,也开始在学界崭露头角。

体和这些因素。框架的提出,只是为了把此领域涉及的各种主体串起来,从而全方位多角度把握这一领域,使此领域的轮廓变得清晰。

但书籍研究与生俱来的一个问题即缺乏史料。纵观中外书籍研究领域,像纳沙泰尔那种详细的档案并不多见,因此大部分书籍研究无法将书籍的整个生命历程完全呈现,而是多偏重于一个点、一个侧面。例如,贾晋珠在研究福建建阳的出版状况时,限于史料因素而偏重出版者的研究。另外,学者在研究中的侧重点还与其想表达的问题有关,如周启荣想根据晚明科举用书来研究当时的士人文化和思想变化,那么他则偏重于研究晚明时期出版的科举参考书,以及这些书籍背后的作家、编辑和出版者群体。鉴于中国书籍研究领域中学者们对书籍生命历程中不同侧面的偏重,在本章中,笔者以书籍生命历程中的不同阶段为划分标准,具体呈现学界对每一阶段的研究内容,并通过将不同学者对同一阶段不同的研究进行比较,来呈现每一阶段的研究状况和研究的可能性。[1]

1. 知识生产——书籍的创作、编辑与出版

达恩顿的交流循环理论以欧洲书籍史研究为原型,并不完全符合中国书籍史的情况。如,相对于欧洲,中国古代的作者身份较为模糊,许多书籍是集体智慧的结晶,也有一些书籍是出版者/编辑为扩大销量拼凑而成的。再者,中国古代书籍出版中的许多出版者同时也是作者、编辑,其中的边界非常模糊。因此,笔者在这一节中不打算完全按照作者、编辑、出版者的界限细分,而是将书籍成书之前的创作、编辑与出版这一整个知识生产的流程视作一个整体来把握。其中知识生产按照性质又分为几种,分别是士人文化圈中的知识创造,商业出版者的知识生产,国

---

[1] 在展开具体的分析之前,笔者先简单呈现书籍发展在中国历史中的趋势,以作铺垫。书籍印刷肇始于五代后唐,宋朝的书籍印刷就更为普及,并刻印了数量庞大、印刷精美的书籍。元代则因为蒙古统治者实行种族歧视政策,冲击了科举制度等因素,诸多书坊衰落,书籍出版受到了冲击。明代是出版业的又一个高峰,尤其是明代中后期,出版业有了迅猛发展,从而被学界称为是"出版大爆炸"。清代书籍因在价值和审美程度上远不及宋明而受到学者们的冷落。即便如此,清代出版业仍有其价值,即相对于明朝出版中心集中于江南等几个主要中心,清代的印刷业呈现出遍地开花的趋势;书籍所能渗透的限度在清代已经从东部的大城市深入到西部地区,从繁荣的城市深入到乡村集镇,书籍所能深入到社会的限度大大加深,这同样是相当大的成就。清末民初,西式技术传入,传统出版业受到冲击,上海等新式出版中心崛起。据此不难看出,自明代中期,书籍出版就进入到高速发展阶段,该时期也是学界着墨最多的时期,笔者所选取的学术成果基本上都是对明清书籍史进行研究的成果。

家政府的编辑出版,家族的家谱生产,寺庙的善书生产。这其中的界限并不分明,有一定的交叉。

(1) 士人文化圈中的知识创造。长久以来,江南地区就是重要的经济中心和文化中心。江南在明中后期的出版大爆炸中的贡献不容小觑,并形成了独具特色的、发展水平极高的出版文化。海外书籍研究学界对明中期以来江南出版文化多有着墨,主要的学者有周启荣、周绍明和大木康。

学界普遍认为,明末出版的腾飞与科举制度密切相关。自隋代出现,至 20 世纪初期被废除,科举制度在其作为中国最主要的选官制度的一千多年中吸引着数不胜数的男性文人为其"衣带渐宽终不悔"。但科举的份额有限,绝大部分考生无法获得举人以及更高的功名。明代以来人口的增长,使得考生获得功名的可能性降低,落榜的人数越来越多。但自明代中期始,商业出版开始蓬勃发展,并在经济领域创造了大量"职位"。周启荣认为科举考生参加科考是通过将其经年累月积攒的文化资本在考试中转化为政治资本,获得功名,进入官僚系统。大部分落榜的考生,虽然暂时无法将其文化资本转化为政治资本,但可以投身于商业出版领域,将其文化资本转化为经济资本,从而为自己某一条生路。[1] 而这一部分落榜考生参与到处于上升阶段的商业出版中,无疑又促进了商业出版的进一步发展。其中有些考生会根据市场需求,提供碑铭墓志、应酬文字来获得收入,也有一些会受雇于某些印刷坊,来编辑一些应试参考书、小说戏剧、指南类书等。[2] 还有一些屡试不中的考生如毛晋、陈继儒、冯梦龙,则专心从事商业出版,不仅获得了丰厚的收入,还在士人文化圈中取得了很高的地位,正所谓名利双收。[3] 他们都靠商业出版来立身扬名,大木康认为他们是晚明登场的知识分子的新典型。[4]

(2) 商业出版者的书籍生产。相对于江南的士人文化圈中的知识创造,包筠雅和贾晋珠笔下的四堡、建阳和南京的出版者们更像是知识的生产者。因为四堡和建阳的出版者们更像是单纯的"商人",而不是江南社会中的"士商"。四堡和建

〔1〕 Kai-wing Chow, *Publishing, Culture, and Power in Early Modern China*, Stanford: Stanford University Press, 2004, pp. 119-120.

〔2〕 (美)周绍明著,何朝晖译:《书籍的社会史》,北京大学出版社,2009 年,第 95 页。

〔3〕 (美)周绍明著,何朝晖译:《书籍的社会史》,第 97 页。

〔4〕 (日)大木康著,周保雄译:《明末江南的出版文化》,上海古籍出版社,2014 年,第 98 页。

阳的主打出版物,多是经过市场检验过的"稳赚不赔"的畅销书,如科考用书、蒙学用书、日用类书、小说和戏剧。其生产策略也多是以降低成本,控制书价为目的,并不讲究书籍的品质,因此两个出版中心的出版物多为开本较小、纸张粗糙、品质较为低劣的廉价品。

四堡的坊刻业大致起源于 17 世纪晚期,其中最有名的两个家族是邹氏和马氏。[1] 四堡的书籍生产基本上是以家庭为单位的作坊,由家长负责经营,雇用近乎全部家人来印书和贩书,由儿子或侄子充当行商,沿商路兜售或开设分店。四堡的主要出版物是教科书,尤其是四书的注释版本,许多书坊就是靠生产这些书籍起家的。在积累了一定的基础后,可能会刊印一些家用类书、礼仪指南、占卜手册、小说诗集等,[2] 但绝对不会刊印最新的学术著作或风靡一时的诗集。其目标受众从具备识字能力的农民和商人,到低级官员和地方士人不等。[3] 四堡出版商们所出版的书籍基本上都是行商在贩售途中购买的"畅销书",这些畅销书被带回四堡,重新刻板、印刷。他们还会与其他出版商交换雕版,或购买刻好的雕版。除此之外,他们还会自己撰写、编辑图书,主要是对现存文本进行编辑或剪贴。[4] 但四堡的出版商也不乏科举考生,其中有些是具备创作才能的,因此也会有一些原创作品。出版商们还会向以写作为生的作者购买书稿,或请地方学者到四堡从事专门的工作。[5] 他们会拿编辑好的书稿找下层官员作序。

建阳是一座位于福建北部的城市,其印刷业在中国商业印刷史上占有突出的位置,始自宋代,并持续到清代早期,前后五百余年。[6] 建阳的出版物主要有经典、字典、历史书、地理书、医书、百科全书、启蒙书、奇闻异事集、诗集、历史小说和

---

〔1〕 鉴于史料限制,包筠雅的研究主要集中于 19 至 20 世纪。

〔2〕 (美)包筠雅著,刘永华、饶佳荣等译:《文化贸易:清代至民国时期四堡的书籍交易》,北京大学出版社,2015 年,第 219 页。

〔3〕 (美)包筠雅著,刘永华、饶佳荣等译:《文化贸易:清代至民国时期四堡的书籍交易》,第 360 页。

〔4〕 (美)包筠雅著,刘永华、饶佳荣等译:《文化贸易:清代至民国时期四堡的书籍交易》,第 223 页。

〔5〕 (美)包筠雅著,刘永华、饶佳荣等译:《文化贸易:清代至民国时期四堡的书籍交易》,第 220—224 页。

〔6〕 Lucille Chia, "The Development of the Jianyang Book Trade, Song-Yuan", *Late Imperial China*, Vol. 17, No. 1, pp. 10 - 48.

戏剧等。同四堡类似,建阳的商业印刷坊也是家族产业,努力控制生产成本,出版者多为没有功名者。参与到出版业中的建阳人很多,且他们都较有文化,他们编辑出版的书水平也较高。印刷业工作(不论是创作、编辑、校对,还是印刷者)变成一种利用他们所学知识养活自己的可行方式。建阳出版业内部在元代出现了大的差距,精品和低质印刷物都有所发展;后者吸引更广阔读者。多样化对出版者的生存是必要的。

(3) 地方志的编辑出版。美国学者戴思哲在其 *Writing*, *Publishing*, *and Reading Local Gazetteers in Imperial China*, *1100 - 1700* 一书中对明代地方志的编纂进行了研究。不同于商业出版,地方志的编印起源于国家政策。1519 年,正德皇帝令各级地方政府编辑地方志,在全国范围内掀起了一场编志大潮。随后地方志开始成为遍布全国、各地都有的一种重要文类。除中央层面下达的编辑命令外,地方还会不定时在以往的版本中增加新的内容,因此地方志是"活的"、会发生变化的书。

不同于商业出版,地方志的编纂工作涉及复杂的资金问题:无偿的与有偿工作的混杂,资金来源的复杂。有些地方志的工作人员本身就是衙门的吏或官学的老师,他们本身有着一份薪水,有些人来自殷实的家庭,愿意为地方志的编纂出一份力。而其他的,如当地正在准备科考的文人等,则是需要支付薪水的。地方志的编辑们主要是在衙门或者官学里从事编辑工作,一些省志也可以在贡院展开编辑工作。道教、佛教等宗教场所也是众多选择之一。

针对地方志编纂中所使用的材料,有些方志是从政府记录里搜集来的基础数据列表,有些则是基于广泛调查的丰富文本。在地方志的编辑之初,有些衙门会贴出大字告示来向民间搜集资料,征募有才能的编者。除了向民间征集,编者们还要去当地的藏书楼、衙门、学校等地进行采访,誊抄材料。其中已有的地方志非常重要,相邻的县以及所在的州府的地方志也非常重要,还有当地宗族的族谱、文人的文集、碑刻和政府记录。编辑者很多都是当地的文人,他们本身就有许多可以利用的材料。但编者们并非总能得到他们所需要的材料,有些材料可能买不到,有些材料可能要去其他地方寻找。地方志编写中引用到的资料都会列在最后的引用表中,有些地方志的引用文本多达上百种。

资金问题向来是书籍史研究的难点,因为保存下来的数据很少,但地方志中会记载其编纂、印刷过程中所使用的经费来源与使用状况。地方志的经费筹集方式多样,主要有地方官和编辑们的捐赠;政府经费,如罚款、诉讼费,和用于支付政府开设的项目经费；里甲的均平银〔1〕。

（4）家谱生产。徐小蛮曾对清代上海以及江浙地区家谱的刊刻、印刷、流传进行过研究。〔2〕他认为家谱是一种记载家族血缘关系，弘扬祖先的功德，以家族史与家族伦理教育后人，强化族人对家族的向心力与凝聚力，〔3〕以书籍为形式的物品。中国人很早就开始编写家谱，这种风潮在宋代以来则日渐流行，清代更是如此。〔4〕家谱虽然是一种"书籍"，但在某种程度上，它也只是采用了书籍的形式，而不具备书籍的主要性质。因为，家谱是由本家族人出资编刻，成书后保存于家族内部，并在清明祭祖等场合展示的一种物品。其作为维系家族团结的象征意义远大于其作为书籍的实用价值。

（5）善书生产。善书是由乡绅和士人创作编撰，由善信捐助刻印，以小册子的形式在社会流通，以劝人行善的通俗著述。许多善书自宋明以来就编辑完成并得到了刻印，但直到明末清初才被推广成为民众的普及读物。〔5〕普及的原因一方面是士绅阶层的编撰与推动，另一方面是作为技术支持的书籍出版在明中期以来的发展。

清代以来，善书的印量大且地域广。其编撰和传播方式多样，除文字外，还有绘画、诗歌、宣讲、说唱，劝善思想也被注入戏曲与蒙学。〔6〕而善书多由善人在善堂中刻印。自咸丰年间，上海与广州等地先后开设了专门印制善书的书坊，如上海的翼化堂善书局，广东的文在兹善书坊。〔7〕*Catherine Bell* 通过研究《太上感应篇》的刻印，认为印刷与一些文本型的文化传统有着交互作用。她认为刻印善书是一种高效的劝人行善方式，它通过引用因果报应的理念，图解各种行为的结

---

〔1〕 这种情况会偶尔发生，并不多见。

〔2〕 徐小蛮：《清代上海及江浙地区家谱的刊行研究》，朱东润主编：《中华文史论丛》第59辑，上海古籍出版社，1999年。该论文后来被翻译成英文，Xu Xiaoman, "'Preserving the Bonds of Kin': Genealogy Masters and Genealogy Production in the Jiangsu-Zhejiang Area in the Qing and Republican Periods", *Printing and Book Culture in Late Imperial China*, Berkeley: The University of California Press, 2005.

〔3〕 徐小蛮：《清代上海及江浙地区家谱的刊行研究》，朱东润主编：《中华文史论丛》第59辑，上海古籍出版社，1999年，第219页。

〔4〕 徐小蛮：《清代上海及江浙地区家谱的刊行研究》，朱东润主编：《中华文史论丛》第59辑，第217页。

〔5〕 游子安：《劝化金箴：清代善书研究》，天津人民出版社，1999年，第25页。

〔6〕 游子安：《劝化金箴：清代善书研究》，第33页。

〔7〕 同上。

果写来劝告人们积德。[1] 善堂刻印的善书也基本上由善人捐款,善堂负责组织联络将善书刻印装订分发给民众。

2. 物质生产——书籍的制作

书稿编辑完成后,便要印刷成书了。书籍作为一种商品,对其进行研究必然要涉及一些经济面向,如书籍制作所需要的原料、生产流程、生产成本、售价等。因此,书籍印刷不仅涉及印刷过程所需要的原料,如版木、纸、墨等物质,还涉及从事雕版、印刷与装订工作的人。本节主要从这两个方面入手探索书籍的物质生产,并讨论学界关于历史上书籍价格的争论。

书籍生产的原料。很多学者对刊刻书籍所需的原料都进行过探索,因为这确实是关乎书籍史研究的重要问题。首先,原料作为书籍生产的基础,是出版中心兴起的必要条件。其次,原料作为书籍生产的基础,其产量与价格的研究关乎书籍成本的研究,而书籍成本问题关乎书籍所能到达读者所属的社会阶层,即书籍所能到达中国社会的限度问题。因此原料问题受到相当多学者的重视。刊刻书籍所需的原材料主要有版木、纸和墨。

版木及其雕刻成本是书籍生产中开销最大的一笔。版木的来源是木材,但是木材种类甚多,根据印刷的流程需要对版木进行雕刻、刷墨和印刷的特点,雕刻版木需要质地较为坚硬的木材,如枣木和梨木。枣木的硬度要比梨木大一些,但成本也要高出一些,因此出版商在选择木材的时候要综合考虑,选择性价比最高的木材。这两种木材的价格在当时若干份物价资料中都有记载,对其进行分析,能大致得到它们的成本价格。周启荣根据 16 世纪七八十年代沈榜担任宛平县令时的记录得出当时的枣木价格为白银 0.1—0.4 两每板,梨木价格为白银 0.03 两每板。[2] 戴思哲根据他从 1510—1642 年间出版的 11 本地方志中找到的对成本的大概记载,推算出每页的刻板费用在 0.09—0.437 两之间,通过分析三本记载了

---

〔1〕 Catherine Bell, "A Precious Raft to Save the World: The Interaction of Scriptural Traditions and Printing in a Chinese Morality Book", *Late Imperial China*, Vol. 17, No. 1, pp. 158 - 200.

〔2〕 (美)周启荣:《明清印刷书籍成本、价格及其商品价值的研究》,《浙江大学学报》(人文社会科学版)2010 年第 40 卷第 1 期。

纸张花费的地方志,得出纸张花费在地方志编印总成本中占 4%。[1] 包筠雅认
为,四堡出版商所使用的木材多为樟木,这种木材在当地极为丰富,价格也相对
低廉。

纸也有很多种,如江西永丰出产的绵纸,常山柬纸,福建和江西所产的竹纸,
其品质和价格依次递减。周启荣认为福建竹纸在万历年间得到改善,并逐渐成为
最主要的印刷用纸,至 17 世纪中叶时价格为每百张白银 0.026 两。包筠雅在研究
四堡出版业时着重分析了四堡的印刷用纸,四堡幸运地位于若干造纸中心的附
近,从而能在用纸方面享受先天的便利。四堡印刷选择的主要是品质较差的毛边
纸和相对较好的玉扣纸(品质也不高),前者多用来印刷入门书和童蒙读物,后者
用来印刷类似于经书等较好的书。[2] 这些纸的价格都很低廉。

明清时期重要的松墨产自安徽和江西,安徽的歙县墨非常有名。印刷用墨主
要是焚烧松木所得松烟制成的。四堡所处的闽西大量出产松木,这种木材大量被
运送至福州和闽南用于造船,剩下的用于制墨。关于墨的价格学界无人探讨。

书籍生产作为一种制造业,离不开工匠的参与。以字母文字为特点的欧洲在
印刷中多使用活字,排字因此是印刷过程中重要的一环,这项工作消耗时间,也需
要有相当文化水平的排字工来操作。排字成本在欧洲印刷中不容忽视。相对而
言,由方块字构成文字主体的中国,并不适用于活字印刷。原因有三,汉字数量巨
大,而英文只有 26 个字母,刻制一套汉字活字成本太高;受到手抄本传统的影响,
中国文人偏爱手写体,而雕版刻字恰好能满足这一要求;版木的雕刻几乎属于一
次性投资,刻好后,出版者可以根据市场需要随时调整印量,机动灵活风险低。[3]
但在 20 个世纪的西方学界,学者们认为中国直到 20 世纪都仍然坚持使用"落后
的"雕版印刷而对"先进的"活字印刷视而不见是中国落后的表现和原因,这种欧
洲中心主义的论调控制西方学界多年。但这种观点随着西方学者对中国书籍史
研究的加深而得到修正。

雕版印刷术的原理:先请抄写人将所要刊刻的内容抄写在纸上,随后用浆糊

---

[1] 戴思哲强调他所使用的数据、得出的结论的局限性,对这些数据进行分析并不是为
了得出一个确切的数字,而是希望能为读者提供一个大致的成本概念。

[2] (美)包筠雅著,刘永华、饶佳荣等译:《文化贸易:清代至民国时期四堡的书籍交
易》,第 82—85 页。

[3] Roger Chartier, "Gutenberg Revisited from the East", *Late Imperial China*, Vol.
17, No. 1(Jun. 1996), pp. 1 - 9.

将写好的纸背面朝上贴在木板上,等到浆糊风干,撕下纸,墨迹就粘在木板上了(此处的字是反着的)。刊刻人再用刻刀将墨迹周围的木头凿空,雕版就刻好了。[1]就刊刻过程来看,整个过程对刻工没有特别的限制——甚至不需要识字。因此,出版商们为了降低成本,就会找文化水平较低的人来从事这一工作,如妇女、和尚。另外,刻工可以在出版坊、刻字坊甚至家中从事这一工作,这也使得刊刻工作极为灵活。

包筠雅在其对四堡的研究中对刻工问题进行了讨论。她认为四堡出版商在刻板这一环节中采用了多种方法,如任用族内的专家、雇用族外的专业刻工、地方寺庙的僧侣、居住在寺庙中的流动刻工,以及从其他出版商手中购买印版。刻工工钱以每百个字计算,大多数刻工一天至少可以刻一百个字。除了在当地请刻工来印刷坊工作,四堡的出版商们还会向其他的出版商购买现成的雕版,也会将刊刻工作外包出去,如广东马岗。包筠雅通过对马岗进行研究发现,马岗在清代是重要的刻书基地,但该地也仅仅是从事刻书,并未兴办过出版业。马岗位于珠江三角洲的顺德县,在整个19世纪,共出现了六七家刻字店。刻字店往往从附近贫穷的村子招募乡村女孩来学习刻字手艺,在学习一两年后,女孩们就开始依靠刻字来赚钱了。她们或专门从事刻字,或将刻字作为一种兼营的副业。马岗的女性刻工们不仅为附近的广州和佛山的书坊提供雕版,还为四堡和苏州的书坊提供雕版——出版商们不惜自付运费,可见当地刊刻价格之低。除了广东马岗外,江西浒湾镇、四川岳池县都以刻工闻名。

周绍明在其《书籍的社会史》中对刻工群体也做了大致的介绍,他认为刻工主要集中在书籍生产的中心,其工作地点不稳定,常常四处游走。[2]谈到刻工,安徽歙县虬村的黄氏刻工在刊刻圈中遐迩闻名,大木康据《黄氏宗谱》分析,黄氏族人至少从15世纪中叶就开始从事刊刻工作,并在嘉靖、万历时期的书籍刊刻中达到顶峰。黄氏族人刊刻的书籍主要在歙县出版,但除了家乡之外,他们还利用人际网络在南京、杭州等江浙城市展开工作。[3]

针对刻字工的收入问题,不同学者提出了不同的看法。周启荣认为刻字工每天能刻100—150字,每百字可得白银0.02—0.05两。包筠雅虽然没有给出具体

---

[1] 很多学者对雕版刊刻过程都有描述,如周绍明、贾晋珠、包筠雅。

[2] (美)周绍明著,何朝晖译:《书籍的社会史》,第28—29页。

[3] (日)大木康著,周保雄译:《明末江南的出版文化》,第39—43页。

的数字,但她认为刻字工的收入是非常低的,尤其是广东马岗的刻字女工的收入。周绍明认为底层刻工收入非常低,基本上一天刻一百个字只能得到2.5—3.5分铜钱。而处于刻工等级体系顶端的黄氏刻工,其收入应该不菲。

相对于刻工,印刷工、装订工的研究相对较少。正如学者们普遍认为的,印刷过程非常简单——用刷子在雕版上涂墨,将纸按压在雕版上,使字迹留在纸上。从事印刷的工人无需任何技巧。而这一工作基本上是由出版者的家人,尤其是妇女或儿童从事的。待印好的纸张晾干后,将其整理成册、装订、裁边,这些工作基本上都是由家人完成。史料记载很少,学界也少有研究。

周启荣认为中国在晚清以前有关印本书籍市场的问题可以从书价、成本、印刷数量、印书铺的数量和地理分布、书籍的流通渠道与刊本流通的地理分布等几方面来分析。[1] 他认为:"书价越便宜,商业程度越深;书籍印刷量越高,流通量越大;流通渠道越多样化,商业刊本流入社会各阶层越深入、越广延;书籍流通的地理分布越广,书籍市场的地理延伸越周遍。"[2] 这些问题的研究对书籍研究领域意义重大。但书价问题同样是学界争论较多的问题,原因很明显。首先,历史上留下的关于书籍价格的记载很少,人们无法直观地知道书籍的价格如何,而只能通过零星和间接的记载来分析书籍的价格。其次,书籍的价格是一个数字,即便学者们将历史上的书籍价格精确地计算出来,但这一孤立的数字对我们而言并没有多少价值,因为我们很难去理解那个数字对当时消费者的意义。再次,书籍生产在历史上经历了若干起伏,主要趋势是生产成本日益降低,书籍价格不断降低,这就为学者带来一个问题,即书籍价格是变动着的。这一问题因此而引起了海外中国书籍研究学界的热烈讨论。周启荣、包筠雅、大木康、周绍明等学者都对这一问题发表了自己的看法。

学者们对书籍价格的研究主要从三方面展开:从文集笔记中寻找当时读者关于买书的记载,这类记载一般不会有确切的价格,仅会做书籍价格昂贵还是廉价的判断;书籍收藏家的收藏记录中偶尔还会对书价进行记录,但这个价格不一定反映该书当时的市场价,这些书作为收藏品,其价格往往对市场价格有所夸大;印在存世刊本上的价格,这类资料数量稀少,搜寻纯靠运气。

周启荣利用沈津搜集到的27种明确标价的明代刊本,以及毛晋之子毛扆的

---

〔1〕 (美)周启荣:《明清印刷书籍成本、价格及其商品价值的研究》。
〔2〕 同上。

一份转让善本价格书目,明代潘允端账簿中列出的作为贷款抵押物的书籍及其价值这三份史料进行分析,得到一般的书籍标价大致不会高于白银一两,很多单册书只卖二三钱。并通过研究书籍的成本再次印证了其推断的合理性。并通过比较书籍与当时其他商品的价格,得出 1 两或几钱的书籍虽然不便宜,但是经济文化较为发达地区的普通百姓有能力购买的商品。并且随着书籍种类的增加,出现了各种档次、价格的书籍,人们可以根据自己的收入水平进行选择。大部分书籍在明清时期都是平民百姓可以接受的。[1]

包筠雅在研究四堡的过程中发现,四堡的出版物价格低廉,即便是住在偏僻地区的农民和小商贩也买得起其中的一些书。包在清末民初的文海楼书账上发现很多像《千家诗》和《三字经注》这类书的批发价低至 0.05 钱;《唐诗三百首》《易经旁训》等书的批发价只有 0.3 钱。当时的售价往往比批发价高 20%,这意味着很多书籍的售价也只有不到 1 钱。

大木康对明代书价进行了探讨。他先引用了矶部彰关于明末书价的研究成果,矶部认为明末很多书籍价格在白银一两左右(与周启荣的结论类似),又通过考察当时其他商品的物价和佣工的日薪,得出佣工这类低收入者买不起那些古典小说。但大木康认为矶部的分析是有问题的,因为价格在白银一两左右的书籍已经算是昂贵的大部头书籍,而佣工却属于收入非常低的群体,一天只赚 30 钱的佣工怎么买得起一两白银的流行小说。相对的,当时除了这种较为昂贵的大部头小说以外,还有大量的廉价书籍,如仅售 1 钱的《万宝全书》,1 钱 2 分的《新调万曲常春》,这些书籍对大部分百姓来说都是买得起的。[2]

因此,学界普遍认为明中期以后的书籍价格不再让人觉得难以接受。

3. 书籍的流通与销售

书籍作为一种文本的载体,其存在的最重要的意义是传递到读者手中、让读者阅读。这涉及两个问题:一是微观层面上书籍在成书之后的流通状况,即书籍是如何从出版者/生产者的手中传递到读者手中的;二是宏观层面的书籍的传播

---

[1] (美)周启荣:《明清印刷书籍成本、价格及其商品价值的研究》。Kai-wing Chow, *Publishing , Culture , and Power in Early Modern China.*

[2] (日)大木康著,周保雄译:《明末江南的出版文化》,第 62—66 页。

网络问题。关于书籍的流通状况,则可分为两类:一类是出版物全部进入市场的商业出版;另一类是出版物基本上不进入市场的非商业出版,其中又包括官府出版的权威文本、方志,家族出版的家人文集、诗集和家谱,寺庙出版的善书。[1] 关于商业出版书籍的传播网络问题则涉及书籍所能到达的社会限度。

大木康指出,相对于"传播"而言,"流通"主要指作为物质的书籍的流传状况。而"传播"则包含了作品的内容对他者的影响。[2] 因此,此处的"流通",笔者主要指的是作为物质的书籍的流传状况,而不涉及书籍的具体内容。[3]

按照书籍的性质可将其分为商业出版书籍和非商业出版书籍。前者主要包括江南地区、四堡、建阳、南京三山街、北京琉璃厂、上海文化路出版的,进入市场领域流通的,作为商品的书籍。后者主要包括以国家力量为推动力出版的地方志、四书五经等权威书籍,家族内部刊刻的书籍、文集、家谱,善会善堂、寺庙道观刊刻的善书等。

首先来看作为商品之书籍的流通。南京的三山街是重要的书籍销售中心。三山街位于南京的秦淮河附近,靠近孔庙、府学、考生参加乡试的贡院,可谓是汇集了学生的文化中心。蔡益所是当时的一家书店,它的经营内容被描述为"不但兴南贩北,稽古堆今,而且严批妙选,精刻善印",即这家书店不仅出售自己刊刻的书,还会搜罗全国各地出版的书拿到这里来出售,呈现出一种全国性的书籍流通状况。[4]

北京的琉璃厂与南京的三山街有很多类似之处,如琉璃厂也是重要的书籍集散地,它位于北京,有着稳定、巨大的客户群——进京赶考的考生、贵族官员,还有等待职位的候选人。琉璃厂的书店老板们同样也会去全国各地搜罗书籍,也会自己出版一部分书籍。[5]

---

〔1〕 学界对书籍性质的分类有多种,其中大木康对书籍分类是按照官刻、家刻和坊刻。周绍明是按照商业出版和非商业出版而划分的。笔者较为认同后者的观点,因此将书籍分为商业出版和非商业出版。

〔2〕 (日)大木康著,周保雄译:《明末江南的出版文化》,第129页。

〔3〕 书籍传播带来的影响是欧洲书籍史研究兴起时的核心议题,首次提出于费夫贺在他为书籍史研究规划的蓝图中。(法)费夫贺、马尔坦著,李鸿志译:《印刷书的诞生》,第3页。

〔4〕 (日)大木康著,周保雄译:《明末江南的出版文化》,第135页。

〔5〕 Christopher A. Reed, "Dukes and Nobles Above, Scholars Below: Beijing's Old Booksellers' District Liulichang, 1769 - 1941——and Its Influence on 20th - Century Shanghai's Book Trade", *East Asian Publishing and Society*, No. 1(2015), pp. 74 - 128.

包筠雅笔下的四堡作为重要的书籍出版中心,其书籍流通方式主要有两种:一是一年一度的图书交易会;二是四堡出版商自身的书籍销售,其中又包括流动贩书和开设分店。包认为四堡书商在经营的初期就建立起了图书交易会,即每年的正月十五,在马屋村和雾阁村之间的官地坝举行的、专门售书的批发市场,并吸引了一些外地商人。[1] 它曾经是四堡售书唯一的渠道。但位于福建内陆山区的四堡位置实在偏僻,若想扩大经营规模,仅凭借一年一度的图书交易会远远不够,邹氏、马氏书贩开始将四堡的书籍运出闽西地区,或流动贩书,或开设分店,最终使得四堡绝大部分图书业务在外地开展。[2] 四堡的书商们结伴而行,带着自己出版的书籍,沿着商路和水路,在途中的市场售卖。他们的路线遍布南方诸省,临近的有广东、江西、浙江,远的有广西、云南、贵州、湖南、湖北和江苏。[3] 这种流动贩书模式贯穿了四堡的出版史,但商路的范围并非不变,基本上是书业繁荣时,经营范围广;书业衰退时,经营范围缩小。流动贩书为开设分店奠定基础,通过流动贩书,四堡的书商们对哪些地方的利润更为丰厚了如指掌。

其次,官府出版书籍的流通。大木康指出,翁连溪在其主编的《清代内府刻书目录》中将清代内府出版物的流通分为五种,分别是呈览用书、陈设用书、赏赐用书、颁发用书、售卖与流通用书。其中呈览用书指的是皇帝阅读的书,而陈设用书则是放置于宫中的,这两类书应该都放置于宫中,不会在宫外流通。而赏赐用书,则是作为奖赏颁赐给官员的书,这类书虽然流到了宫外,但受赐官员应该会将这类书悉心保存在家里。第四种颁发用书,则是中央政府作为范本刊刻后颁发给地方政府,后者再根据这个范本进行翻刻,这是一种流通方式。第五种售卖与流通用书,由中央政府刊刻后面向市场出售的,这部分书是进入市场流通的。[4]

卜正民认为明代皇帝重视知识的传播对治理国家能产生积极作用,他们认为通过刻印正统书籍不仅可以树立正统书籍的权威地位,还能使文本统一。于是洪武、永乐、嘉靖皇帝在他们在位期间都刻印了一定数量的书籍,并通过官学系统,

---

〔1〕(美)包筠雅著,刘永华、饶佳荣等译:《文化贸易:清代至民国时期四堡的书籍交易》,第133—134页。

〔2〕(美)包筠雅著,刘永华、饶佳荣等译:《文化贸易:清代至民国时期四堡的书籍交易》,第134页。

〔3〕(美)包筠雅著,刘永华、饶佳荣等译:《文化贸易:清代至民国时期四堡的书籍交易》,第135页。

〔4〕(日)大木康著,周保雄译:《明末江南的出版文化》,第130页。

在全国范围内将书籍下发到县一级。[1]

戴思哲则分析了地方志的流通情况。戴首先分析了地方志的性质,即它是具有官方性质的非商业用书,由地方各级政府(最低到县)在接到中央命令后,成立编辑小组进行编刻的。编刻成功后的新刻本首先要作为呈览用书赠送给皇帝,并保留在衙门和官学,相邻的政府、上下级政府间要互相赠送,相关编者、序跋撰写者、捐献者、官员等基本上都能得到一本。它们主要以赠送的方式来流通,不进入市场领域。老旧的地方志则可以在市场上买到,藏书家们所收藏的基本上是此类。因此,作者认为能阅读地方志的人在理论上来说主要有皇帝、官员、地方士绅,以及官学师生,绝大部分平民百姓是接触不到地方志的。

再次,家族内部刊刻的书籍。大木康认为,大致以明中叶为分界点,在这个分界点之前,书籍刊刻成本高、印量小、价格贵,书籍仅掌握在少数人手中。所以,那时人们若想读书,主要的方法便是向有书的人借来抄录。而在明中期以后,书籍刊刻的成本下降、印量增多、书价降低,一些抢手的书籍可能会被某些较为富裕的读者刊刻。焦循有一本《诗品》,这本书非常火爆,来找他借书的人络绎不绝,这让他觉得非常麻烦,而坊间又找不到刻本,他于是就将这本书刊刻发行了。[2] 这便是家刻本流通的一种方式。除了这种抢手的书籍会在家庭内部刊刻,家族成员的文集诗集也会被刊刻来赠予亲朋好友。

再就是家谱的流通。民国以前,各个家族对家谱的保存有着严格的限制,即家谱分发后,各房要妥善保管,严禁外人查阅。损坏或将家谱变卖以获利者,被视为对祖宗的大不敬,会受到家族内部的惩罚。[3] 因此,家谱在民国以前是一种较为私密的书籍,它仅在家族内部流传与保存。但民国以来,各家族对家谱保存的管理开始有所松动,不再严格地将家谱封闭起来,但仍不允许家谱在市场上流通。[4]

最后,善书的流通。与家谱类似,善书也并非是一种"单纯的"书籍,它除了具

[1] Timothy Brook, "Edifying Knowledge: The Building of School Libraries in Ming China", *Late Imperial China*, Vol. 17, No. 1(1996), pp. 93 - 119.

[2] (日)大木康著,周保雄译:《明末江南的出版文化》,第 131 页。

[3] 徐小蛮:《清代上海及江浙地区家谱的刊行研究》,朱东润主编:《中华文史论丛》,第 59 辑,第 223 页。

[4] 徐小蛮:《清代上海及江浙地区家谱的刊行研究》,朱东润主编:《中华文史论丛》,第 59 辑,第 225 页。

备书籍的形式和可读性以为,还有教化规训的作用。正如《圣经》《太上感应篇》还有很多中国古代为了教化而印刷的书籍或小册子。印刷术发明后最初印刷的书籍就是宗教文本。善书的流通较为单纯,主要是由善堂向民众免费分发。

书籍的销售网络。包筠雅在其四堡出版研究中,通过探究书籍的出版和销售情况来探究四堡图书在清代所能影响的地理限度。所谓地理限度,主要体现在由少中心到多中心,由大城市向城镇、乡村,以及由江南向华南、西南扩散三个方面。首先,由少中心到多中心的转变,换言之,明代印刷业主要集中于南京、杭州、苏州和建阳等少数几个出版中心,而清代的印刷业则扩散至全国的 18 个省份。[1] 其次,由大城市向城镇、乡村转变,以往的出版业主要集中于南京、杭州和苏州等大城市,而清代以来,出版业逐渐向更基层的社会扩散,如福建省的四堡乡,以及书中与四堡作比较的江西的浒湾镇、四川的岳池,以及广东顺德县的马岗。再次,由江南向华南、西南扩散。明代的江南不仅是全国范围内的经济中心、文化中心,也是重要的出版中心。杭州、苏州和徽州都是重要的出版中心。而入清以后,这些出版中心虽然并未走向衰落,但它们的影响力逐渐让位于华南和西南地区新兴的出版中心。

清代出版大规模扩展的原因有很多,主要是出版技术的传播与开展印刷的便捷,明末以来的人口增长与商业化,清代前中期的移民拓殖的新市场。出版技术的简易和低廉为印刷文化的传播超出晚明的大型出版中心提供了方便。木刻需要相对低廉的资本投入和有限的技术需求:制作刻板的硬木与数量充足的纸张,以及无需掌握任何识字水平的刻工。华南的大部分区域基本上都能满足这两个条件,这为出版的大规模扩展提供了物质支持。但这些物质支持在清朝以前就已经具备了,因此,印刷在清代的大规模扩展离不开明末以来大规模的人口增长与商业化。清代人口的持续增长为书籍创造了更大的需求量与更广阔的市场。而商业化的发展使得作为商品的书籍能够像其他商品一样在更大范围内流动。清代前中期的移民,使得四川等边疆地区得到开发;移民也带来了木刻技术与经营技巧,如清代成都的主要书坊都是由来自江西的移民创建的。

藏书楼。藏书楼自宋代就有,但在明代普及到学校层面。且学校藏书楼是明代特有现象。卜正民认为,藏书楼存在的前提是官方书籍的大量刻印,这与书籍

---

〔1〕 包筠雅认为,中国的出版文化在明代后期不断发展,并达到非常高的水准。明清易代,因战乱等因素,清初的出版业受到一定打击,在 17 世纪下半叶呈现出较为低迷的状态,之后才逐渐恢复。因此,此处所指的明代与清代,并非以精确的 1644 年为界限。

的物质性生产有关,也与书籍的文化性生产有关。如书籍可被视为政治意识形态的特定传递者,令人尊敬的古代智慧载体,特殊的值钱物品。明代国家书籍出版的物质性和文化性生产率先推动了藏书楼建设的第一波高潮。洪武、永乐、嘉靖帝都印行了一定数量的书籍。书籍出版后,通过国家设立的学校网络,将书籍下发到下至县一级的官学。

那么针对如何存储书籍(确保书籍安全、有序并受到监督)的问题,有些人建议建造一座独立建筑以做藏书楼。藏书楼一般要建得比较高大,因为这并非纯粹的藏书量多少的问题,还要考虑作为儒家经典的贮藏地要高大;书是皇帝赐的,贮藏地要恢宏等。因此藏书楼常常是给人印象深刻的建筑物。藏书楼的建设者多是官员——藏书楼赞助权被视为处于国家权力范围内的。另外,地方官对朝廷颁布的书有监护之责。

卜氏提出问题,即为什么有书就一定会有保存书籍的藏书楼? 这除了与书的大量印刷,还与书的特殊地位有关。首先,考虑到书籍生产的大背景,明代皇室对书籍的大量生产与颁发使得各地官学需要接受并保存这些书籍,随后商业书籍也被纳入进来。随着书籍的增加,存储和管理成为需要解决的问题——建藏书楼。不仅是各地官学,其他机构和个人也在修建。其次,考虑到官僚体制和知识阶层的问题。中国的儒家文化与国家权力运作紧密相关。知识屈从于权力的"尊经"。邱濬在关心"在一间房领略万里景色"时,藏经阁的建造者、捐赠者想的是要以此界定和限制什么东西能读,什么不能读;是代表国家对知识进行传授、控制,而不是开启人的心智。卜正民将藏书楼的兴建看作一种社会运动。[1]

4. 读者

夏蒂埃认为阅读史的核心问题是我们应该把什么作为阅读史的中心,是被阅读的文本,还是阅读文本的读者。他认为文本有其控制力,可以约束读者,运用策略控制读者,并将作者的想法强加于读者。这样看来,阅读就是自动产生的。但事实上,读者有其创造力,能够回应文本,在文本中劳作,甚至窃取文本。针对阅读史的这个核心问题,历史学提供了两条研究路径:其一是从纷杂的史迹中重建

---

〔1〕 Timothy Brook, "Edifying Knowledge: The Building of School Libraries in Ming China", pp. 93 - 119.

古老阅读的多样性;其二是找出作者和出版商试图对文本施加正统阅读时采用的策略,如从前言、序文、评注,以及较为含蓄的机巧中寻找。具体方法则是研究文本,展现文本印刷物如何引导被预设的阅读;收集个人陈述中实际阅读和读者共同体建构的实际阅读。〔1〕学界对读者的研究主要有戴思哲、马兰安和包筠雅。

戴思哲在对地方志阅读的研究中试图将夏蒂埃所说的两方面结合起来,即通过对上千本地方志(主要是明代的)、文集、日记等文字材料中涉及阅读的文字进行分析,呈现了时人是如何阅读地方志的。并重点关注地方志的序、跋等是如何引导地方志的预设阅读的。而马兰安在研究明清读者的过程中则是运用第二种方法,即找出作者和出版商试图对文本施加正统阅读时采用的策略,如编辑和出版商在书籍序言和评论中对该书目标受众的描述等,来分析理论上的读者,以及所谓理论上的读者能在多大程度上反映实际读者。包筠雅对四堡出版物读者的研究,主要是分析四堡出版者对所生产的书籍的选择、印刷品质、价格等因素对出版者所预期的读者群体进行推断,并结合出版商遗留下来的账本、书籍实物,以及与四堡出版商的后人的访谈等材料进行研究。

首先,马兰安认为不论是明代出版大爆炸导致的商业出版书籍大大增加,还是当时出版物序言中作者和出版者对目标受众的重新定位,种种因素表明,明中后期中国的阅读公众、读者的阅读方式发生了变化。限于史料因素,我们无法知道当时的读者究竟是谁,他们是如何阅读书籍的,但是马兰安为我们提供了一种间接推测"理论上的读者"的新思路。第一,读者的阅读方式发生了变化。通过分析15世纪早期到17世纪中期出版的书籍的序言和评论,马兰安认为当时的读者已经不同于12世纪的读者:后者对经典的阅读,往往是通过努力"洞悉"晦涩难懂的文本,因而获得个人启迪;而15世纪以后的读者能够接触到浅显易懂的方言文本,他们不用再去"掌握"经典文本,而可以去"看"文本,或"览"插图。第二,读者群体发生了变化。作者和出版者在书籍序言和评论文字中对目标受众的描述多样,有的宣传其目标读者是雅士,从而有别于一般大众;有的宣传其作品是为俗士设计的;有的序言作者目标在于四民、天下之人;其他的还会将其目标受众一分为二,既包括文人,又包括一般大众。但作者认为复杂的目标受众,让人怀疑"通俗"仅是种指示性极弱的修辞。第三,作者认为目标受众的变化在某种程度上反映了真实读者群的变化。原因在于,作者认为同一文本会以多种

---

〔1〕 (法)罗杰·夏蒂埃著,吴泓缈、张璐译:《书籍的秩序》,第87—88页。

出版物呈现出来,如缩减本、增补本、插图本、有着各种序言和评注的版本,而每个版本都是编辑和出版者根据其目标受众可能的阅读实践为指导生产出来的,他们对出版市场有着敏锐的洞察力。因此,他们在序言中宣称的目标受众是有依据的。[1]

其次,戴思哲在对地方志的研究中从编者在序、跋中的预设和直接史料的搜寻与解读对地方志的读者进行了分析。他认为若分析阅读,首先就要确定读者,即究竟哪些人能接触到地方志。为了回答这个问题,戴氏首先对地方志中的编辑者所写的序言和编辑地方志的政令进行了整理与分析,他发现编辑们常常会在序言中提到地方志编辑后的阅读人群,编辑们希望不论男女,平民还是士绅,当地人还是外地人都能阅读地方志。随后又分析了地方志的性质,即它是具有官方性质的非商业用书,由地方各级政府(最低到县)在接到中央命令后,成立编辑小组进行编刻。编刻成功后的新刻本主要会呈现给皇帝、官员、地方士绅,以及官学师生,绝大部分平民百姓是接触不到地方志的。

至于读者们是如何阅读地方志的,即是谁在读,他们的阅读动机是什么,他们是怎么阅读地方志的,作者通过对上千本地方志(主要是明代的)、文集、日记等文字材料中涉及阅读的文字进行分析来回答了这些问题。作者将地方志的读者主要分为旅居者、旅行者、藏书家和商业出版者。第一,旅居者是即将走马上任的地方官。在去一个新地方上任之前对当地的情况进行了解,而地方志则是他们最得力的工具。不仅是在上任前,在上任后,地方官仍需要阅读地方志来作为参考制定政策。第二,旅行者使用地方志的方式反映出地方志是他们获得地方知识的关键来源。旅行者对地方志中的很多内容都很感兴趣,如书中的地图,两地之间的距离,对当地景点和历史古迹的描述,以及关于这些景点的文学作品。第三,文化生产中其他对地方志的使用。作者认为,直到明代中期,地方志都是获得遥远地区信息最为重要的工具。更何况伴随着书籍市场商业化的扩张,越来越多的文人投入到书籍生产的领域中,地方志成为商业出版的重要素材库。因此,戴思哲通过在史料中搜集到的关于读者阅读地方志的描述,并通过分析地方志的序言等文本,综合得出了地方志的阅读方式,即地方志的拥有者主要是由官员、士大夫,他

---

[1] Anne F. McLaren, "Contructing New Reading Publics in Late Ming China", *Printing and Book Culture in Late Imperial China*, Berkeley: The University of California Press, 2005.

们使用地方志主要是为了旅行和上任做准备,他们也会在写作的时候去地方志中寻找素材。[1]

复次,包筠雅对四堡书籍的读者的分析。包筠雅在四堡研究中也对四堡书籍的读者进行了分析。包氏认为四堡书业取得成功的原因之一,就是他们对出版物明智且谨慎的选择。而做出明智选择的依据,则是来自对科考参考书的了如指掌,在贩售途中得到的宝贵信息,以及对目标读者的正确把握上。[2]科考参考书是四堡的大宗产品,出版商们所选择的都是些普及且畅销的书籍,主要面向少年儿童、中下层受教育者和科考生员,而非立志成为举人、进士之辈或已经成名的学者。[3]实用手册也是四堡的重要产品,出版商在做出选择时,以尽可能地吸引最大的读者群为目标,对中下层读者尤其看重。[4]针对上层读者,他们则出版了一两种内容全面、篇幅较长的钦定百科全书。他们因此主要会选择实用性强的文本,选择粗糙的纸、刊刻拥挤的雕版印成的廉价版本。文学作品也是四堡出版商的重要出版物,尤其是小说。他们选印的书较为便宜,印质较差,但凭借着低廉的价格吸引了大量读者。大部分四堡的出版物都属于广义的文学作品,包认为这表明了四堡出版商竭力开发尽可能广阔市场的努力。[5]

不论是17到19世纪的传教士,还是当代的书籍史学者,在海外中国研究者的眼中,中国人的识字问题都是他们关注的问题。前者关注该问题,是因为他们作为观察家要对中国社会的各种情况进行观察、报告,而识字率是涉及中国人文化水平的重要标志。后者关注该问题,是因为书籍的流通在某种程度上会带来读者识字率的改变,而识字率的改变是否又会产生其他的社会变化,这一系列由书籍流通所带来的影响是他们重点探索的问题。包筠雅认为,西方人对中国识字问题的认识,大致经历了从感性的大致估计,到反思如何界定中国的识字能力,以及如

〔1〕 Joseph Dennis, *Writing, Publishing, and Reading Local Gazetteers in Imperial China*, 1100 - 1700, Massachusetts: Harvard University Asia Center, 2015.

〔2〕(美)包筠雅著,刘永华、饶佳荣等译:《文化贸易:清代至民国时期四堡的书籍交易》,第 217 页。

〔3〕(美)包筠雅著,刘永华、饶佳荣等译:《文化贸易:清代至民国时期四堡的书籍交易》,第 281 页。

〔4〕(美)包筠雅著,刘永华、饶佳荣等译:《文化贸易:清代至民国时期四堡的书籍交易》,第 328 页。

〔5〕(美)包筠雅著,刘永华、饶佳荣等译:《文化贸易:清代至民国时期四堡的书籍交易》,第 358—359 页。

何在中国社会文化背景下对它进行诠释的转变。[1]

包筠雅认为估算中国人的识字率不能套用西方社会识字能力的分析方法,而要具体结合中国的语言、教育和社会背景。如中国有特别专门化的若干识字能力,如商人和小贩所具备的非常有限的商品词汇、记账术语、商业信函所使用的词语。而四堡等出版商所出版的入门书与杂字,即是为教授这种识字能力而编写的。父母在其孩子入学前就已经为其制定了学习计划,日后要从事工商业者可能会先学习《三字经》和《千字文》,随后学习专业的入门书,再转而在经商过程中学习;日后参加科考者,可能在学习完《三字经》等简单的识字书后接着学习四书。作者得出结论,认为书籍出版的增加使得人们获得书籍(尤其是入门书和初级教科书)的机会增加,但这对完全识字能力的大幅提高几乎没有任何作用,但对初级识字能力的提高或许起到了推动作用。[2]

何予明在对晚明出版物的研究中用"书籍熟悉度"而非用"识字率"来思考明代书籍。她这么做的原因是书籍本身带给我们以超出直接读文本的方式去与它们互动。比如说,文本与插图之间的互动,或者对将多种不同类别的文本收在一起的三节版页面设计(上、中、下)的偏爱,以及在谜语和酒令中展现出来的对积极使用书籍而非消极阅读的强烈倾向,这三者都要求我们以读者参与到书籍中并利用书籍的多种方式来思考。

5. 书籍的审查制度

卜正民探索了明清两个朝代的书籍检查制度。主要涉及清代乾隆年间查禁的若干书籍。作者认为皇帝要求查禁书籍的原因并非是技术的突然进步带来的影响,而是缓慢的累加的影响,书籍在明清两代的出版数量和规模。另一个原因便是清朝自身合法性的不自信。清朝所查禁的书籍,并非是思想意识形态上的问题,而是一些表述表达(比如说没有避讳,作者、出版者、编辑者是反清人士等),但一些书是可以通过修改书版继续印刷的。有些书则不仅要把书销毁,还要把书版销毁。

---

〔1〕（美）包筠雅著,刘永华、饶佳荣等译:《文化贸易:清代至民国时期四堡的书籍交易》,第 398 页。

〔2〕（美）包筠雅著,刘永华、饶佳荣等译:《文化贸易:清代至民国时期四堡的书籍交易》,第 398—400 页。

作者认为清代并没使中国成为一个书籍检查国家,因为清代不仅缺乏能力,也缺乏毅力,而且无法像英国一样依赖商业网络,只能寄希望于官僚,而官僚有惰性且能力欠佳。[1]

三　书籍的阅读史

书籍的阅读是书籍史研究的一大难题,因为历史上留下来的关于读者阅读体验的记载很少,阅读史研究几乎使历史学家无从下手。再加上阅读本身是一种特别主观的行为,我们很难从个人的阅读体验来推测整个社会。但这并不意味着我们无法研究,何予明和周启荣通过"副文本"理论来研究书籍的"接受",为我们提供了一种阅读史研究的新方法。所谓副文本,就是相对于正文本(即文本)的、环绕于文本周边的一切因素,如书的封面、标题、插图、序言等元素,这些元素虽然不属于文本,但是文本没有办法脱离它们而存在,而副文本元素的存在在文本意义的生成过程中发挥了作用。对副文本进行分析使得学者能在读者资料缺失的前提下对阅读进行探索。

1. 何予明《家和世界》

何予明主要对明代书籍的标题、封面设计、插图、版式和文本设计进行了探索,研究明代商业出版物的生产与阅读,从而窥探明代书籍出版状况和明人的思想世界。

第一,标题。书籍的标题是一种重要的副文本,它被印在书籍封面上,是最先进入读者视野的书籍元素之一。标题在书籍中的重要性不言而喻。首先,书籍的编辑者重视它,因为它是编辑们对其所编辑的书籍的概括,同时又因其作为首先映入读者眼帘的文字,出版商与编辑们无疑会对它进行精雕细琢,以抓住读者的注意力。其次,读者们也重视它,标题在决定读者是否要将这本书翻开、阅读并购买的过程中会发挥重要作用。因此,对书籍的标题进行分析,不仅能够了解形塑

---

[1] (加)卜正民:《国家检查与书籍贸易》,(加)卜正民著、陈时龙译:《明代的社会与国家》,商务印书馆,2014 年,第 176—206 页。

它们的市场面向,还能够了解当时读者对此类出版物的期待。

戏曲杂书(drama miscellany)是晚明商业出版中最具特色的出版物之一,透过名字可以看出,这类文本的主要内容是戏曲,在戏曲之外还包含如谜语、酒令、笑话等其他内容。[1] 何予明以戏曲杂书为例,着重分析了书籍的生产、外观、内容,以及阅读。大致浏览部分晚明出版的戏曲杂书的封面标题,其中频繁出现的"新"字给人以深刻印象。[2] 出版者为什么要求新? 新这个字眼对读者来说意味着什么? 作者认为,书籍出版的速度与书籍的新颖程度、读者的支付能力和读者阅读这类书籍时所获得的愉悦,是与晚明商业出版物密切相关的因素。

众所周知,商业出版的目标是获得利润,而利润的获得是与书籍的畅销程度直接相关的。为了让自己的书大卖,出版者首先会在出版策略上下足功夫。相对于经典权威书籍的出版,商业出版者追求的并非出版物的权威性,而是尽可能的满足读者对文本和视觉资源的需求。读者阅读此类畅销书的目的是获得愉悦和追赶时尚潮流,进入一个世俗愉悦至上、将追求快乐生活作为第一目标的世界。市场与读者期待二者互相影响,前者形塑了个体文本或若干文本的含义,读者在阅读这些新文本后得到了满足,但满足的同时也产生了新的需求。[3] 这使得晚明商业出版在编辑们和读者们的共同作用下走向繁荣。同时,正如书籍标题中的"新"所体现的,这些畅销书求新求快,从而充满了短暂易逝的内容,这也导致它们本身成为短暂易逝之物。伴随着时尚潮流的变迁,这些流行读物逐渐失去了其吸引力,逐渐淡出历史视野。[4]

第二,新的页面布局——三节版。正如上文所分析的,晚明商业出版商在求新求变的过程中,创造出了新的文本类型。这些文本不仅内容新,页面布局也新,

---

[1] Yuming He, *Home and the World: Editing the "Glorious Ming" in Woodblock-printed Books of the Sixteenth and Seventeenth Centuries*, Cambridge: Harvard University Press, 2013, p. 74.

[2] Yuming He, *Home and the World: Editing the "Glorious Ming" in Woodblock-printed Books of the Sixteenth and Seventeenth Centuries*, pp. 78 - 79. 作者列举了 11 个戏曲杂书的标题,如《新锲精选古今乐府滚调新词玉树英》《新锲天下时尚南北徽池雅调》《新刻京板青阳时调词林一枝》等,这些标题都带有"新"字。

[3] Yuming He, *Home and the World: Editing the "Glorious Ming" in Woodblock-printed Books of the Sixteenth and Seventeenth Centuries*, p. 82.

[4] Yuming He, *Home and the World: Editing the "Glorious Ming" in Woodblock-printed Books of the Sixteenth and Seventeenth Centuries*, p. 82.

正如三节版(triple-register page layout)的创造。相对于传统或者普通书籍单一的页面布局(从上到下,从右到左),晚明的商业印刷采用了二节甚或是三节的页面布局,即将一张普通的页面在水平方向上分割成二或三部分,每部分再分别呈现不同的内容,使得读者在阅读的过程中拥有多层次的阅读体验。如图1(见下页)。

晚明出版的一本题为《乐府玉树英》的戏曲杂书便是采用了三节版的页面布局,它示范了当时的戏曲杂书是如何组织和呈现其内容的。在《乐府玉树英》中,上节和下节是书籍正文所在之处,上节包含了《和戎记》《四节记》等戏曲,下节包含了《荆钗记》《金环记》等戏曲;而中间的那一节则作为吸引读者注意力的方式充满了各种文本类型,如流行歌曲、笑话、酒令、方言词汇、隐语,《乐府玉树英》中的中间一节则包含了《两头忙歌》《通方俏语》等歌曲,"新增各样酒令"如"四书酒令""千家诗酒令"等酒令。[1]

戏曲杂书独特的页面布局,相对于传统不分节的页面布局而言,为文本的线性流动提供了一种选择,即在单一空间中对不同事物的同时性的视觉感,一种读者被提示将读、观或览相结合的独特的阅读体验中。这种页面布局的技术为普通的阅读体验改造为一种视觉的愉悦感和新奇感。[2]

第三,版本与意义。罗杰·夏蒂埃在其《书籍的秩序》中曾经着重强调过文本形式对文本意义之产生机制的影响,即文本形式本身就会产生意义。具体来说就是针对同一个文本的不同印刷方式会影响读者对该文本的解读。在晚明书籍中,插图、页面布局和不同的木刻技术在文本材料的解读中都会产生作用。何在此书中对比了同一首流行歌《罗江怨》在三本不同的戏曲杂书——《八能奏锦》《词林一枝》和《摘锦奇音》——中各异的印刷形式来说明印刷形式对读者阅读产生的影响。[3]

同一首歌的不同抄本之间最明显的视觉差异在于其印刷版本,《八能奏锦》用空格来表示停顿,《词林一枝》用标点符号断句,而《摘锦奇音》则没有使用任何方

---

[1] Yuming He, *Home and the World: Editing the "Glorious Ming" in Woodblock-printed Books of the Sixteenth and Seventeenth Centuries*, pp. 75 - 76.

[2] Yuming He, *Home and the World: Editing the "Glorious Ming" in Woodblock-printed Books of the Sixteenth and Seventeenth Centuries*, p. 77.

[3] Yuming He, *Home and the World: Editing the "Glorious Ming" in Woodblock-printed Books of the Sixteenth and Seventeenth Centuries*, p. 164.

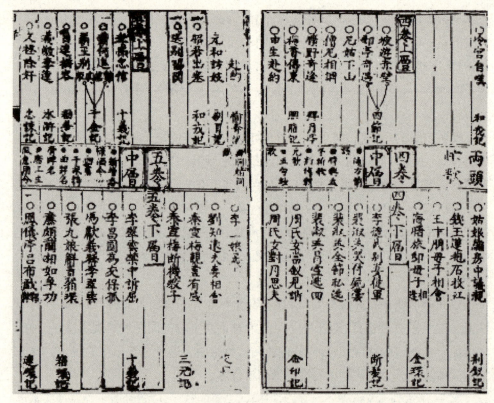

图 1 《乐府玉树英》中三节版的页面布局。转引自 Yuming He，第 76 页。

式来断句,而是将文本"囫囵"地呈现给读者。[1] 印刷者关于如何呈现他们的文本有不同的想法,而不同的版式会给这些书的购买者带来不同的阅读体验。有标点的文本对任何有阅读能力的读者来说都比较容易,未标点过的文本为阅读过程提供了一种区别:那些有足够知识或是之前就记住这首歌的读者能够较为顺畅地读下来,而阅读能力稍差的读者可能就要来回读从而找到哪里该停顿。但事实上,《摘锦奇音》即便没有标点或空格来标记文本,但有用来表示反复的符号,这种符号对知晓韵律的人来说是有用的。文本布局的不同方式需要读者对歌曲背景拥有不同的熟悉程度。

另外,"相同"文本在印刷中的自由排版意味着戏曲杂书的生产者不怎么在意

---

〔1〕 Yuming He, *Home and the World: Editing the "Glorious Ming" in Woodblock-printed Books of the Sixteenth and Seventeenth Centuries*, pp. 165 - 166.

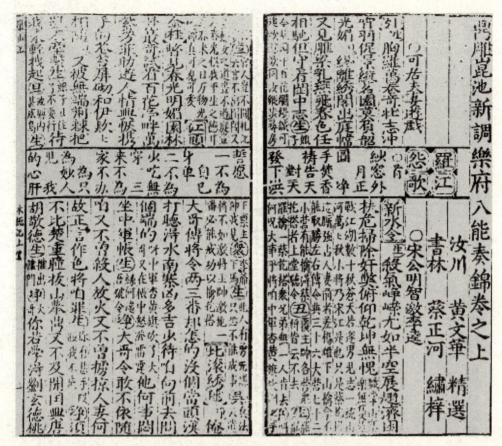

图 2 《八能奏锦》中的《罗江怨》歌词。转引自 Yuming He，第 165 页。

印刷标准或编辑规则。[1] 基于文本监督和道德秩序之间的固有联系，正统作品的印刷者对于恰当使用标点符号、页面布局、正确的字体及其布局等持有确切的标准，相对而言，戏曲杂书在印刷文化中创造了一种空间。[2] 明代戏曲杂书传达了一种一时的口头表演的印刷文化，其特征是改编而不是固定性。因为同样一首歌曲每次演绎可能都有所不同，口头的歌曲表演的内在不同可能就转移到了文本上面，即同一首歌的歌词可能产生细微差别，而这样的差别并非错误。

第四，封面设计。作为推销书籍的首个舞台，书籍的封面倾注了出版商和编

---

[1] Yuming He, *Home and the World: Editing the "Glorious Ming" in Woodblock-printed Books of the Sixteenth and Seventeenth Centuries*, p. 167.

[2] Yuming He, *Home and the World: Editing the "Glorious Ming" in Woodblock-printed Books of the Sixteenth and Seventeenth Centuries*, p. 167.

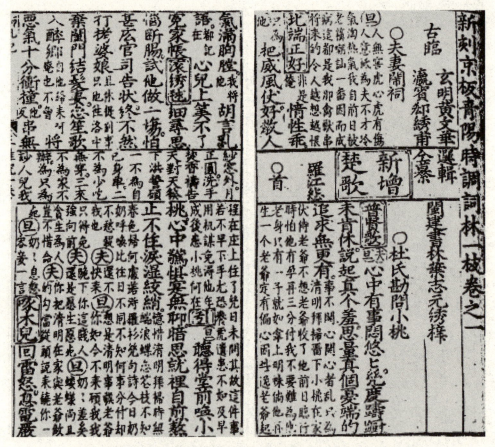

图3 《词林一枝》中的《罗江怨》歌词。转引自 Yuming He,第166页。

辑们努力抓住读者兴趣的心血,以及他们对某一书籍的看法和市场定位。何予明在《家与世界》的第二章着重分析了五本戏曲杂书的封面,来分析这些书籍的编辑和出版者们是如何定位这些书籍,以及如何抓住读者。

这五本戏曲杂书分别是《词林一枝》《八能奏锦》《新调万曲长春》《时调清坤》《玉谷新簧》。它们的封面基本都是由标题、出版者的宣传、出版作坊和出版者的名字、图画、对联等元素组成。其中的各个标题正如上文所述,基本上都包括"时尚""新调""新选"等表明求新的字眼,以满足读者获得愉悦和追赶时尚潮流的愿望。出版者的宣传基本上也是"王婆卖瓜"型的自我推销,如出版者叶志元在《词林一枝》封面上写的"千家摘锦,坊刻颇多。选者俱用古套,悉未见其妙耳。予特去故增新,得京传时兴新曲数折,载于篇首,知音律者幸鉴之",这个宣传语宣称这本书为读者提供了抢先聆听、鉴赏新的流行戏曲的机会,正如其书名"词林一枝"

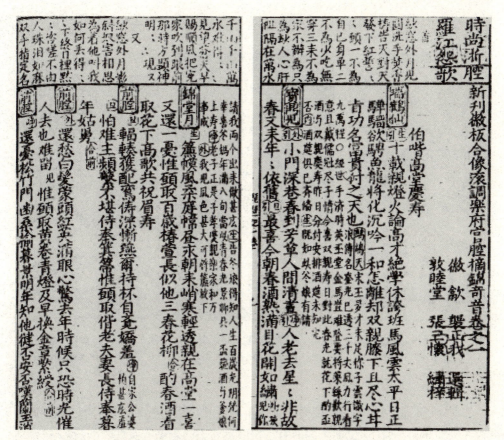

图 4 《摘锦奇音》中的《罗江怨》歌词。转引自 Yuming He，第 167 页。

所表明的——音乐之春里的第一枝花。而这本书的封面图画则描绘了三位被两个仆人服侍着、在柳树下喝酒的男子，其中一位正向画面之外挥手，意思是邀请画面之外的世界中志趣相投的读者来加入他们的私人聚会，来与他们一起听曲儿，共享他们的快乐。三位男子的衣着样貌，两位仆人手中的提炉(一种暖酒工具)等元素，都表明了这是一场士绅阶层的聚会。[1]

《新调万曲长春》的封面图画则是描绘了一个演出戏班为一个由三位身着官服、头戴官帽的官员举办的私人聚会演奏的场景。作为表演者的两位女性和一位男性位于画面的前方，三位官员位于画面的后方，其中一人手中拿着戏单，观众可以根据

---

〔1〕 Yuming He, *Home and the World: Editing the "Glorious Ming" in Woodblock-printed Books of the Sixteenth and Seventeenth Centuries*, pp. 123 - 125.

戏单来选择自己想听的戏曲。整个画面传达出一种优雅的闲适和聚会的奢华。[1]

  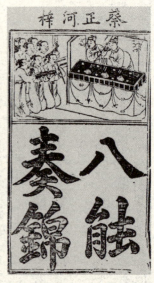

图 5 《词林一枝》封面图。 图 6 《大明春》封面图。转引自 图 7 《八能奏锦》封面图。
转引自 Yuming He, Yuming He,第 128 页。 转引自 Yuming He,第
第 124 页。 127 页。

　　《八能奏锦》封面上的一位男子坐在布满美酒与佳肴的桌子前,旁边的一位仆人在为他扇扇子,在这位男子面前有八位演奏着不同乐器的女性表演者。[2]

　　《时调清坤》的封面呈现了更加奢华的私人聚会场景。其中四位男子坐在宴会的座位上,一位仆人手中拿着酒在服侍他们,另一位仆人则从屏风后面窥视着他们,还有五位演奏者,其中四位演奏乐器,一位载歌载舞。画面的后方是一个画有水、月、云、石的屏风,作为奢华场景的陪衬物。而这一切则因画面下方的文字"共听赏"而扩展到所有的潜在读者。月门和画的装饰营造了"花好月圆"或"镜花水月"的意向——代表了使得生命值得享受的短暂的运气与欢愉。[3]

　　《玉谷新簧》(《玉谷调簧》)的封面呈现了一个男子与一个女子(常常被视为妓

---

　　[1] Yuming He, *Home and the World: Editing the "Glorious Ming" in Woodblock-printed Books of the Sixteenth and Seventeenth Centuries*, pp. 128 - 129.

　　[2] Yuming He, *Home and the World: Editing the "Glorious Ming" in Woodblock-printed Books of the Sixteenth and Seventeenth Centuries*, pp. 127 - 128.

　　[3] Yuming He, *Home and the World: Editing the "Glorious Ming" in Woodblock-printed Books of the Sixteenth and Seventeenth Centuries*, pp. 130 - 131.

女)共同演奏琵琶和长笛的场景。两个人的身体和乐器缠绕在一起:男子用其手臂和身体抱住女子,琵琶被男子的左手和女子的右手所持有,而长笛则被男子的右手和女子的左手所持有。缠绕在一起的身体和乐器展现了一种色情的亲密性,而观众则被邀请来窥视之。勾栏作为图画外部的框架在太湖石后折成一角,二者作为一种美景以及一种剧院或妓院中出现的元素。画面中移动的云彩表达了"云雨"。而移动的云彩,太湖石以及石头后的树,男性的身体,女性的身体,以及乐器,这一系列元素创造了一种幽静的效果,弹奏乐器更是增加了一层色情的暗示。[1]

通过对私人聚会不同的方面和瞬间的描绘,这些图画在空间的维度暗示了一种共享的想象,这种欣赏音乐和戏曲的空间被描绘成一种私人场所,邀请读者共同参与享受,享受生命中的美好事物。

总之,何予明在读者直接的阅读体验缺失的情况下,从书籍本身入手,通过对明代书籍的标题、封面设计、插图、版式等副文本元素进行探索,为我们呈现了读者可能的阅读体验,以及当时的书籍出版文化。编辑们绞尽脑汁通过创作新内容、创造新形式来为读者们提供尽可能多的享受与欢愉;而读者们紧追时尚潮流,愿意阅读(购买)这些让人耳目一新、幽默滑稽的小册子,沉浸于这些书籍所带来的快乐中。这种双方的互动,共同促进了当时出版文化的繁荣。

另外,相对于宋版书的优美精致,这些小册子中不乏印刷低劣的版本。不论是包筠雅研究的四堡,还是贾晋珠笔下的建阳,这些以畅销书为主要产品的印刷中心为了降低生产成本而生产的刻本,纸质低劣、油墨模糊不清、书中错别字连篇等负面问题一直以来就不乏目录学家、文人学者的诟病。书籍研究者普遍根据晚明刻本低劣的质量解读出这与书籍出版者所预估的书籍受众有关,即这些书就是为社会下层读者而出版与印刷的。但何予明的观点与以往书籍研究者的看法明显不同,她认为明代商业出版(尤其是建阳刻本)中常见的仓促生产、丢字落字、排版拥挤、抄写与雕刻错误,并不能严格地作为生产质量低劣的证据,因为当时的出版者和读者并不在意这些。相对于经典文本和权威著作讲究精美的版本和文字的校对,晚明的畅销书的首要目标是求新,是获得愉悦和追赶时尚潮流。速度、支付能力和愉悦的重要性超过了严格的正确文本的保存。

---

[1] Yuming He, *Home and the World: Editing the "Glorious Ming" in Woodblock-printed Books of the Sixteenth and Seventeenth Centuries*, p. 142.

 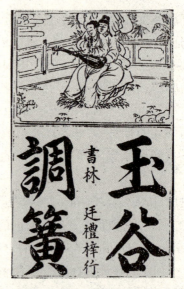

图8 《时调清坤》封面图。 转引自 Yuming He, 第130页。　　　图9 《玉谷调簧》封面图。转引自 Yuming He,第144页。

2. 周启荣对晚明考试用书的研究

周启荣以晚明考试用书(主要是对四书五经的评注)为切入点,来呈现晚明的出版文化与思想变化。具体方法是对这些书籍的副文本——如标题、序言、作者名号、编者和校对人员名字、书籍封面所印的"翻刻必究"等字眼、评注——进行分析与解读,来呈现书中的副文本元素可能为读者带来的阅读体验,以及这些元素所体现的晚明江南的出版文化面向。作者积极与热奈特对话,大面积引用了其副文本理论。

第一,书籍的可信度。科举用书作为商业出版物的一种,首要目标是扩大销量、获取利润。在晚明出版大爆炸的市场上,琳琅满目的科举参考书让读者目不暇接,而如何在众多科举参考书中脱颖而出则是出版者要认真考虑的问题。周启荣通过对晚明科举参考用书进行分析,发现出版者们往往是通过使用作者、标题、序言、校对者等副文本元素来增加出版物的可信度(credibility)来扩大销量的。

周启荣认为,信誉是一种能转化成经济资本(economic capital)的符号资本(symbolic capital),而热奈特认为将一个人的名字作为一本书的作者并非小事,因为在读者面临诸多类似选择时,作者、编辑、评论者的名字是使得某本书脱颖而出的重要策略之一。[1] 作者不仅是一个文本的创造者,还是帮助读者辨别一本书籍价值的极其重要的工具。一本有着"名公"作为作者、编辑、评论者或编者的书的品质是有所保证的。另外,出版者还会使用作者的名号,如状元、太史,以及名公(reputable masters)、名家(reputable writers),这都会为书籍创造或增加可信度。[2] 除了文本作者的名字,序言作者的名字也有类似的功能,它可以帮读者在阅读正文之前评估文本的相对价值。[3] 将一系列有名气的作家列为一本书的编辑和校对者,同样也有为这本书增加可信度的功能,有些书甚至会列出含有上百个名字的名单。作者认为如此庞大的编辑与校对者名单中的人或许并没有都读过这本书,但仍然将其名字列在名单上,在某种程度上是想借此增加他们的名气,即积攒其符号资本。[4] 出版者在评论的开头会插入参考书目清单,有些清单甚至包含有上百条参考书目。还有些出版者会列入作者的名字。周启荣认为这种清单为创造当时作家的名誉创造了空间。[5]

第二,防止盗版的声明——"翻刻必究"。上文已经分析了名公、名家的符号资本会为书籍增加可信度,而且晚明商业出版的目标是扩大销量、获取利润,因此,许多无良出版者为了获取利润,就会盗用这些名人的符号资本,即翻刻名家的作品——盗版(piracy),或直接在不知名作者所著的作品封面托名名家所作——伪造(forgery)。正规的出版商因此而承受了相当的损失,他们出版物封面上频频出现的"翻刻必究"等字眼,就是为了制止这种翻刻行为。[6] 热奈特认为作者的名字能以三种形式出现:署名(nonymity)、用假名使用(pseudonymity)、匿名(anonymity)。署名即正常写上作者的名字;匿名即隐去作者的名字;而假名使用

〔1〕 Kai-wing Chow, *Publishing, Culture, and Power in Early Modern China*, pp. 110 - 111.

〔2〕 Kai-wing Chow, *Publishing, Culture, and Power in Early Modern China*, p. 111.

〔3〕 Kai-wing Chow, *Publishing, Culture, and Power in Early Modern China*, pp. 110 - 112.

〔4〕 Kai-wing Chow, *Publishing, Culture, and Power in Early Modern China*, pp. 119 - 120.

〔5〕 Kai-wing Chow, *Publishing, Culture, and Power in Early Modern China*, p. 143.

〔6〕 Kai-wing Chow, *Publishing, Culture, and Power in Early Modern China*, p. 141.

则是用假的、虚构的,或借来的名字进行署名。[1]而周启荣在此基础上提出了错误署名(misonymity),即将一个名字误用到一部文本上,这是一种市场策略。[2]因为如果一本书的真正作者对其销售而言不重要,那么出版者就要挪用一位名人作为这本书的作者。这种策略在晚明被出版者们广泛使用。但因为明朝并没有版权概念,书籍被他人翻刻无法求助官府,而只能通过将"翻刻必究"等字眼印在书的封面来宣示自身的权利。但这么做可能并不是特别有效。[3]

第三,评注对正文的影响。周启荣认为晚明大量出版的对四书的评注,本身即属于四书的副文本,它们因帮助考生通过考试而生,却在不知不觉中削弱了四书的权威地位。[4]热奈特认为评注是一种派生文本,它可能作为书籍本身一部分的附文本,也可能是独立于原文而存在的外文本存在。[5]作为一种门槛,评注通过填补空隙、解释难懂的文本、调和矛盾、强调相对沉默的观点、为一些说明提供新方向、在书籍的语义学领域制造矛盾来介入文本意义的生产。[6]评注为文本的阅读提供了规则,而同一文本的不同评注则为该文本的阅读提供了不同的阅读规则,这导致了该文本语义学领域的扩张,以及干涉阅读过程的观点的增加。另外,根据麦肯锡的观点,文本不可能脱离载体独立存在,而载体本身产生意义,像书籍的版式、页面布局、文本分割和符号规则,都是作者和编辑标记于文本中来指导、控制读者塑造文本意义的方式。[7]评注者们将其不一致的阅读和政治评论带给公众的空间,它有助于促进对儒家经典进行开放性解释。凡此种种都影响读者对该文本产生的认知。

随着人口的增长,商业出版的发展,越来越多的成年男性能参与到科举考试中来。但考试的名额并未随着人口的增加而增加,也就是说,参加科考的考生们的压力越来越大了。科考的主要内容是对儒家经典进行阐发,随着商业出版的发

[1] Kai-wing Chow, *Publishing, Culture, and Power in Early Modern China*, pp. 138 - 139.
[2] Kai-wing Chow, *Publishing, Culture, and Power in Early Modern China*, p. 139.
[3] Kai-wing Chow, *Publishing, Culture, and Power in Early Modern China*, p. 141.
[4] Kai-wing Chow, *Publishing, Culture, and Power in Early Modern China*, pp. 150 - 151.
[5] Kai-wing Chow, *Publishing, Culture, and Power in Early Modern China*, p. 156.
[6] 同上。
[7] Kai-wing Chow, *Publishing, Culture, and Power in Early Modern China*, pp. 152 - 153.

展,科举参考书逐渐成为商业出版者们的重要经营项目。从一开始为数不多的评注,到万历年间开始大量出现的评注,评注本身也开始从对字词事实的解释转变到对其中观点的阐发。为了求新,编辑们在对四书进行阐发的过程中开始大胆引用佛道书籍、诸子百家,其中的观点也变了味道,这类评注的增加,最终削弱了这些文本的权威。[1]

第四,应对禁令的策略。针对商业出版领域对经典的颠覆,礼部颁发了若干禁令来禁止商业出版的胡作非为。针对这些禁令,商业出版者想出了精明的对策。策略主要通过书籍的副文本元素展开。例如,有些出版者会在序言中做出声明,为了服从政府政令,他们将会删除一切批评或违反朱熹观点的说明。但是有些作者通过在序言中表明,他们新的解释将会出现在他们的书中,但这仅仅是为了揭示它们的错误。而读者则可以冒险忽略作者的警告,而去吸收新的解释。这种策略为作者、出版者、编辑等提供了保护。[2]

第五,书籍的标题。热奈特认为,书籍标题有三种功能:指示的,主题的或描述的,针对公众的。但是一本书的标题可能并不能同时具有这三种功能。[3] 而晚明商业出版中的考试用书的标题则多偏重于在考生中吸引更多的读者。出版者因此在标题中加入类似于"新刻""鼎镌"等字眼来使自己的版本脱颖而出。"新意""主意"也是出版者们偏爱的字眼。[4] 另外,出版者们还会在标题中加入贡献者的资历,如翰林、太史、会元、会魁,以强调他们是成功者从而吸引读者眼球。但也存在一些特殊的例子,即有时候有官衔、名号的作者名字在列入书籍时会去掉其官衔,周启荣认为官衔名号的贬值在某种程度上表明了知识权威逐渐摆脱官府学者垄断的趋势。[5]

热奈特认为,副文本是相对于正文本的、围绕在书籍文本周边的元素,文本无法脱离副文本而单独存在,而副文本本身有其意义,其存在无疑会影响到读者对文本的理解。换言之,热奈特提出副文本理论,主张对书籍中的副文本元素进行

---

[1] Kai-wing Chow, *Publishing, Culture, and Power in Early Modern China*, pp. 162 - 163.

[2] Kai-wing Chow, *Publishing, Culture, and Power in Early Modern China*, pp. 164 - 166.

[3] Kai-wing Chow, *Publishing, Culture, and Power in Early Modern China*, p. 167.

[4] 同上。

[5] Kai-wing Chow, *Publishing, Culture, and Power in Early Modern China*, p. 168.

分析,其主要目标是为了研究副文本对文本的影响,主要是在阅读的发生机制中产生的影响。而周启荣对副文本理论的应用,所偏重的是考试用书中的副文本元素对晚明出版文化的反映,如作者的符号资本能转化成经济资本,"翻刻必究"等字眼反映出晚明出版市场中盗用作者符号资本的实际情况,即周启荣通过分析副文本元素主要是为了揭示出版者们使用副文本元素所反映出来的书籍背后的出版文化,而不是为了揭示副文本对文本阅读体验的影响。但周启荣对该理论的"变通"仍然是非常成功的,他的这本书为利用副文本理论进行书籍研究提供了很好的范例。

结　语

在明人热衷于出版事业的风潮中,唐顺之是个另类。他收到同为文豪的好友王慎中为他写的文集序言,却回信相拒:

> 仆居闲,偶想起宇宙间有一二事,人人见惯而绝是可笑者。其屠沽细人,有一碗饭吃,其死后则必有一篇墓志。其达官贵人与中科第人、稍有名目在世间者,其死后则必有一部诗文刻集。如生而饮食、死而棺椁之不可缺。此事非特三代以上所无,虽唐汉以前亦绝无此事。幸而所谓墓志与诗文集者,皆不久泯灭。然其往者灭矣,而在者尚满屋也。若皆存在世间,即使以大地为架子,亦安顿不下矣。此等文字倘家藏人畜者,尽举祖龙手段作用一番,则南山煤炭竹木当尽减价矣。可笑可笑!仆又何用更置一茎草于邓林楚楚之间哉?……刻板事既已力止,兄序遂亦宝藏之,未敢示人也。[1]

王慎中的这一行为,是周启荣所述文人通过相互赠送序言这一副文本来提升书籍可信度,并为自己积攒符号资本的例证。既然是"人人见惯",那么此事发生在两个江南文豪之间更是无可厚非。只不过这一做法被自视甚高的唐顺之拒绝,他表面上自谦文字"未敢示人",实际对"屠沽细人"、普通文人也能享有墓志、出版

---

〔1〕 唐顺之:《重刊校正唐荆川先生文集》卷五《答王遵岩》,国家图书馆出版社,2012年,第54页b—55页b。

的低门槛状况嗤之以鼻。作为上层士大夫的代表,他表达了对日渐繁荣的出版文化的担忧,因为它冲击了士人身份,使得普通市民和下层文人享有了他们原先无法获取的特权。

有意思的是,唐顺之的言论成了海外中国书籍研究者的先声,因为后者的问题意识与唐顺之的担忧不谋而合:他们都关注书籍对社会产生的影响。而这一问题意识塑造了学者们的研究框架、研究内容和研究方法,因而我们可以看到一系列围绕着"书籍对社会影响"的命题:出版文化的繁荣给社会带来了什么变化? 这种影响所能到达的范围和限度如何? 用什么方法来衡量这种影响?

首先,学者们从书籍史的各个主题、社会的不同层面来探究这种"影响"的表现。周启荣从权力的角度入手,他借用布迪厄的理论来论证文化是如何通过科举考试这一制度来改变政治领域的。他认为大量考生参与到晚明出版业,不仅获得了经济收入和社会地位,还大力促进了出版市场的兴盛,而作为编辑的考生在编辑考试用书的过程中,无意中对正统权威带来了挑战。周启荣认为这种政治权力的上升代表了与政权对立的政治空间的出现,他将其称为"文学公共领域"。[1]大木康所得出的结论与周启荣类似,前者通过研究明末出版家(如陈继儒、冯梦龙)的生平与出版活动,得出了即便科考之路行不通,明末的文人仍可以依靠从事书籍出版来立身扬名,实现社会流动的结论。[2]包筠雅从社会流动的角度来思考出版文化给下层社会带来的变化,即通过探索四堡出版物的流通与阅读,包氏认为四堡书籍虽然在提高读者的文化水平与科考成功率方面作用甚微,但身处社会中下层的读者可以借助这些书籍获得专门化的若干识字能力,如商人和小贩所具备的非常有限的商品词汇、记账术语、商业信函所使用的词语,从而获得用于谋生的一技之长。[3]何予明则从城市文化的角度来看晚明出版文化对市民表达文化想象。

其次,书籍对社会变化所造成影响的范围和限度也是一个核心问题,因为只有当书籍能到达足够多的读者手中并被阅读时,它们才能给社会带来变化。因此,与书籍生产和流通相关的诸问题——如书价、识字率、藏书楼、书商——就显得尤为重要。举例来说,周启荣曾花大量篇幅讨论书籍的生产成本、销售价格,以

---

〔1〕 Kai-wing Chow, *Publishing, Culture, and Power in Early Modern China*, pp. 15 - 16.

〔2〕 (日)大木康著,周保雄译:《明末江南的出版文化》,第 98 页。

〔3〕 (美)包筠雅著,刘永华、饶佳荣等译:《文化贸易:清代至民国时期四堡的书籍交易》,2015 年。

及书价与生活必需品价格的关系,就是为了说明书籍对于一般人来说并不难获得,因此书籍文化的繁荣才能给社会变化带来巨大影响。又如,周绍明和卜正民对藏书楼的开放程度进行估量,并与西欧和中东国家的类似图书馆机构进行对比,周氏发现藏书楼其实是高度封闭、为少数群体享用的机构,并据此认为在 18 世纪"知识共同体"形成之前中国的书籍对社会所能到达的程度有限。[1] 再如,何予明对中国"识字率"进行重新定义,她用"书籍熟悉度"而非"识字率"来思考明代书籍,[2] 原因在于书籍本身带着我们以超出直接读文本的方式去与它们互动,如文本与插图之间的互动,进而说明在晚明出版文化之中,即便在西方"识字率"标准之下识字不多的人也能"阅读"(或者"观看")书籍,这也构成了她分析出版文化对社会影响的前提。

另一方面,社会阶层和地理范围也是书籍影响限度的指标。所以周启荣对江南士人的研究限定于出版文化对这一阶层以及与之相关的权力结构的影响;何予明关注城市中兴起的市民阶层和商人,关照书籍之于他们想象世界的意义;包筠雅从社会阶层和地理空间两个角度来测量书籍对社会影响的限度,她认为得益于长距离的商业网络,清末出版文化对华南、西南地区的影响深入到了广大的市镇和乡村,进入到了下层文人和普通人的生活空间。而本文对书籍的生命史的研究即旨在揭示历史学家如何通过书籍生命史的各个环节——知识生产、物质生产、销售等——来回答书籍对社会影响的范围和限度。

最后,历史学家如何来衡量书籍对社会的影响呢? 他们使用的武器是"阅读史"。如本文最后一部分所论,"阅读史"的研究存在两种路径:其一是在纷繁的史迹中寻找直接的记载来重构读者的阅读体验;其二是对文本进行分析来推测文本的预设读者。但历史上留下来的关于读者阅读体验的记载很少,搜集这种史料全凭运气。[3] 而正如上文所说,学者对热奈特的副文本理论运用得颇为成功。他们通过对文本之外的封面、序言、标题、排版等方面的分析,来探讨文本与副文本共同作用产生的意义。这一研究的前提是:理论上来说,作者、编者、出版者会根据对读者兴趣和喜好的预判和推测来生产书籍,并且反过来对读者的喜好进行调整或塑造,所以研究者可以透过分析书籍生产者对书籍接受者的预判来推测读者

---

〔1〕 (美)周绍明著,何朝晖译:《书籍的社会史》,第 103 页。

〔2〕 Yuming He, *Home and the World: Editing the "Glorious Ming" in Woodblock-printed Books of the Sixteenth and Seventeenth Centuries*, pp. 7 - 8.

〔3〕 如戴思哲对地方志的阅读进行的研究。

喜好，进而断定读者所在时空的社会风气。但这一前提要成立，必须符合两个条件：其一，必须是在高度市场化的社会，这样书籍才能完全面向市场，书籍的生产者才会以消费者为导向；其二，书籍的生产者都是极为高明的商人，这样他们的判断才会基本与读者的喜好一致。只有极少数的畅销书才能符合以上条件，而现今研究基于现存的古籍而作分析，其实研究者很难断定这些书籍在当时是否是畅销书，因为留下来的书籍不一定畅销，而真正的畅销书也可能短命。

而高度市场化这个条件的缺失，就触及到了这些研究可能存在的一个核心问题：并非所有中国古代书籍都是为市场而生产，而有相当一部分书籍并非商业书籍。且勿论家谱、善书、地方志这些有专门用途书籍，即便是高度流行的书籍也并非一定是商业书籍，因为中国古代存在大量私刻且私藏图书，那么它们显然不能简单地用"书籍影响论"或者"出版变革论"这一线性框架来研究。

再来说"变革"，我们看到海外中国书籍史的研究多集中在几个主要变革时期，尤其是晚明、18世纪、晚清与民国。这种"出版变革论"或许与这些学者深受欧美书籍史研究的影响有关。因为在欧洲，古腾堡于15世纪中期发明活字印刷术，而后一系列重大事件，如新航路的开辟、宗教改革、启蒙运动、法国大革命相继发生。在书籍进入历史学家视野之后，史学家便将印刷书的大规模（相对于手抄本流通的规模）流通与历史变革的发生之间的关系赋予某种因果联系。出版业的发展确实对后续运动的开展有影响，这些确实值得我们关注，但是在变革时期之外的书籍就不重要了吗？满清入关腰斩了晚明出版文化，但这一时期书籍制作和阅读就"悄无声息"了吗？清初至乾隆之前的书籍到底是什么状况？那么，我们是否应该跳出在西方历史语境之中发展起来的框架，走出"世界"，回到"家"中？

（作者系华东师范大学历史系 2017 年硕士毕业生）

文本、礼仪传统与历史研究创新：
读柯马丁《秦始皇石刻》

翟新明

任教于普林斯顿大学东亚研究系的柯马丁(Martin Kern)教授,主要从事早期中国文本的生成、接受与经典化研究,在此方面的代表作,除发表在各类重要学术刊物上的论文外,还有专著《秦始皇石刻:早期中国的文本与仪式》(*The Stele Inscriptions of Ch'in Shih-huang: Text and Ritual in Early Chinese Imperial Representation*, New Haven: American Oriental Society, 2000)与其主编的论文集《早期中国的文本与仪式》(*Text and Ritual in Early China*, Seattle: University of Washington Press, 2005)。前者作为美国东方丛刊第 85 种(*American Oriental Series* 85)由美国东方学会出版;后者收录了柯马丁对此书的导言《早期中国的仪式文本》("The Ritual Texture of Early China")与论文《出土手写文献中的颂诗》("The Odes in Excavated Manuscripts")。此外,柯马丁有一册论文集将由三联书店出版中译本,题为《文本与文化记忆:早期中国的书写、仪式和诗歌研究》(*Text and Cultural Memory: Studies in Early Chinese Writing, Ritual and Poetry*),分为"早期中国的书写问题""《诗》与《书》""秦汉诗"三部分,收录柯马丁自 2000 年以来在早期中国写作、诗歌与仪式表演等方面的研究论文,可以视为其对早期中国文本与仪式研究的汇总。

在上述研究成果中,最具代表性与开拓性的当属《秦始皇石刻:早期中国的文本与仪式》一著。根据其英文版 Preface 的介绍,该著是他于 1997 年在华盛顿大学期间修订博士论文时受到与康达维(David R. Knechtges)交谈时的启发而开始写作,至 1999 年完稿,并得到鲍则岳(William Boltz)、罗泰(Lothar von

Falkenhausen)、戴梅可(Michael Nylan)、何莫邪(Christoph Harbsmeier)、柯慕白(Paul Kroll)等学者的修改意见。该书在 2000 年出版之后,受到海外汉学界的好评,先后有孙大维(David Sena)、桀溺(Jean-Pierre Diény)、史蒂芬·戴维森(Steven C. Davidson)、柯鹤立(Constance A. Cook)、尤锐(Yuri Pines)等分别发表于《中国文学》[*Chinese Literature: Essays, Articles, Reviews*, Vol. 23 (Dec., 2001), pp. 167-174]、《汉学书评》[*Revue Bibliographique de Sinologie*, Nouvelle série, Vol. 19 (2001), pp. 384-385]、《中国研究书评》[*China Review International*, Vol. 9, No. 2(Fall 2002), pp. 465-473]、《亚洲研究期刊》[*The Journal of Asian Studies*, Vol. 62, No. 2(May, 2003), pp. 593-594]、《饶宗颐国学院院刊》(2014 年创刊号,第 443—451 页)等重要学术刊物上的书评。尽管评论者在个别问题上有着不同见解,但对其别出蹊径的研究尤其是对传统"暴秦"观念的质疑与反思均予以较高评价。中国社会科学院研究员刘倩将此著译为中文,收入上海古籍出版社"早期中国研究丛书"第四辑,于 2015 年 4 月出版。此外,收入《构想帝国:古代中国与古罗马比较研究》(*Conceiving the Empire: China and Rome Compared*, ed. Fritz-Heiner Mutschler and Achim Mittag, Oxford and New York: Oxford University Press, 2008)中的柯马丁《来自山岳的诏告——论秦始皇石刻》("Announcements from the Mountains: The Stele Inscriptions of the Qin First Emperor")一文,可视为对此著的一篇简略概括。

柯马丁此著聚焦于秦始皇在公元前 219 至前 210 年十年间巡狩东方与所立七刻石这一事件与文本。在柯马丁该著出版之前,针对秦始皇石刻的综合研究主要由容庚、吴福助等中国学者进行,日本汉学界则有稻叶一郎、成田年树、鹤间和幸等学者的相关研究,柯马丁此著亦多方引用参考。值得注意的是,陈梦家曾于 1944 年在昆明作论文《秦刻石杂考》,亦涉及七种刻石的体例、存佚、石形、行款、字径及各版本,此文原未发表,后经中华书局编辑部整理,刊于《文史》2015 年第 1 辑,并收入中华书局 2016 年出版的《陈梦家学术论文集》,为柯马丁所未能见及与征引。诸家研究,虽结论各有不同,但均主要集中于在整理历代文献的基础上对秦刻石情况进行介绍与文本的校勘音训。

柯马丁的研究,亦以石刻文本为基础。在参考沙畹(édouard Chavannes)、华兹生(Burton Watson)、倪豪士(William H. Nienhauser)等学者已有的翻译之余,柯马丁又以泷川龟太郎、水泽利忠与严可均、容庚、吴福助等学者的既有研究成果为基础,处理石刻文本中的异文。本书第二章即是作者对七种刻石文本的翻译,并附以大量注释解释其对异文的选择。柯马丁的翻译受到学术界肯定，如孙大维认为他的翻译尽管有烦琐与不准确的嫌疑，但仍超出了他所参考的早期译者。但对秦刻石的翻译与注释并非柯马丁的关注点，而仅是其展开研究的基础。他在导论中宣称，他避免就孤立的历史背景去讨论某一石刻的消失时间，也不涉及其书法、石碑布局和在碑铭录中的流传，在柯马丁看来，这些问题必然止步于毫无根据的推测，也不会影响到他对文本作出合理的历史阐释。作者试图通过对石刻文本的翻译，推论出其所期待的周秦文化关系。正如孙大维与尤锐所指出的，柯马丁的翻译中最令人印象深刻的是其注解所指向的周秦文本关系。

柯马丁此著的聚焦点在于秦刻石所反映出来的文本（text）与仪式（ritual）及其背后的文化关系。正如在导论中所已介绍的，他的研究侧重于三方面，亦即本书第三至第五章的内容。在对秦刻石文本进行翻译与注释之后，他试图将石刻铭文所运用的表达模式纳入到周代的文学传统之中。在第三章"秦始皇礼仪体系中的石刻"中，柯马丁首先回顾了秦始皇石刻以前的概况，既包括秦地旧有的刻石，也包括秦地出土的青铜器物，并着重翻译了秦公镈、秦公簋、秦公钟与石磬的铭文。在对相关材料分析之后，他指出秦刻石铭文派生自周代文化传统，尤其是宗庙祭祀的源头，其与青铜器铭文之间又存在着文本连续性特征。在回归周代文化传统讨论之时，柯马丁以《诗》中的雅、颂部分与《仪礼》的相关记载为例证，旁涉到口语向书面记载的转变，由此引申至对青铜器铭文结构的探讨，进而引发第四章对石刻铭文结构的分析。在这里，柯马丁以罗泰的"过去、现在、未来"的三重模式来分析青铜器铭文的结构，并着重分析了文本的结语部分，指出其叙述视角的转变，正与前述《诗》与《仪礼》中所提及的"尸"与"祝嘏"模式相对应。在第三节，柯马丁转而针对秦始皇的巡狩展开论述，对其刻石目的进行分析。在他看来，秦始皇的出巡地点不同，其目的亦有不同：出巡西北，是向秦国旧地的民众与神灵宣告统一，带有庆祝的性质；而在东部地区刻石的举动，则是向被征服地区的民众及其神灵宣示征服的礼仪进程，"通过将这些石刻置于新征服的东方各国之山，秦始皇用新造的帝国字体把他权力的现实铭刻在了新臣属的圣地之上，从而完成了自己的征服"（柯马丁引陆威仪《早期中国的书写与威权》语）。如此，使秦始皇刻石的文本与目的都与礼仪传统相关联。其对于秦始皇出巡不同目的的论断使人想起傅斯年对《尚书》周代诰文的解释："《周诰》之可信诸篇中，发挥殷丧天命、周受天命之说最详。……以此说说殷遗，将以使其忘其兴复之思想，而为周王之荩臣也；以此说说周人，将以使其深知受命保命之不易，勿荒逸以从殷之覆辙也；以此说训后世,将以使其知先人创业之艰难,后王守成之不易,应善其人事,不可徒依天恃天以为生也。"〔1〕虽关键词有所不同,但二者实有异曲同工之妙,这也可以佐证柯马丁所欲论证的周秦文化连续性关系。

第四章《铭文的结构分析》意在探讨石刻铭文的礼仪语境。在此,柯马丁提出了"模块化构思"(modular design)的观点,认为在七种铭文的表型文本(phenotext)之外,存在着一种原型文本(prototext),并根据前者整理出其重构的石刻铭文原型。与第三章的分析一样,柯马丁仍关注于铭文的结语亦即其所称的自我指涉(self-referential)部分。在柯马丁看来,正是经由自我指涉的石刻化,铭文进入了历史。与之前论述的青铜器铭文不同,秦始皇石刻指向了对自身功绩的宣扬与对未来长久存续的关注,而非作为其礼仪源头的宗庙祭祀的一般模式。在这一过程中,通过石刻的仪式文本(ritual text),石刻铭文的历史叙事彻底消除了原有的各国统治者的多视角记录,并代之以一个最高统治者的单一的中心视角。

前述三章着重于对石刻文本的解读,并将其与仪式相结合,但这些仍只是基础性工作。柯马丁研究的最终目的在于对第五章《铭文的历史性阐释》的论述,将石刻文本及其仪式引申入史学研究。在这一章中,柯马丁对石刻铭文的分析提出了新的证据,他认为这些证据关乎早期中华帝国历史的重大问题,关乎汉代史学以及东周与秦帝国初期的早期经典文献的地位、流传、学术等难题。他将秦刻石纳入司马迁《史记》的文献语境之中,并首先对司马迁《秦始皇本纪》的相关记载提出质疑:"石刻铭文以及其他帝国文献表明天下一统既是秦始皇个人魄力的结果,也是秦国宗庙之灵庇佑的结果,这反映了作为个体的帝王与作为制度的王朝之间的同一性。司马迁却将这二者割裂开来,以突出个性。"在柯马丁看来,在承认秦帝国政权合法性的前提下,司马迁将笔触着重于对秦始皇个人暴行与求取长生不老的描写,由此实现其二分的目的。接下来,柯马丁针对传统的对于秦帝国与秦始皇的"误读"进行了自己的解答。在对秦刻石与其他出土文献所蕴含的几个关键词诸如"社会秩序""孝""应时而治"等进行分析后,柯马丁指出,秦帝国实际上与东周礼仪传统之间存在连贯性,而非传统认为的存在文化断裂;事实上,西汉正是接收了秦宫廷的博士等文化职官,并对汉礼的制定与音乐、文本等都产生重大影响,这表现出"传统的礼仪形式从东周经由帝秦到汉初的实际存在与连续性"。更进一步,柯马丁对于"焚书坑儒"提出质疑,并提出秦帝国在文本经典化过程中

---

〔1〕 傅斯年:《性命古训辨证》,上海古籍出版社,2012年,第110页。

的重大作用。在柯马丁参与执笔的《剑桥中国文学史》(*The Cambridge History
of Chinese Literature* , Cambridge: Cambridge University Press, 2010)第一章
"经典的地位"一节中,他重提了本书中有关对"焚书坑儒"的质疑、对秦汉经典化
的回溯等问题与见解。

　　细审本书,可以看出柯马丁写作的目的,在于通过秦始皇刻石这一现象及其
文本与背后的仪式,提出与传统的对于秦帝国与秦始皇认知不同的见解,并将秦
置于周、汉礼仪传统之间,认为其并非对过往的割裂而是继承这一礼仪传统。作
者富有卓见地选择这一研究思路,而避开了业已纷繁的传统文献训读工作。诚
然,正如作者所言,本书仅仅是提出某些初步思考,并未得出最终结论;当然,柯马
丁所聚焦的问题,也很难得出明确的结论。而本书最大的特点,在于采用二重证
据法,将传世文献与出土文献对比研究,尤其是通过将秦刻石与周秦金石文献对
比以得出礼仪传统延续的结论,最为具有说服力。以此为基础,对于秦帝国与秦
始皇形象的再反思,也就显得顺理成章而非无的放矢,这一反思也被尤锐认为是
柯马丁研究中真正具有突破性之处。

　　由早期中国传世与出土文献中的文本对比以揭示文化传统的延续性,在陈
来、李泽厚、家井真等国内外学者的著作中已多有尝试,但主要侧重于从甲骨、金
文出发,且多集中于夏商周三代。[1] 柯马丁则更进一步,试图从石刻文本出发,
以秦对周代礼仪传统的延续来揭示汉代对秦历史的有意重构,进而重新审视传统
对于秦帝国与秦始皇的误读。他也意识到秦始皇的暴虐与秦刻石所体现的礼仪
传统之间的矛盾所在,他将这一问题归结为司马迁的有意书写,但这一轻率的处
理并不能够使读者完全信服。事实上,我们只能从柯马丁对秦刻石与周秦金石文
献的对比分析中得出秦刻石文本与周代礼仪制度的相关性,而不能进而由此推论
出秦帝国或秦始皇接受或承袭了周代礼仪制度传统。

　　如果将目光重新聚焦于司马迁的《史记》,并将其放置在周汉文化传统之中,
我们会发现一些可以延伸的、富有趣味和史学价值但被柯马丁所忽略的问题。其
中之一是尤锐所已指出的,孔子八世孙孔鲋(孔甲)持礼器投奔陈涉之事。《史
记·儒林列传》记载:"及至秦之季世,焚诗书,坑术士,六艺从此缺焉。陈涉之王
也,而鲁诸儒持孔氏之礼器往归陈王。于是孔甲为陈涉博士,卒与涉俱死。"针对

――――――――

　　〔1〕 参见翟新明:《巫觋与祭祀:三代思想信仰体系与人神交接模式》,《殷都学刊》2017
年第 2 期。

此事,尤锐强调的是秦焚书、禁私学对儒者的影响,而未进行更深层次的思考。《吕氏春秋·先识览》记载夏太史令终古、殷内史向挚、晋太史屠黍以图法出奔他国之事,称"凡国之亡也,有道者必先去",史官出奔他国这一现象既被视为亡国的征兆,同时也是保存文化的象征。如果《吕氏春秋》所记载的事件及其观念在周秦时代具有普遍性,那么,作为曾承担史官职责的孔子的八世孙孔鲋之出奔陈涉,同样也可被如此解读:孔鲋出奔意味着秦帝国灭亡的先兆,而其携孔氏礼器的举动则代表着秦自始至终都未曾占有文化的传统。

换一个角度来看,孔鲋出奔陈涉这一事件似乎也在表明秦始皇试图通过刻石这一行为所欲达成的化成天下政策的失败。进一步追问,其失败的原因究竟何在? 如果我们接受柯马丁的观点,认为秦事实上承续了周的礼仪传统并在刻石中表现出来,那么,这种决心的展示为何未能被同属于周代礼仪文化传统之下的东方六国,尤其是曾参与峄山刻石的鲁国儒生所认可与接受? 仅仅是由于秦始皇、二世的暴虐行为,还是存在其他何种心理? 这是柯马丁所未能注意到的问题。诚然,秦所确立的博士群体在秦帝国与西汉初期礼仪制度的构建中产生了重大作用,但秦究竟在多大程度上继承了周代礼仪,仍是一个值得怀疑的问题,仅仅凭借器物中所存文本去推测秦人思想理念,是一种有失偏颇的冒险。秦刻石铭文虽由宫廷博士确定并由秦始皇刻石这一行为而保存与昭示天下,但秦始皇本人对于铭文中所体现观念的接受程度,也仍值得怀疑。简而言之,文献不足征故也。秦帝国对于东周礼仪传统的传承与其二代而亡的事实相龃龉,或者说,秦始皇石刻所表现出来的对礼仪传统的延续只能是一种外在的表象,而其内里的征服与威胁性实质,恰恰是对其所宣称的礼仪传统的背离。

此外,当我们接受柯马丁有关汉人重塑秦人残暴形象的论述时,我们必须注意到这一行为的历史极其久远。《秦始皇本纪》中收录的秦始皇诏令、石刻称其所征服的东方六国暴乱、暴虐、无道,与《尚书·牧誓》中周人对殷纣暴虐的称述,正是一脉相承。对于前代残暴的描述,其实正是为宣扬自身取而代之的正统性而设立的政治与道德标准。汉人对于秦残暴形象的塑造与宣扬,与秦始皇石刻宣称六国、周武王宣称殷纣暴虐,事实上并无不同。汉人对秦残暴的描述,是否也正是这种传统之下的因袭与表现?

再次,我们也应当注意到司马迁将项羽这一刘邦征服天下过程中最为重要的敌人,也如秦始皇一般列入本纪这一事实,而其对于项羽的描述也以残暴为特征。在《项羽本纪》中,司马迁称项羽"何兴之暴也""自矜功伐,奋其私智而不师古,谓霸王之业,欲以力征经营天下,五年卒亡其国,身死东城,尚不觉寤而不自责,过矣",《高祖本纪》载高起、王陵之语"项羽妒贤嫉能,有功者害之,贤者疑之,战胜而不予人功,得地而不予人利",《太史公自序》称"子羽暴虐",都历历揭示出项羽的残暴性。事实上,尽管攻入咸阳、擒服秦王子婴的是刘邦,但他当时仍隶属于项羽所操控的楚怀王阵营之下,而经由楚汉之争才获取皇帝权位的刘邦及其汉政权,所取代或延续的,实际上并非是四年之前业已灭亡的秦,而恰是项羽的楚(但这一事实似乎被汉高祖与汉人所有意忽视)。这既可解释司马迁将项羽载入本纪,也可从秦始皇与项羽的相似性——残暴——中寻找解读的可能性。如果将项羽视为秦始皇的另一种化身,那么,反抗项羽便与反抗暴秦有了同一性:项羽正是作为暴秦的延续者而被刘邦消灭。作为项羽部属的刘邦,正可以由此宣示其抗争与取而代之的正统性。倘若后一政权对前一政权残暴的宣称有着寻求政治与道德合法性的目的,是否也可认为诸如商纣、秦始皇、项羽等人的残暴形象,正是后世建立在这种对合法性寻求基础上的有意误读?

再引申言之,根据《项羽本纪》的记载,刘邦战胜项羽之后,"项王已死,楚地皆降汉,独鲁不下。汉乃引天下兵欲屠之,为其守礼仪,为主死节,乃持项王头视鲁,鲁父兄乃降。"类似的记载也出现于《高祖本纪》。结合前文所引孔鲋出奔陈涉之事,以及更早的秦始皇"与鲁诸儒生议,刻石颂秦德"(《秦始皇本纪》)的记载,如果我们相信孔鲋及鲁诸儒投奔陈涉之事,那么,为何原本受到秦帝国青睐的鲁人不愿再臣服于秦,而愿效忠于同样残暴的项羽?出身于楚国的项羽似乎并不能被视为与秦始皇一般继承了周代礼仪传统,遵守礼乐教化的鲁国为何舍弃秦而选择楚,一变再变?事实上,这些问题都是柯马丁关于秦继承周代礼仪传统这一论断所无法解决而相互龃龉的。自然,这些问题可以由秦始皇石刻引出,但更多则是立足于《史记》文本。柯马丁在本书最末已经有意旁涉到早期中国史研究,这些问题似乎也可作为其中的一部分,进行更深入的研究。

根据柯马丁此著英文版 Preface 的介绍,作者最初的设想是秦刻石能否作为汉代宗庙颂歌的一种模型,进一步的设想是秦刻石与汉代颂歌共享了同一个礼仪传统,而创建秦刻石文本的秦博士群体也在西汉初年宫廷中发生作用。如果以这两种设想作为本书的结论,可称言之成理、持之有故。但作者的研究最终脱离于此,陷入了他所反对的无根据的推测之中。似乎可以说,柯马丁的写作是先有了一个既定的结论,进而通过对秦刻石的研究推导出这一结论,这也就导致其在推论过程中,有意识地将结论向着有益于自身论证的方向引导。虽然如此,柯马丁在本书中对于出土与传世文献的使用，对历史阐释的反思，尤其是对秦帝国与周代礼仪传统之关系、秦对于经典化的作用等相关考证，以及对"焚书坑儒"的质疑，都值得学术界继续加以探讨。这也为学术研究提供了一种思路，即利用多种文本，通过探讨其连续性关系进而讨论文本折射的文化传统，以此来反思过去的传统观念。这也正是柯马丁在秦始皇石刻研究中的最大价值所在。

柯马丁此著虽早于 2000 年出版，但至 2015 年中译本面世前，久不为国内学界所知。罗军凤发表于《文学评论》2013 年第 3 期的《文本与礼仪：早期中国文化研究与礼仪理论》一文介绍了西方学者在文本与仪式方面的学术研究成果，但对柯马丁仅涉及其主编的《早期中国的文本与仪式》及两篇论文，未涉及此著。2000 年以来，国内有关秦始皇石刻的研究，或是仍如容庚、陈梦家、吴福助等学者从事刻石本身(如金其祯《秦始皇刻石探疑》、韩祖伦《秦始皇纪功刻石的文字学价值》、王金城《秦始皇帝刻石考释》等)，或是聚焦于石刻所展现的秦始皇或秦帝国思想(如陈宁《秦刻石新论》、王健《秦代政治与儒家伦理探微——以秦刻石铭文为中心》等)，就研究方向而言，实未能超出前人。惟程章灿师发表于《文学遗产》2014 年第 2 期的《传统、礼仪与文本——秦始皇东巡刻石的文化史意义》一文，由秦刻石之传统、政治、礼仪目的、文本与水德观念等角度立论，实已涉及文本与仪式的分析，可以视为对秦始皇石刻中文本与仪式研究的进一步拓展。但上述研究成果中亦均未提及柯马丁此著。总之，柯马丁在秦始皇石刻及其文本、礼仪传统和历史研究方面的创新和研究成果，尚未能被国内学界广泛了解，这也就凸显出了柯马丁《秦始皇石刻》一书的独特性与重要学术价值，应当引起国内相关研究者的重视。

(作者系湖南大学文学院助理教授)

一种全球史的必要性：评

Andrea S. Goldman, *Opera and the City: The Politics of Culture in Beijing*, *1770 - 1900*, Stanford：Stanford University Press, 2012.

谢新球

　　20 世纪 80 年代起，美国中国史研究学界经历了一次史学观上的大变化，即由二战后的美国中国史研究开创者如费正清和列文森等所持的"影响—回应"和"传统—现代"二元对立的分析范式到以"中国为中心"的研究范式的大转变，或者化用柯文(Paul A. Cohen)的话来说，从"中国没有历史"到"在中国发现历史"转变[1]，前者认为中华帝国的儒教政体和"传统"社会无法承受 19 世纪中叶以降的西方冲击而被迫向西方式的"现代"民族国家政体和社会组织形式转变，后者则认为前者对于中西激烈碰撞以前的中国社会无知，并且批评他们东方主义式的预设立场。因而，后者解构前者的路径有二：一、从史学理论上来揭露前者东方主义的话语霸权；二、从历史的角度来展现帝国主义和殖民主义之前的"传统"中国社会的活力与丰富多元，而且这种"活力"与"丰富多元"往往直接或者间接拿来与欧洲做区域比较研究，并被认为是可相媲美的。在第一方面，多伦多大学的陈利博士在其新近获得 2017 年列文森奖的专著《帝国眼中的中国法律》中以法律为棱镜做了颇有益的尝试。[2] 在该书中，陈利博士针对 1784 年 11 月 24 号发生在珠江

---

　　[1] Paul A. Cohen, *Discovering History in China: American Historical Writing on Recent Chinese Past*, New York：Columbia University Press, 2010.
　　[2] Chen Li, *Chinese Law in Imperial Eyes: Sovereignty, Justice, and Transcultural Politics*, New York：Columbia University Press, 2015.

一种全球史的必要性：评 Andrea S. Goldman, *Opera and the City: The Politics of Culture in Beijing, 1770－1900*, Stanford: Stanford University Press, 2012.

口的"休斯夫人号"事件展开知识考古。在揭示围绕这个事件的不同历史人物和利益方是如何建构事实申诉(truth-claims)和政治立场的同时，陈利还着重考察西(英)方关于该事件以及中国法律的史实与话语建构如何推动欧洲现代性建构以及助长欧洲的帝国主义和殖民主义扩张(当然，该事件以及众多类似事件后来也被中国史学家用来构建中国民族主义和民族国家)。[1]

"后现代"和"后殖民"历史哲学与理论的兴起加上历史的契机(改革开放和20世纪80年代中国新解禁的大量档案)使得过去三十几载的美国中国历史研究领域出现了蔚为壮观的"帝国晚期的中国"(Late Imperial China)社会史研究，包括我们所熟知的"新清史"研究和本文要讨论的郭安瑞(Andrea S. Goldman)的《戏曲与城市：1770 到 1900 年间北京的文化政治》。"帝国晚期的中国"在美国中国史学界一般是指晚明到晚清这段时间，研究者们大多倾向于强调晚明和清盛世(High Qing) 的中国社会的活力和帝国统治的多元与变通；郭安瑞正是通过研究盛清到晚清这个时期作为北京城"公共空间"的戏园和戏曲创作与消费来呈现这个帝国权力中心里国家和社会之间以及不同阶级、性别、和族群之间的权力关系。当然，也不乏将"帝国晚期中国"的上限推至宋朝或者唐宋之交的，但其目的也无非是要发掘 19 世纪末 20 世纪的"革命中国"以前的一个自在的中国"国家""社会"或者政治经济体，修正现代主义史学，和规避甚至否定全球资本主义和殖民主义条件下中国政治与文化精英对于"现代性"的追求。

简单地梳理美国中国历史研究的脉络便于我们更好地了解和讨论郭安瑞的著作。在接下来的篇幅里，我将先简要地分析总结《戏曲与城市》一书的章节内容，然后再对其做深入一点的历史和史学批评。该书由斯坦福大学出版社于 2012 年出版，2014 年获得列文森奖。全书分为三部分，共计五章，外加序言和结语。在第一章"戏剧票友和优伶向导"里，郭安瑞集中分析清盛世时期在京师大量出现的"花谱"这类评论戏曲表演、戏园和扮演旦角的伶人／男宠的剧评形式。根据作者的论述，"花谱"可追溯到晚明的青楼文化，但是"花谱"到了清朝则更多是成了戏园指南。"花谱"的作者多为科举和仕途不得志的文人。他们寄情戏曲，流连戏园，并以"品"为话语标准创作"花谱"来确立他们的美学权威和区别于在他们看来有钱无品、猎取男色的"老斗"豪客一类。

---

〔1〕 可参见我的书评，https：／／site. douban. com /174929 /widget /notes /10721195 / note /609666331 /。该书评即将在福建师范大学的《圆桌》杂志发表。

第二章"都市戏剧、跨界和国家"详细描述高度商业化的戏园、庙会、堂会(包括宫廷的堂会)里戏班、观众的组成和戏剧表演的形式,并分析这三类戏剧表演的都市空间里的民族、阶级和性别关系以及国家力量对这些空间的监控和管理。郭安瑞着重论述戏园的商业运作和空间安排如何体现民族、阶级、和性别的差异;她同时也指出这些差异的流动性和交叉互动。在第三章"音乐风格、戏剧等级和皇家青睐"里,郭安瑞讨论太平天国运动之后北京的戏剧形式的变化。江南的衰落使得先前占据主导地位的"高雅"昆曲被迫让位于其他的"通俗"剧种特别是皮黄(西皮和二黄的杂糅体,即京剧的前身)取代。作者认为这个转变得益于清廷特别是慈禧太后对皮黄的青睐;这种来自最高权力的青睐不只是简单的趣味欣赏而是日益衰落的清廷利用其文化权威影响大众趣味来维持其统治。所谓"高雅"和"通俗"之别只是权力与话语的关系,是适时而变的。

第四章和第五章转而集中分析戏曲的内容。作者搜集了可观的不同版本的戏曲剧本(详见其附录1和2),并对其做大量的文本细读和深入的历史分析。第四章"社会通俗剧和政治诉求的性别化"追溯戏曲《翡翠园》的不同版本里对剧本的删减和章节的节选再编辑。作者认为这个趋势意味着戏班的演出有选择地把对于社会不公的控诉转化为以煽情和诉情(sentimentalism and sensationalism)取胜的社会通俗剧,而这其中包含的政治诉求往往通过由伶人扮演的含冤苦情女子形象来表达。这种政治诉求的性别化(即女性化)手法不只是能追溯到晚明,其背后有一个更长远的文学传统。

第五章"'嫂子我'戏曲里的性与暴力"类似地分析了以《水浒传》为蓝本衍生出来的各类节选剧本中集中表现的通奸、谋杀和血腥复仇情节。读者会很自然地会想到发生在武大郎、武松、潘金莲、西门庆之间的爱恨仇杀的故事情节。根据Goldman的研究,这类"嫂子我"的戏曲有侧重描写女性角色并对她们表示极大同情的,也有强调道德谴责和暴力仇杀的,以及由这两类为两极构成的一个复杂谱系。作者指出,清廷从其自身统治利益出发两者取其轻而偏好憎女和暴力情节,通过牺牲女性来维护社会的道统和政治稳定。统治者的品位偏好迎合和影响了大多数来自社会底层的戏曲票友,从而决定了戏班戏剧表演内容的取舍。作者用大量的篇幅翻译和分析剧本的节选、删减,章节的重组,方言词汇、俗语和笑料的运用,是如何与实际的舞台表演契合并带来清廷期待的效果和影响。

郭安瑞用国家与社会之间的关系以及性别分析来结构全书,并把各种戏曲表演的空间和戏曲创作的想象空间视为介乎国家和社会之间的公共空间来探讨其一种全球史的必要性：评 Andrea S. Goldman, *Opera and the City: The Politics of Culture in Beijing*, 1770 - 1900, Stanford: Stanford University Press, 2012.

中的性别、阶级、和族群政治。郭安瑞批评 20 世纪 80 年代和 90 年代初的许多美国中国历史研究为了迎合当时全球和中国的经济自由化与政治民主化而机械地套用哈贝马斯历史社会学里的"公共空间"概念来搜寻和解释中国历史里能够相应地构成该概念的要素或现象(活跃的商业经济、广泛传播的印刷文化和中心城市里的新的社会组织与组织形式)，并以此来批判韦伯把中国视为与进步的西方相对的落后的传统儒教国家。[1]郭安瑞认为，除去这些研究浓厚的目的论(即，城市公共空间促进了西方现代性和公民社会发展)，"公共空间"作为一个历史分析范畴仍有其价值。用她的话说，"明清的城市有可能具有和早期现代欧洲一样的社会和空间组织特色，但是不能认为它们就必然会(或者应该)走向民主进程。"[2]在郭安瑞看来，"18、19 世纪的北京城的虽然没能像伦敦或者巴黎的咖啡馆那样产生一种明显的对抗政治(overt oppositional politics)，但它们的确生成了一种插科打诨、煽情和时不时颠覆社会规范的活跃的'茶园'文化；而'茶园'作为都市商业舞台的优雅婉转的称谓大概是不言自明的(perhaps tellingly)。"[3]

在我看来，郭安瑞所谓的"大概不言自明的、可以委婉地称之为城市公共空间的"茶园"相较于能产生出"明显的对抗政治"的伦敦或者巴黎的咖啡馆来说，更多地像是一个有待于发展成为完全的公共空间的"类公共空间"，而所谓的活跃的茶园文化也需要经历一次认知和实践上的革命才能形成一种明显、独立的公民政治。在作者笔下，我们阅读到的更多的是所谓国家和社会之间的相互交融和影响而营造的二者之间界限的模糊不清。例如，清朝大小的官员和满族贵族既代表作为国家的朝廷的意志，又是戏院的常客和堂会的主顾。我们很难完全界定出国家和社会的对立关系，更别说介于它们二者之间的第三空间，即公共空间。

---

[1] 关于中国历史上的"公共空间"的讨论，可参见发表于加州大学洛杉矶分校的《现代中国》杂志的一系列文章。William Rowe, "The Public Sphere in Modern China", *Modern China*, Vol. 16, No. 3 (July 1990), pp. 309 - 329; Philip Huang, "The Paradigmatic Crisis in Chinese Studies: Paradoxes in Social and Economic History", *Modern China*, Vol. 17, No. 3 (July 1991), pp. 299 - 341; Frederic Wakeman, Jr, "The Civil Society and Public Sphere Debate: Western Reflections on Chinese Political Culture", *Modern China*, Vol. 19, No. 2 (Apr., 1993), pp. 108 - 138; William Rowe, "The Problem of 'Civil Society' in Late Imperial China", *Modern China*, Vol. 19, No. 2 (Apr., 1993), pp. 139 - 157; Philip Huang", *Modern China*, Vol. 19, No. 2 (Apr., 1993), pp. 216 - 240.

[2] Andrea S. Goldman, *Opera and the City: The Politics of Culture in Beijing*, 1770 - 1900, Stanford: Stanford University, 2012, p. 7.

[3] 同上。

同样地,当民族、阶级和性别差异交叉出现的时候,所谓压迫者与被压迫者的关系也变得更复杂和难以区分。而且,作者不论如何强调围绕民族、阶级和性别展开的抗争,她最终还得承认这些抗争的局限性。既定的民族、阶级和性别"意识形态和实践"终究没能被打破,而式微的晚清朝廷仍能有效地主导民族、阶级、性别"分别有序"的社会道统。比如,虽然当帝国的男性统治精英和他们的女眷以及扮演旦角的女性化的伶人(多为底层汉人年轻男性)三者同时出现在堂会时,集中突出了民族、阶级和性别的交叉竞争关系(女性基本上只会出现在庙会和堂会,戏园是男人的世界;而且不同于开放、嘈杂的庙会,堂会是相对封闭的空间,而且观众是有选择性的和同质的,即都为联系密切的上流社会,包括女眷),但是作者最终也只得承认这些令人不安的空间和场合都在"国家监管下";违反既定社会规范和角色安排的行为只是短暂的,而且只在国家的容忍或者允许之下发生。[1]

这也就意味着要围绕公共空间建立起明确的国家和社会的对立关系以及明显的"对抗政治"需要经过结构性思想和社会变革,而且这样根本性的转变需要新的历史社会条件的刺激和通过利用外来思想资源重新诠释既定的社会规范与实践来实现。换句话说,有关构建现代中国国家和社会关系以及公民政治议题需要在全球历史的语境下来讨论。Rebecca Karl 在其 Staging the World: Chinese Nationalism at the Turn of the Twentieth Century 一书中就论述过晚清对于世界其他民族和国家的认知是如何进入戏曲的创作和被搬上舞台用来构建中国的民族主义。[2]《戏曲与城市》一书虽然声明覆盖 1770 到 1900 年,但对于 19 世纪晚期的论述明显不足。对于世纪之交兴起的中国民族主义政治与戏曲的互动关系以及研究民国年间的印刷文化(报业)与新文学的"情"如何构建现代公共空间和普世意义的主体性的史学,[3]郭安瑞则认为"这种个人情感与公共呈现的有力结合不只是 20 世纪的中国才有的新的城市经验",早在清朝的"戏曲公共空间"里就

---

〔1〕 Andrea S. Goldman, *Opera and the City: The Politics of Culture in Beijing*, 1770 - 1900, p. 106.

〔2〕 Rebecca Karl, *Staging the World: Chinese Nationalism at the Turn of the Twentieth Century*, Durham: Duke University Press, 2002.

〔3〕 Goldman 主要是针对 Eugenia Lean 的 *Public Passions: The Trial of Shi Jianqiao and the Rise of Popular Sympathy in Republican China*, Berkeley: University of California Press, 2007 和 Haiyan Lee 的 *Revolution of the Heart: A Genealogy of Love in China*, 1900 - 1950, Stanford: Stanford University Press, 2007. 而言的。

已经有了同样的性与暴力的交融（"this same mix of sentimentality and sensationalism ... or more simply, the sex and violence"[1]），想当然地认为清朝就存在自足的公共空间和性别意识并且认为它们和晚清、民国时期建构起来的公共空间和性别意识是完全一致的，这就明显忽略了这中间发生的重要的政治化或者说启蒙过程。这是非历史的操作。正如我上文中所提到的，20世纪以前中国所谓的城市公共空间只是"类公共空间"，而要成为完全意义上的公共空间，仍有待于一个全球资本主义和殖民主义语境下的话语重塑和在地化过程。也就是说，所谓中国的城市公共空间带有强烈的殖民现代性特称。同理，"性"与"性别"也应该同样被历史化，而不只是简单地将其当作分析的工具；"性"与"性别"同样有它们的历史，而且在20世纪之初都经历过革命性的转变。事实上，19世纪末、20世纪初像是"国家""民族""社会""性别""阶级"以及"公"与"私"、"集体/群"与"个人"等基础性的概念都处在转型阶段。我们完全可以不带目的论或者决定论来分析这些概念和范畴之间的密切互动关系（相互构建或者排斥）。我个人的研究就旨在考察"女性"作为一个基础性的概念和"女性主义"作为一种实践理论在19世纪末、20世纪初的兴起以及她们与其他重要政治概念（如国家、法权和主权）和思想流派（如马克思主义与无政府主义）之间的相互构建与竞争关系。

我同意郭安瑞对于历史目的论的批评；或者说，我们可以把"历史目的论"本身作为一个对象将其语境化和历史化。我不能同意的是把一些重要的概念和范畴当作分析的工具或者用一个范畴来分析另外一个范畴而无视它们自身以及它们之间互动的历史。Goldman 事实上仍在重复甚至强化她所批判的目的论和欧洲中心主义。她分析的北京城里的"茶园"仍然是以伦敦和巴黎的咖啡馆为参照对象，但却只是一个类似而又不及后者的公共空间。归根到底，我认为郭安瑞对于套用哈贝马斯的历史社会学来分析中国历史"公共空间"的研究的批判不够彻底。问题的核心不在于回答"历史上的中国是否存在和欧洲一样的公共空间"；认为有某种客观存在本身就是本质主义在作祟，而郭安瑞并没有跳出这个问题所设定的话语框架（如前文所述，她还是认为明清时候的中国城市有类似欧洲的公共空间）。问题的关键在于围绕"公共空间"的讨论本身及其背后的意识形态：谁在谈论它，谁掌握了定义它的话语权，是什么历史和现实条件促成它会成为关注的

---

[1] Andrea S. Goldman, *Opera and the City: The Politics of Culture in Beijing*, 1770 - 1900, p. 8.

焦点。对我而言,"公共空间"的兴起和问题化才构成一个历史问题。

类似的问题我们可以在黄宗智和 Kenneth Pomeranz (彭穆然)关于是什么因素造成 1800 年前后英国与以中国江南为代表的世界其他区域的大分流(The Great Divergence)的大讨论中略窥一斑。在黄彭二人看来,非欧洲的其他地区虽在各方面能与欧洲相媲美(非洲大陆似乎并不在两位考虑的范围内),但仍由于其自身某种内在的不可抗逆的缺陷或者纯粹因为"不够走运"而落后于欧洲。同样地,他们二人引领的所谓区域经济比较研究重复和强化他们意图解构的欧洲中心主义,而且依旧隐含着很深的社会达尔文主义色彩。[1] 所以,问题不在于"为什么 1800 年前后中国江南的经济不能像英国一样突破发展的瓶颈而进入工业资本主义大生产的阶段",而在于"是什么样的历史条件让中国得以突破发展的瓶颈而过渡到资本主义的大生产阶段"。就郭安瑞的研究而言,与其问"中国历史上是否存在欧洲一样的公共空间",毋宁问"欧洲的公共空间是如何在中国实现的"。化用阿里夫·德里克(Arif Dirlik)批评后殖民主义背弃其激进的初衷和与新自由主义共谋的经典论点,去欧洲中心主义应该是批判地看待而不是刻意回避、弱化甚至抹去历史的欧洲(帝国主义、资本主义和殖民现代性)作为想象和建构现代中国

---

[1] 有关黄彭二人之间的论战,可参见:Philip C. C. Huang, "Development or Involution in Eighteenth-Century Britain and China? A Review of Kenneth Pomeranz's *The Great Divergence: China, Europe, and the Making of the Modern World Economy*", *Journal of Asian Studies*, Vol. 61, No. 2 (May 2002), pp. 501 - 538; Kenneth Pomeranz, "Beyond the East-West Binary: Resituating Development Paths in the Eighteenth-Century World", *Journal of Asian Studies*, Vol. 61, No. 2 (May 2002), pp. 539 - 590. 持续的论战可见: Philip C. C. Huang, "Further Thoughts on Eighteenth-Century Britain and China: Rejoinder to Pomeranz's Response to My Critique", *Journal of Asian Studies*, Vol. 62, No. 1 (Feb., 2003), pp. 157 - 167; Kenneth Pomeranz, "Facts are Stubborn Things: A Response to Philip Huang", *Journal of Asian Studies*, Vol. 62, No. 1 (Feb., 2003), pp. 167 - 181. 针对黄彭二人及其他区域经济比较历史研究的批评可见:Tani E. Barlow, "What Is a Poem? The Event of Women and the Modern Girl as Problems of Global or World History", in David Palumbo-Liu, Bruce Robbins & Nirvana Tanoukhi (eds.), *Immanuel Wallerstein and the Problem of the World: System, Scale and Culture*. Durham: Duke University Press, 2011, pp. 155 - 183; Rebecca Karl, *The Magic of Concepts: History and the Economic in Twentieth Century China*, Durham: Duke University Press, 2017.

民族国家和世界秩序的重要条件。[1] 讨论中国和讨论西方是同一个问题，或者说是同一个问题的两面。[2] 如果我们能接受现代欧洲或者西方自身文化和生活方式的建构与其殖民主义的知识生产和殖民地的政治经济生产方式有直接联系这样的观点，正如萨义德在《文化与帝国主义》和该文开篇中提到的陈利在《帝国眼中的中国法律》中所论述的，[3] 那么我们没有理由不能接受中国国家和社会是在世界历史的语境下和利用外来思想资源（包括西方关于的中国的东方主义史学[4]）建构起来的。

（作者系美国莱斯大学历史系博士生）

---

[1] Arif Dirlik, "The Postcoloial Aura: Third World Criticism in the Age of Global Capitalism", *Critical Inquiry*, Vol. 20, No. 2 (Winter, 1994), pp. 328 - 356; "How the Grinch Hijacked Radicalism: Further Thoughts on the Postcolonial", *Postcolonial Studies*, Vol. 2, No. 2 (1999), pp. 149 - 163.

[2] 我赞同台湾清华大学外文系于治中教授从认识论的角度论证"认识中国"和"认识西方"之间的同构性。用于教授的话说："中国不是西方人文社会学科的实验品，但也不是一个不证自明的单位。所谓'重新认识中国'，并不意味着完全拒绝西方，简单地回归传统，也不是在重回历史的口号下，将中国经典化、古典化，甚至去历史化或不自觉地再次东方化。而是必须在认识论上有清醒的认识，从这个高度重新接续中国之所以成为中国的同一性。'重新认识中国'应该是一个面向过去与走向未来的一个过程。所谓面向过去并不是走回从前，而是一种'从后思索'，使过去以及与过去相连的现在，按照'从后发生'的方式展现自身的意义与价值，或者按照马克思的话说，展现'客体的思维形式'。换言之，就是站在现在回望过去，使现在犹如过去的未来，同时也是将现在看作是一种过去，使未来成为引领现在的前提。因此'从后思索'是一个双向的运动过程，现在既是过去的未来，同时又是未来的过去，以这个既是过去又是未来的现在作为基点，重建过去，同时走向未来，使过去、现在以及未来，在'源流互质'的过程中，成为一个互联互通的有机连续体。"参见于治中：《重新认识中国/重新认识西方：一个认识论的考察》，见http: //wen. org. cn/modules/article/view. article. php/4270.

[3] Edward Said, *Culture and Imperialism*, New York: Vintage, 1993; Chen Li, *Chinese Law in Imperial Eyes*.

[4] Arif Dirlik 针对"China"这一概念在西方的中国学里的演变以及20世纪中国的政治和文化精英如何利用其来建构"中国/zhongguo"做过一番细致的知识考古。"Born in Translation: 'China' in the Making of 'Zhongguo'," *Boundary 2: An International Journal of Literature and Culture*, July 29, 2015, 见http: //boundary2. org/2015/07/29/born-in-translation-china-in-the-making-of-zhongguo/.

艺术演出与国家权力之间的互动：评

Andrea S. Goldman, *Opera and the City: The Politics of Culture in Beijing*, *1770 - 1900*, Stanford：Stanford University Press, 2012.[1]

张　禹

　　清代对于戏曲演出的矛盾态度众所周知,而自清中叶起逐步发展起来的京剧又可视为国家意志与社会关系之间不断摩擦碰撞的一个绝好例证。加州大学洛杉矶分校历史系郭安瑞教授(Andrea S. Goldman)的近作《戏曲与城市：北京的文化政治,1770—1900》以跨学科的开阔视野和严谨的写作风格阐明,自 1770 年前后四大徽班进京至清末京剧达到鼎盛的这一发展过程并非单一的直线式进程,而与持续变化的政治风向、社会价值和审美趣味不无关系。郭教授以清中叶至清末京城内的戏曲演出为契机,全景展示了京城内王公贵胄、文人雅士和普通民众交织而成的社会关系网。[2] 本书的重要性正如作者自己所指出的：“为进一步了解共享的、互为影响的、片断式的和互相竞争的理念价值如何塑造国家/社会关系打开了另一扇窗”(页 2)。

　　与其他有关中国戏曲的中文著作不同的是,本书并非固守京剧研究“历史综

---

　　〔1〕 该论文译自英文版：“Review of Andrea S. Goldman, *Opera and the City*：*The Politics of Culture in Beijing*, *1770 - 1900* (Stanford：Stanford University Press, 2012)”, *Intersections: Gender and Sexuality in Asia and the Pacific*, Issue 34 (July 2014).

　　〔2〕 郭安瑞教授认为“京剧”并非一个静态的概念。她在书中谨慎地采用了 Opera in Qing Beijing /Capital(清代京城中的戏曲)而非 Beijing Opera(京剧),指代清中叶至清末京城中演出的各类戏曲。笔者行文中亦将两者作了区分。

艺术演出与国家权力之间的互动：评 Andrea S. Goldman, *Opera and the City: The Politics of Culture in Beijing*, 1770–1900, Stanford: Stanford University Press, 2012.

述"或"艺术本位"，而是通过社会文化的宏观视角和对个别剧本的个案分析，探讨文化实践和社会影响之间的互动。近年有关中国戏曲的英文著作大都依附于流行文化理论，将重点放在地方戏曲上，着重研究于演出实践。[1] 郭则独树一帜，将戏曲与清代城市文化相结合，揭示出由资助人、票友、各种流言和互文剧本共同构造出的一个围绕着京剧的巨大网络，在这里戏曲与文化、社会权力、意识形态、社会价值、精英与平民时而对立时而统一的审美情趣之间生发出种种复杂微妙的关系。本书将我们长久以来对国家/社会之间摩擦互动、对社会批评空间的建构以及对情绪沉溺的理解纷纷推进了一层。

作者在序章中着重介绍了自己的研究方法，即综合考虑民族、阶级/社会阶层和性别在清代社会的复杂性，特别在分析京城中错综复杂的权力关系时注意到两性间的置换关系和紧张关系。性别范畴虽然已经在其他学术课题中得到广泛应用，但从性别角度切入，考察戏曲与和清代国家/社会话语的纠葛关系仍是首次。书中多次展示出京剧历史上因阶层和性别引发的矛盾冲突，以及这种矛盾冲突对社会秩序造成的潜在威胁。

全书主体由三部分构成，第一部分"观众与优伶"自成一章，题为"戏迷与花谱"，着眼于清代一种独特的文体"花谱"。顺治年间政令禁止京城内女性公开登场演剧，旦角则以相貌柔美的男性代替。花谱浓墨重彩地记录男旦的色艺，并为男旦排名。郭安瑞认为，与描摹妓女的"花榜"不同，"花谱"大多以各种古典文学意象强调男旦丰富细腻的感情，而不涉及色情。[2] 花谱作者常常是京城内的失意文人，对自身没落的社会身份和日益恶化的经济状况极其敏感，撰写花谱即是他们以丰富的文学典故和审美权威的姿态对日渐失落的物质享受和受人尊敬地位的某种补偿。

---

[1] 郭安瑞教授在尾注中列举了如下代表文章或书籍：Barbara E. Ward, "Regional Operas and Their Audiences: Evidence from Hong Kong"; Tanaka Issei, "The Social and Historical Context of Ming-Ch'ing Local Drama"; Johson, *Ritual Opera*；田仲一成，《中国祭祀演剧研究》; Qitao Guo, *Ritual Opera and Mercantile Lineage*; David Johnson, *Spectacle and Sacrifice*. 笔者再添 Jin Jiang, *Women Playing Men: Yue Opera and Social Change in Twentieth-Century Shanghai*、王安祈《性别、政治与京剧表演文化》。此外，郭英德《"中国趣味"与北美地区中国古典戏曲研究》一文亦可作为参考。

[2] 这一观点有待商榷，在最新出版的《京剧历史文献汇编》(凤凰出版社，2011 年)中，花谱文字不乏语涉狎邪，如《燕兰小谱》薛四儿、黑儿条；《消寒新咏·题李玉龄官》及《凤城品花记》《日下看花记》《听春新咏》等作品部分章节均对男旦的容貌体态表现出强烈的兴趣。

花谱文本传达的不仅是怀旧与伤感,还有对满清政权更迭、文化变迁的愤懑。来自江南的花谱作者们从昔日政治文化权力中心被放逐至边缘,只能自矜于长期文化熏陶下形成的精致雅趣。郭安瑞着重考察了花谱文本"含蓄""求淡"的情趣 —— 一种仅仅高雅文人才能够领会的审美趣味。花谱作者以此区别于粗鄙的所谓"老斗"—— 他们往往是大权在握的官员或财大气粗的富豪。事实上,无论"花谱"作者如何诗意地描绘男旦的容貌性情,郭一针见血地指出,从性别关系的角度来看,在和文人或富商的实际交往过程中,这些标致的梨园子弟在性关系和文化层面上均处于被剥削的地位。

全书第二部分"场地与流派"关注的是社会实践语境中的戏曲。第二章"都市戏曲、越界及国家"着重考察京剧在以下三个场地中的演出空间和社会关系:其一,是繁荣的"戏园文化",即在规范的商业场地的京剧演出得到默许,而观众基本是来源于社会各阶层的男性;其二,庙会演出,这里的观众结构更为丰富,包括部分下层妇女和付不出茶资的城市贫民;其三,堂会演出,自晚明以来的堂会传统使许多受到良好教育的妇女也成为戏迷。作者指出,虽然这三种演出场所各有不同,但唱念做打中"越界"的现象比比皆是。例如,公开的戏园演出将女性摈除在外,使诸角色有更大自由发挥的空间以满足男戏迷。庙会演出的观众里则同时包括女性和城市贫民,是为数不多的女性可以抛头露面的场合,朝廷对此总是颇为戒备。更值得注意的是,在堂会演出时,即使有女性家眷在场,一些打诨逗趣的色情场景也不会被追究。

这些场所不仅是演出和思想交流的场地,更是社会互动以建构情感和欲望的所在。作者认为,清代政府试图通过监管戏曲以加强满汉之分、男女之别,并借此巩固皇权。当戏院和庙会的演出涉及不端的品行或潜在的反满思潮时,政府就会以道德的借口加以干涉。但这种干涉常常仅以将妇女驱逐出观众席而告终,实际上纵容着男性的色情视角。

第三章"曲牌、等级和宫廷资助"则笔锋一转,研究一个长期无人关注的问题,即国家政权如何影响戏曲的创作和演出。作者以戏曲为文化场域,阐述了自康熙末年起,满清皇室贵族和汉族精英文人、资深票友如何争相在此施展其文化影响力,而乾隆皇帝和慈禧太后对京剧的长期喜爱更形成了宫廷资助的两个高峰。朝廷主动表明了自己对于京剧的态度,即偏好曲调更为端庄、精淳雅正的昆曲"雅部",并批评风情旖旎的"花部"为低俗,从而试图赶在文人雅士之前引领京城民众的欣赏趣味。皇室贵族和多数汉族精英文人纷纷追捧所谓"六大班",对从服饰到艺术演出与国家权力之间的互动：评 Andrea S. Goldman，*Opera and the City: The Politics of Culture in Beijing*，*1770 - 1900*，Stanford: Stanford University Press，2012.

曲调都充满了挑逗的秦腔乱弹深感不安，虽然后者更受到平民的喜爱。这样至少在表面上，满清皇族和京城文人在文化风俗的引导规范方面的口味是一致的。对皇权有利的一面是，文人雅士提出的审美规范，仍需得到朝廷的提倡乃至批准执行，才可能变为现实。

另一方面，作者注意到戏曲的多样性和灵活性，"雅部"与"花部"在演出时并非截然对立的两种艺术形式。在抑花扬雅的影响下，京城中的秦腔演员们很快洗心革面，摇身一变跻身徽班之列，发展出京剧"皮黄"曲调。国家权力和市场需求最终共同塑造着戏曲的发展模式，除非受到皇权庇护或遭遇太平天国离乱，各流派的演员们其实一直在微调自己的表演以进一步取悦上层观众、迎合演出市场。

全书第三部分"剧本与演出"则以个案研究的方式探讨案头场上的演化分别，展示了作者炉火纯青的文本分析功力。第四章"社会悲喜剧与政治讽喻中的性别"探幽索微地考察了晚明以来的剧目《翡翠园》。这一剧本在清代实际商业演出中常由原来剧本的二十六出缩减为八至十二出不等，但作为社会讽刺剧目，《翡翠园》的男性中心主义的英雄叙事延续了自晚明以来对年轻女性和大众作为"纯真"代表的浪漫主义想象。作者分析道：易装的男旦在场上扮演勇敢无私的年轻女子为正义受难，既为戏迷提供一个发泄不满和追求社会正义的空间，同时也充满了性的诱惑，满足看客潜在的色情心理。《翡翠园》表演中既有情感上的，也有身体上的性别越界，这一娱乐最终以社会批评的高调姿态呈现给观众。就某种程度来说，戏曲演出的商业性不仅没有消解传统道德，反而进一步增强了说教。

笔者认为第五章《嫂子我叙事中的性别与暴力》代表了作者分析写作水平的高峰。这类由水浒故事衍生而来的剧目因旦角登场伊始自称"嫂子我"而得名，往往带有打斗场面，描写如何通过暴力惩罚作奸犯科的女性重整社会秩序。郭安瑞条分缕析地考察了三出水浒戏《水浒记》《义侠记》和《翠屏山》的来龙去脉，重点展示了在清代"教化"大背景下，剧本和舞台改编如何以性别训谕改造社会价值、为满清政权服务。在早期的昆剧版本中，这三出戏均塑造了不近女色、禁欲主义的男性英雄形象。譬如徐子昌(1578—1623)的《水浒记》中，正义英雄宋江并非憎恶所有女性，只是阎婆惜一人；沈璟(1553—1610)《义侠记》全力塑造武松的英雄形象，对潘金莲只做轻描淡写；另一出剧目《翠屏山》中的喋血只为修复受辱的自尊。随着时代推移，叙事重心由不伦之情逐渐转至暴力惩戒。在清代舞台表演实践中，演员常常会为了迎合戏迷的趣味而对人物性格作出调整，其中的分寸尤其微妙：一方面正义必须得到伸张，另一方面大众也期待着看到充满性挑逗和诱惑的场景,这对演员提出了相当高的情绪捏拿的要求,在情与色之间取得平衡。

作者明确指出,这类衍生于水浒故事,充满色情戏谑的"嫂子我"戏目往往不登大雅之堂,英雄好汉被逼上梁山结局更带有一定政治颠覆性。朝廷对此采取疏导的措施,在扶植的同时调整了"嫂子我"戏目,使观众的注意力集中到对女性违反礼教的暴力惩罚手段上。作者借鉴苏成捷(Matthew Sommer)和戴真兰(Janet Theiss)对雍正皇帝和乾隆皇帝的研究,指出在基于大众同情心和社会不满情绪之上的性别越界作品中,暴力惩戒代表了社会权威力量对违反社会常规的态度。以默许、纵容对女性的暴力为代价支持正统道德、国家权力和精英特权。

结论部分在国家权力和商业兴趣互动之间探索了京城商业剧目演出的局限性。作者认为,当舞台演出中的性别/阶层对社会秩序造成潜在威胁时,戏曲商业运作的本质使之尽量在朝廷与平民的兴趣之间保持平衡。对于国家意识形态来说,伶人并非可靠的合作者,因为他们必须保持自己的市场竞争力。最后,作者分析了在太平天国战乱和列强入侵的背景下,清末戏曲中的英雄形象如何重新号召起民众的凝聚力并提出,从这一角度出发,京剧事实上预先揭示了现代中国的爱国主义道德。

这部著作是郭安瑞教授历时多年研究的结晶,对于戏曲术语的英文翻译准确典雅,文字生动。譬如在概括戏曲与权力的辩证关系时作者写道:"戏曲有颠覆社会等级的力量:戏曲可以令权势显赫的人对身份低下却柔弱迷人的男旦流露出脆弱的一面;戏曲可以插科打诨,尽情取笑社会规矩与文化秩序;戏曲也有强硬的一面,在国家机器的指挥下成为教化的工具。戏曲像是文化强力胶,使京城里不同性别、阶层和民族的观众共享同一种文化。"(页13—14)郭教授不仅论述精彩、深入细微,更挑战了对于清代戏曲的固有看法并提出独到的见解,略举如下:其一,作者纠正了哈贝马斯"公共空间"理论在中国语境的滥用及误用。文中展示京城的戏园实际介于公共空间与私人地带之间,尽管是各种意识形态竞争、冲突和争论的论坛,却也是私密感情与个体情绪互相影响的场域;另一方面,戏园在清代中晚期作为主要演出场所,将妇女与城市贫民摈除在外,并非是完全的"公共空间"。

其次,作者对于京城戏曲的讨论并未局限在京城,而拓展至京城之外,进一步探查作为政治中心的京城与作为文化中心的江南的关系:太平天国战乱不但使源自江南的昆曲最终失去了与京剧相抗衡的地位,连江南文化中心的地位也拱手相让给京城;而因缘际会,逃难至上海的江南士绅受到京派文化的影响又转为迷恋京剧。又如在讨论京剧的观众构成时,作者特别将清代中期京城茶园内的旦角与戏迷构成与清代晚期上海戏院中旦角与戏迷构成相比较，从另一角度观照了世纪之交京沪两地文化异同。

再次，通过强调伤感与煽情的重要性，作者将公共空间与私人情绪并列起来讨论京剧的形成，别出心裁地探讨这一段历史情绪化和非理性的一面。在此之前，林郁沁（Eugenia Lean）和李海燕（Haiyan Lee）分别探讨了感伤和煽情如何成为民国时期相当一部分市民的审美期许，本书则将私人情感与公众趣味的纠葛追溯至清代。[1] 例如在讨论《翡翠园》时，作者认为自晚明以来的"情教"（the cult of *qing*）主题并未从清代的公共话语中消失，反而以一种改头换面的方式表现出来，清代戏曲对于完美女性的追求实际来源于晚明时盛行的以女性和平民代表纯真性情的惯用手法。在讨论"嫂子我"剧目时，作者也指出了这是晚明情教面对清代国家权力高压的一种反应和变通，其在清代儒教回归和权力高压之下仍然活跃于公众思维之中。

其四，作者拒绝人云亦云，不同意简单附和京剧中的易装表演"对社会等级产生威胁"或"挑战既有性别关系"这种缺乏深入考察的说法，提出在某些情况下，男旦的演出恰恰强化了性别等级。"老斗"的征歌狎伶正是建立在权力与财富基础上的男性优越感的集中体现。另一方面，通过对"嫂子我"剧目和实际演出的考察，作者亦尖锐提示出京城戏迷实际对以妖魔化女性的手段进行道德说教的剧目趋之若鹜。

本书亦令当代读者重新思考文本与历史的关系。在如何运用史料作为佐证方面，作者查阅了大量内涵丰富、体例各异的京剧文献，正如读者从本书丰富的参考书目中看到的，作者旁征博引大量长期被忽视的文献资料，包括小说、花谱、旅行日志、剧本、日记、笔记、杂志报章、京剧曲目、地方志等等，立论扎实严谨。然而作者对文本的运用并不简单流于罗列堆砌，而是深入文本的历史性。在对"花谱"的讨论中，郭提出了"内检"（looking inward）、"外视"（looking outward）和"反思"（looking backward）三个方向（页23—24）。"外视"即将"花谱"置于京剧在城市演出的实际语境中考察，而"内检"探讨在"花谱"作者和读者群体中的共同性，"反思"则回顾文本中的文学传统并探讨如何以"传统"的名义正大光明地谱写当下品

---

[1] Eugenia Lean, *Public Passions: the Trial of Shi Jianqiao and the Rise of Popular Sympathy in Republican China*, Berkeley: University of California Press, 2007; Haiyan Lee, *Revolution of the Heart: A Genealogy of Love in China, 1900 – 1950*, Stanford: Stanford University Press, 2007.

评男旦这一略嫌轻佻的话题。另外,作者对于剧本个案的详细考察也引用了文学评论中的"情教"概念,对文本微妙之处的敏锐体验丰富了这一文化史的讨论。

如前所述,作者立足于戏曲艺术,而关注点本不在京剧渊源流变而是探讨围绕京城戏曲演出的权力与社会网络。若略为梳理这一剧种的发展脉络,则能锦上添花。值得注意的是,作者基于西方史论、跳出传统学术窠臼的大视角在具体审视中国语境时也并非十全十美。作为中国读者,不得不思考的一个问题是基于近现代西方社会的"阶级/阶层、族裔与性别"基本方法论在何种程度上适用于18世纪末以及19世纪的清代中国? 另外,与作者批评的"公共空间"概念密切相关的是,为了说明戏曲表演的商业化运作而提及的"大都市"(Metropolitans)概念 (详见第二章)是否完全精确。1770—1900年间的京城尽管是"首善之都",却与近现代"大都市"在各方面都差距显著,需要在具体语境中进一步定义。如此种种,似乎总有理论框架先行的痕迹。

另有一些小论点论证得不够充分。除前所述"花谱"中的色情隐喻之外,例如第五章作者提及"嫂子我"剧目有益于清代的"小农化"计划 (页235),但本书的主要语境是18世纪末以及19世纪京城这一商业贸易繁荣又是国家权力集中的地点,清代疆域广大,因此京剧与"小农化"关系意义极其模糊;此外在论证戏曲影响下的情教与社会舆论关系时,晚清四大奇案之一的杨月楼案亦是极好佐证,可惜未见提及。

瑕不掩瑜,郭安瑞教授这部令人瞩目、细致入微的作品在中西语境对照下对清代京剧的概念和实际演出的研究上极富启发意义,令人重新检视长期以来对京沪之间文化中心和重心交流转换的讨论,重新发现对于现当代读者而言已经陌生的明清易代之际对传统的传承。全书插图精美、体例完备,除了英文学术出版物惯例的中英文名称对照表之外,正文之前列有明清帝王年代以方便英文读者对照中西纪元;附录中列有戏曲术语解释并整理《翡翠园》各版本目录和珍本、抄本的"嫂子我"剧目列表。这些看似简单的工作实际为京剧艺术史、剧本发展的进一步研究铺平了道路。《戏曲与城市》一书出版后不久即于2014年获美国亚洲研究协会(Association for Asian Studies)颁发的列文森图书奖(Joseph Levenson Prize, pre‐1900)。总而言之,这部博大精深的作品必将推动对戏曲史、城市文化、性别研究等领域内相关课题、理论及方法论的深化研究。

(作者系美国马里兰洛约拉大学现代语言文学系助理教授)

汉族"同化力"的思想史研究：评

Julia C. Schneider, *Nation and Ethnicity: Chinese Discussions on History, Historiography, and Nationalism (1900s–1920s)*, Leiden：Brill，2017.

伍 国

Julia C. Schneider 的《民族与族性：中国人在二十世纪初期对历史、史学和民族主义的讨论》是中国民族主义和民族主义史学研究领域的一本及时而重要的新著。目前，中国国内的少数民族问题日渐成为学界的关注热点，自 20 世纪 50 年代以来实施的少数民族政策也面临一些新的问题和可能的调整。事实上，20 世纪中国的历史具有相当强的连续性，特别是在持续地进行民族建构，以回应外国侵略和旧秩序崩溃的背景下。国共两党在民族问题上的思想，其实都可以上溯到晚清学人和思想家章太炎、梁启超、刘师培等人那里。因此，研究上述这些人的民族思想，厘清他们如何解析纷繁复杂的现代中国民族问题：中国作为多民族国家的特性，汉族和其他民族的关系，以及汉族在新的现代民族国家中的地位，并使其概念化，成为十分有意义的研究。

此书对清末民初一系列思想家和历史学家在政论和史学著作中对上述问题的概念分析进行了精审和细致的研究，主要由两部分组成：一是晚清，二是民国初年。在第一部分中，作者重点分析三位思想界领军人物——章太炎、梁启超、刘师培——相互关联、重叠，而又彼此矛盾的民族思想。第二部分继续讨论已经得到巩固的共识的 20 世纪中国民族思想，主要关注的是在两位史学大师——柳诒徵和吕思勉史著中体现的民族意识。

在长达 64 页，几乎可以独立成篇的长篇导论中，Schneider 提出了两个重要的论题：关于"非汉民族"(non-Chinese people)的话语构建和由梁启超提出的"中华民族同化力"理论。著者在引论中认为,19世纪末的中国政治思想家致力于构建一个"新的、非帝制的中国民族国家"(页7)但认定这个新的民族国家必须置于清王朝的领土疆域之内。面对清帝国已经在政治上整合了汉、满、蒙、回、藏诸民族的事实,梁启超提出了汉民族具有强大的同化力这一命题,认为汉族可以凭借这一强大的同化力逐步转化非汉民族,从而实现未来中华民族的文化整合及同一性。引论中广泛地引述了西方民族主义理论家,如勒南(Ernest Renan)、盖尔纳(Ernest Gellner)、霍布斯鲍姆(Eric Hobsbawm)、史密斯(Anthony Smith)和安德森(Benedict Anderson)的理论著述,也使用和近代中国民族形成更有相关性的学者如James Townsend、James Leibold 和杜赞奇(Prasenjit Duara)的有关论述。在本书作者看来,上述这些学者基本在中国民族问题上达成了一致意见: 近代中国民族主义观念和对待非汉民族的态度植根于"更早的,民族主义之前的观念和概念系统"(页31)。这里,作者以德语词汇 *Sonderweg* 来描述一种中国的与众不同的,以前现代的族群—民族为基础形塑民族意识的独特道路。著者指出,晚清中国思想家面临的一大问题是如何把非汉民族有效地整合进中国这个民族国家之中,以及如何"否定这些民族自身对成为民族国家的诉求"(页49)。作者在这里再次强调对汉族"同化力"的自信在中国民族主义思想家那里的重要性。

在接下来的三章中,每一章集中研究一位思想家。作者指出梁启超是在1903年左右提出了汉族的同化力这一理论,并且不认为清帝国疆域内的少数民族有建立自己的民族国家的意愿和能力。在重写中国历史的时候,梁启超构建了汉族被蒙元和满清征服之后,反过来从文化上征服和转化这些军事征服者的叙事。对梁启超来说,中国的大一统是一个由自然地势和清王朝的领土边界所规定的无可置疑的信条。

与梁启超相比,第二章中讨论的章太炎是一个更为激进的,以推翻满清统治为目标的革命家。作者讨论了章太炎的汉学根基和古文经学倾向,认为章太炎的学术训练对其反满的汉民族主义思想有很大的影响,而梁启超的今文经学思想则和更为包容的民族意识有关。章太炎认为,由于迥异的文化传统,满人和汉人并不属于同一种群,但另一方面,章太炎所构想的"中华民国"仍然是包容各种非汉民族的。尽管章太炎并不赞同梁启超关于清代政治疆域天然合法的论点,他却和梁启超一样完全相信汉民族的文化同化力。作者认为,章太炎对汉民族文化的自信部分来源于当时盛行的进化论,而另一个来源则是传统儒家文化中的夷夏之辨。另一方面,尽管章太炎是一个地道的(汉)民族主义者,他对于把非汉民族融合到中华民国中的构想也源于防止帝国主义侵犯中国领土的现实政治的忧虑。

汉族"同化力"的思想史研究：评 Julia C. Schneider, *Nation and Ethnicity: Chinese Discussions on History, Historiography, and Nationalism (1900s–1920s)*, Leiden: Brill, 2017.

本书的第三章检视刘师培坚定的汉族中心思想。作者认为，刘师培希望把非汉民族从中国历史叙事中排斥出去。在刘师培的中国史论述中，他以西方的文明史编纂路径为依据，把非汉民族的历史一笔抹杀。和梁启超一样，刘师培也把非汉民族视为蛮夷，而刘则更进一步，把排外心理转化为对中国内部非汉民族的排斥，希望在政治上建立一个纯粹汉族的中国。与此同时，刘师培强调历史上汉族"由于其优越性对非汉民族产生的影响"（页 241）。然而，刘师培并不认为在他所处的时代可以看到汉族对其他民族的同化。

民国初年的中国史学开始出现更为西化的历史分期法，但仍然面临如何把非汉民族的历史纳入中国历史的宏大叙事中的问题。在本书的第二部分，Schneider 论述历史学家柳诒徵如何按照汉族和非汉族群之间的互动关系编写中国历史。这种方式被傅斯年所借用，因为傅斯年也同样注重汉族相对于非汉民族的盛衰历史。民国初年，梁启超仍然活跃在政界和学术界，他把中国历史描述为一个持续同化的过程。Schneider 在这里表达了对中国民族主义知识分子的批评：他们"忽视了非汉的'他者'的情感"（页 304），不论他们是采取更为包容还是更为排斥的态度和策略。最后，在结论部分，作者把中国民族主义思想家和史学家针对非汉民族的话语构建归结于萨义德（Edward Said）所说的"东方主义"。

总体上看，在中国近现代民族主义思想和民族主义史学兴起这一个论域中，Schneider 的著作是一本深入和引人思考的学界最新研究成果。它将让读者思考清末民初学者的理论探索是否持续地影响后来的民族观。然而，我认为这里有一些问题是值得进一步商榷的。首先，西方学者在英文中把中国、中国人和汉族，一概翻译和表述成 China 及 Chinese 的倾向不利于问题在语义层面的澄清。"中国"这个词本身意涵的开放和包容性和"汉族"，"汉人"的相对明确和窄化的族群意义在英文中被混同起来，造成很大的理解障碍和交流困境（笔者在 2015 年和汪荣祖教授面谈的时候，汪教授就曾强调说美国学者没有准确理解"Chinese"这个概念）。事实上，英文中笼统的概念"non-Chinese"在涉及中外文化交流的时候，可以指印度文化和欧洲文化，但在指涉国内的苗、瑶民族的时候，应该以"non-Han"，而不是"non-Chinese"来表述更为准确。一概使用"non-Chinese"是以现代西方学术话语在概念上抹杀汉和非汉同属"Chinese"这一事实。这一点，我们可以看看柳诒徵在《中国文化史》绪论中的说法："今之中国……其族之最大者，世称汉族"，以及"汉、唐而降，虽常有异族入主之时，然以今日五族共和言之，则女真，蒙古，满洲诸族，皆吾中国之人"。假如按照上述笼统英译，柳诒徵对"中国"和"汉族"和其他

"诸族"的概念区分和统御将无法分别找到准确的英文对应。

另外，著者在翻译"中华民国"的时候，可能是刻意地避免使用"Republic of China"这一标准的英文称谓，而使用自造的"Republic of Zhonghua"。这样的英译同样抹杀了"China"在近代已经具有的文化、政治和疆域三重内涵，也会让不知道"Zhonghua"的意义的西方读者困惑。此外，整部书给读者一种强烈的印象，即近现代中国有影响的学者都是毫无疑问的种族论者和汉文化同化力的坚定支持者。然而，著者所完全没有论及的一位同时期重要学者陈寅恪在论及隋唐制度的时候，已经反复提到胡人的汉化和汉人的胡化是两个同时发生和进行的文化过程；同样，作者所论及的吕思勉在自己的读史札记中也毫不讳言汉人的少数民族化。我认为，西方学者在研究和论述近现代中国学术话语的时候，不应该轻易否定近现代中国学者的专业素养和科学精神，一概把他们想象成一些被特定意识形态驱动的宣传家或者政治工具，至少应该注意到这些学者在一些公开的、带有宣传教育性质的言论中表述的观点常常是有异于他们在一些更为私人或学术性的文字中表达的观点。

最后，著者对中文资料的解读也存在一定问题。她认为，"尽管柳诒徵在《中国文化史》中包括了非汉地域，在文化和历史意义上，他是把他们排斥在外的"（页334）。事实上，柳诒徵在同一书中讨论过苗民以契刻之文作为记事和交易工具的情形，及其和上古仓颉造字前的象形符号使用同出一源。认为柳氏完全不考虑非汉民族文化因素是偏颇的，更不用说 20 世纪初年专门分别从事过《中国民族史》的专题著述了。假如进一步深入研究章太炎的思想，那么，在章太炎坚定的反帝国主义、反殖民主义、反强权的思想中，以及他的佛教平等观和文化相对主义框架内，是否还一直存在一个与之矛盾的汉族文化对非汉族文化的单向同化主张，也将是一个新的问题。

其实，上述所论的全部学人都出身于中国东部，特别是汉文化人文底蕴丰厚的江浙一带，其活动地区也基本限于京沪一线和江南一带，和居于中国地理边缘地带的少数民族本身就缺乏亲身的接触和体验，就全面了解"何为中国"来说，这可以说是一个不得不察的在个人经验和认知上的缺陷。但如果说到汉族学者在话语构建过程中是否过于汉族中心，或多或少忽略了少数民族的情感，我想，西方学者也常常有意无意地忽略了（汉族）中国学者自 19 世纪末期以来身处的民族危机背景，以及他们对建构和保全整个"中华民族"的强烈情感诉求，而过度地把自己当成了"少数民族"的代言人。

（作者系美国阿勒格尼学院历史系副教授）

性别化的"公众同情"：
评林郁沁《施剑翘复仇案：
民国时期公众同情的兴起与影响》

王　燕

　　林郁沁(Eugenia Lean)的《施剑翘复仇案：民国时期公众同情的兴起与影响》(*The Trail of Shi Jianqiao and the Rise of Popular Sympathy in Republican China*)英文版出版于 2007 年,当年即获得了美国历史学会授予的年度费正清奖。[1] 林结合了"新文化史"的"情感的文化史"分析方式,把 1935 年孙传芳在天津居士林佛堂被施剑翘刺杀的轰动事件引向了对更深层次的社会集体情感的探讨。对围绕刺孙以及后来特赦施剑翘这一事件而产生的政治的、精英的、大众的、性别的权力博弈有极为精辟的叙述。以下我主要通过集体情感、性别归属和政治权谋来评论林著。

　　林著最重要的一个概念就是"popular sympathy",中文被译成"公共同情"。在她的题目中,她还使用了另一个类似的词组"public passion"。相比较前者,"passion"强调的不仅仅是一种温和的同情心,更是一种强烈的呼之欲出的情感,并暗含了一种控制欲望。不过,这两个词组中同时强调的一点,就是"公众""大众",即为强烈的同情心加上了一个集体的前缀。一旦牵涉到作为集体的"公众""大众",林著要面对的问题就复杂起来。首先就是"公众"的定义和属性。林力图把自己谈论的"公众""大众"与哈贝马斯著名的"公共领域"里的"公众"区别开来。

---

〔1〕　本书于 2011 年被翻译成中文,此篇评论引用的文本页都来自翻译后的中文版本。见(美)林郁沁著,陈湘静译：《施剑翘复仇案：民国时期公众同情的兴起与影响》,江苏人民出版社,2011 年。

哈贝马斯谈论的"公众"是欧洲现代城市里作为实体出现的有理性的男性公民,属于私人领域和国家政权之间的一个独有的层次。而林的集体情感的主体则是一群"城市大众",她称之为"urban crowd"(第8页),他们由想象的、非实体的人群组成。这个边界模糊的,不停流动的"城市大众"靠着观看和体验成为一种都市规范性的力量。林指出,她所使用的"观看"即本雅明提出的对现代城市文明保持距离的"游荡着"的观看行为,在这本书中,城市大众通过观看城市里报道孙传芳被刺的大量近代媒体和表演刺孙行为的戏剧演出,以及阅读近代小说而自动成为"公众"。同时,林强调"体验",即她论著的重点,城市大众通过以上观看行为受到情绪的影响,因而感同身受地产生了同情情绪并将之表达出来,只有经历这一"体验",城市大众才能成为林著所特指的有强烈情感倾向的"公众"。

通过定义她所探讨的"公众"属性,林似乎已经清晰地把自己的"公众"置于理性和精英的对立面。由于现代社会把"情感"和"理智"进行了二元对立,林所探讨的有强烈情感倾向的"公众"看起来已经非常清晰地与理性划清了界线,而精英作为"大众"的对立面,一直被认为是理性的代言人,不仅20世纪30年代中国的城市精英们自己这么认为,80年代对大众文化的学术研究也有类似倾向,认为"大众文化"和"精英文化"对立,缺乏理性。[1]因此,林的"公众"似乎也和精英们产生了清晰的隔阂。但是,林强调这样的二元对立给我们对"公众"的理解带来了误读。理性和情感并不总是互相排斥,情感性的"公众"也拥有了大量的理性因素。在她看来,公众对施剑翘的同情绝不会因为其强烈的情感倾向而丧失合理性,也不会因此而丢失其微妙的批判性和参与政治的可能性。虽然她承认这样的"公众情感"往往没有保障,而且容易被媒体和政权操控,但是在一个威权政治——国民党的规训统治——不能有效地渗透进城市社会的情况下,通过现代媒体的呼唤和影响,"公众同情"形成了势不可挡的规训力量,隐含着对政府行为和军阀政治的批判,将自己的道德和利益表达出来。正如她所说,这样的情感力量往往比西方的理性沟通方式更有效,这在她所举的徐道邻的例子里可见一斑。徐道邻与施剑翘为父复仇的心理一样,但他采取了更为理性的方式——诉诸法律,可是他的官司很快败诉,尽管他也渲染了他父亲的品德,但显而易见,他的官司的轰动程度远低于"刺杀"带来的轰动效应,所获得的"公众同情"也远远达不到公众对施

---

[1] 传统政治史向社会史转变的过程中,大众文化研究成为社会史的一个重要方面,其原因就在于把大众文化和精英文化作对立的比较。

的同情程度。公众也无法从这个官司里表达他们对另一军阀冯玉祥的态度。也就是说，一个看似理性的手段反而使得合理的公众批判无法得以表达。

林著对"情感"和"理性"的结合极大地启发了我们对中国现代公众参与的理解。我们不用再想方设法套用哈贝马斯的"公共领域"，寻找它在中国社会的蛛丝马迹。相反，对植根于中国社会本土现象的重新反思，有助于理解中国公众特有的"参与性"和"批判性"。

但是，林著第三章里谈到的精英对"公众情感"的贬低和畏惧，其实无形中又将她自己模糊掉的情感/理性、公众/精英二元对立重新清晰化了。"公众"和"精英"的概念虽然曾经被对立起来，但学者们早已经认识到其边界是模糊不清的。阅读"刺孙"小说、欣赏"刺孙"新剧的"公众"有可能和在报纸上发文反对"私人复仇"的所谓精英有相当的交集。与此同时，充分利用"公众同情"替施剑翘做激情辩护的著名律师本人不仅是精英的一分子，而且还是崇尚法律程序的一分子。林很难定义"精英"，因而把他们笼统地归入左翼作家、法治提倡者和评论家的类别(第87页)。林的"精英"其实也是一个想象的群体，同"公众"一样，存在着流动性和模糊性。她无非是想表达一部分城市知识分子对"公众情感"的批判，可是由于另一些城市知识分子未必对此抱有不满，笼统地使用"精英"一词而不加甄别，无疑加强了精英/大众、情感/理性的对立。因此，她大可不必把她笔下的"精英"看作一个实体，完全可以把观点的认同看作"精英"的标准，否则很难解释那些精英女性评论家为何推崇施剑翘，认为施代表了古典的美德和勇敢的牺牲精神(第110页)。

林郁沁眼中的"精英"还有一个特点，即精英坚决反对过度的"情"(第87、108页)。笔者认为，这个界定比简单的"精英"实体界定要有效地多，它非常明确地定义了她要讨论的那群反对公众情感的知识分子，从观念认同上很容易就可以把他们与其他知识分子或者文化精英区分开来。

林著在分析这群反对"公众情感"的"精英"言论时，着重强调了他们评论中一个极为独特的性别视角，那就是——公众同情是一种女性化的情感。林因此提出了一个以往研究从来没有思考过的问题，即公众情感、公众文化是有性别的，民国公众情感的性别是女性，因为在现代性的想象中，情感和女性紧密相连，女性即情感，男性即理智。再往深处思索，公众情感的主体——城市大众，也是女性。这并不是说城市大众的每一个个体都是女性，也有相当一部分是男性，但是作为承载着强烈情感的主体，整个城市大众已经成了不理智的女性化的群体。林郁沁发现民国这群反对"情"的精英极力突出候在法庭外边支持施剑翘、参与请愿为施剑翘说情乃至消费众多"刺孙"小说和戏剧的城市大众都是妇女。林巧妙地分析了这种对公众的性别划分如何造成了反对"情"的精英们巨大的心理优势、话语优势。女性化的、次等的公众情感和公众文化在国家现代化和国家法制化的理性进程中起到了阻碍作用,在反对"情"的精英们看来,这就是中国摆脱不了贫弱的根源。

林郁沁的性别分析非常有效地连接了纵横两个方向的性别史研究。纵的方向表现在她把这种性别的现代区分与晚清史中的性别研究挂钩了。女性和女性化的事物都成了中国现代化过程和民族国家进程中的伤心之源。不少学者指出晚清现代化思想中每每提及中国的贫弱,女性总是罪魁之一;民国城市妇女的强烈的消费能力和意愿也是中国内耗及贫弱的原因;[1]妓女的存在更是中国现代化目标的绊脚石。[2]横的方向表现在同一时期对城市大众和大众文化的研究,这些研究日渐清晰地指明了民国的城市大众文化的性别。姜进的越剧史专著 *Women Playing Men* 把都市文化称为"言情"的女性文化,生产、消费、支撑这一文化的人群多为妇女;[3]Nicole Huang 关于日据时期上海大众文化的研究也发现了一个以私人的、女性的、闺房似的文学创作和文化消费现象。[4]应当说,民国时期城市大众形象和大众文化的女性化倾向已经获得了一定的共识。

不过,林郁沁的性别分析方法并不仅仅限于对公众情感和文化的探讨,她还充分地分析了施剑翘本人的女性身份给这桩轰动一时的刺杀案带来的影响。她运用"剧场"理论,把施剑翘的自首情节以及法庭激情表现看作一种表演,一种能充分调动舆论和新闻导向的姿态。她把施剑翘和中国正义力量的化身——侠,尤其是女侠相提并论,显示出施暴者的女性身份给她带来的益处,施正是通过明显性别化的表演而提高了她的主观能动性,提高了她掌控媒体和舆论导向的能力。可以说,林的性别分析不仅揭示了反对"情"的精英如何利用性别权力的不平等话语来贬低抵制"公众情感"对司法审判的影响,也揭示了性别的差异如何被有效利用来获得自己的利益。

---

〔1〕 Karl Gerth, *China Made: Consumer Culture and the Creation of the Nation*. Harvard: Harvard University Asian Center, 2004.

〔2〕 Gail Hershatter, *Dangerous Pleasures: Prostitution and Modernity in Twentieth-Century Shanghai*, Berkeley: University of California Press, 1997.

〔3〕 Jin Jiang, *Women Playing Men: Yue Opera and Social Change in Twentieth-Century Shanghai*, Seattle: University of Washington Press, 2009.

〔4〕 Nicole Huang, *Women*, *War*, *Domesticity: Shanghai Literature and Popular Culture of the 1940s*, Leiden Brill Academic Publisher, 2005.

但是，公众情感真的在这件离奇的案件中起到了实际的影响么？换句话说，公众情感真的迫使政府干预司法并最终对施剑翘采取了特赦么？要回答这个问题，还是必须回到政治的层面来考量。

林对政治权谋的关注使得她的文章超越了新文化史受人诟病的缺陷：对政治史的无视。她仔细挖掘了军阀冯玉祥在这件案子中的幕后作用，他为特赦施剑翘在幕后的游说工作，与蒋介石当面的会谈，与司法院长等人的联系(第188页)等等，其动机是为了展示他个人的爱国主义，以便在蒋介石的抗日声誉日渐下降之时拥有能与蒋分庭抗礼的资本。冯玉祥的个人企图和政治权谋在施剑翘一案中的重要性也得到了施本人的认可，她承认，正是冯的大力斡旋才很大程度上促成了对她的特赦。

言及至此，不禁要问，既然冯的政治游说很大程度上是施剑翘特赦的原因，那么林著对公众同情所拥有的舆论力量、政治力量是否有相当的夸大呢？各种请愿市民团体的规范力量以及他们所代表的公众道德情感力量在多大程度上促成了对施剑翘的特赦呢？蒋介石本人在这件案件中的态度和影响也许由于档案的缺乏而无从考证，但是有没有可能政府特赦令最后能够颁布，正是基于蒋介石对冯玉祥势力的顾忌，因而顺水推舟，借着公众情感之名，做个顺手人情？政治和文化的力量博弈到底如何，在林著中似乎过于强调了后者，只把政治层面的原因简而化之。总是令人觉得美玉微瑕，意犹未尽。

林著另外一个令人费解的地方就是她对地缘网络、乡谊绝口不提。顾德曼早在 1995 年出版她那本《家乡、城市和国家：上海的地缘网络与认可，1853—1937》(Native Place, *City, and Nation*: *Regional Networks and Identities in Shanghai*, *1853—1937*)时，就已经说明，中国近代的大城市里，地缘网络起着实际作用。旅居者与各自地缘网络的联系是他们获得资源、解决纠纷、安身立命的重要资本。同乡组织也是在城市里产生并建构起来的，与政府既互相渗透又谈判协调。而且，顾德曼发现，这样的地缘网络并没有因为阶级意识和劳动分工的细化而削弱，也没有因为全市级别的现代机构的出现而消失，相反，这样的网络的实际作用一直存在，有关同乡的观念直至 1930 年代仍然是都市生活中"有实际效力的原则"[1]。虽然顾德曼的研究对象是上海，但她探讨的绝不仅仅是上海一个近

---

〔1〕 (美)顾德曼著，宋钻友译：《家乡、城市和国家：上海的地缘网络与认可，1853—1937》，上海古籍出版社，2004 年，第 25 页。

代城市的情况。依地缘而组织的旅居者现象在近现代中国的许多城市都大量存在。天津作为近代一个重要的大型城市,旅居者和同乡组织不在少数,同乡观念也很盛行。例如,林著的两位主角都不是天津人:孙传芳是山东人,而施剑翘则是安徽人。虽然在上海,安徽同乡会的势力相对浙江同乡会较弱,但1930年代,安徽同乡会还是成功地联合安徽当地民众,把安徽当地官员的腐败行为公之于众,起到了监督作用。[1] 贺萧关于天津工人的研究也指出,工人的亲属关系对他们至关重要。[2] 很难想象,在天津没有安徽的同乡组织,或者说安徽的同乡组织对施剑翘一案的发展完全没有影响。在向政府请愿的过程中,地缘组织有没有起到一定的作用。如果说,地缘组织在这个案件的发展中并没有重大影响,那林郁沁也应当剖析其原因,而不是不闻不问,把近代都市里的这个重要组织置之不顾。

(作者系华东师范大学历史系讲师)

---

〔1〕 (美)顾德曼著,宋钻友译:《家乡、城市和国家:上海的地缘网络与认可,1853—1937》,第207页。

〔2〕 Gail Hershatter, *The Workers of Tianjin, 1900 - 1949*, Stanford: Stanford University Press, 1986, p. 7.

● 文章评论

唐传奇与唐宋城市
革命研究的几点思考[1]

赵　橙

　　20 世纪初,日本学者内藤湖南通过观览中国历史全局、着重剖析唐代与宋代的差异,提出了"唐宋变革"这一假说。[2] 其后的一个世纪里,作为一种范式,该学说持续为后人研究和诠释中国历史的发展脉络提供了丰富启示,不断推动学人进一步探讨唐宋时期及宋元以来的一系列历史变革。如,加藤繁在其论著中对唐宋时期坊市制度的崩溃、草市的发展、商业组织"行"等问题均作了开拓性的研究。[3] 尔后,斯波义信在此基础上进一步深入探讨近世中国城市变革的实质,对唐宋之际市场转型、商业发展潮流等问题提出了诸多精到的见解。[4] 与此同时,西方汉学界对"唐宋变革"论也予以了颇多回应,其中尤以伊懋可(Mark Elvin)、施坚雅(G. W. Skinner)二人最具建树。伊懋可在 *The Pattern of the Chinese Past* 一书中指出中世纪的中国城市出现了一场全方位、多领域的"经济革命"(The

---

　　〔1〕　评: Linda Rui Feng, "Chang'an and Narratives of Experience in Tang Tales", *Harvard Journal of Asiatic Studies*, Vol. 71, No. 1 (Jun. , 2011), pp. 35–68.
　　〔2〕　(日)内藤湖南:《概括的唐宋时代观》,刘俊文主编:《日本学者研究中国史论著选译》第一卷,中华书局,1992 年,第 10—18 页。
　　〔3〕　参见(日)加藤繁著,吴杰译:《中国经济史考证》第一卷,商务印书馆,1959 年。
　　〔4〕　参见(日)斯波义信著,方健、何忠礼译:《宋代江南经济史研究》,江苏人民出版社,2000 年;(日)斯波义信著,庄景辉译:《宋代商业史》,稻乡出版社,1997 年。

Medieval Economic Revolution)。[1] 稍后,施坚雅以中心地学说(Central Place Theory)为基本理论框架,开展中国城市史和以中心城市为核心的区域经济史研究,并进而提出"中世纪城市革命"(The Medieval Urban Revolution)的概念,在学界具有广泛影响力。[2] 另外,如芮沃寿(Arthur F. Wright)、王才强(Heng Chye Kiang)、妹尾达彦、荣新江等诸多史家亦在此研究领域用力甚深,成果颇丰。正是循着这一学术脉络,Linda Rui Feng 的"Chang'an and Narratives of Experience in Tang Tales"一文以其独到的认识与前贤时彦展开对话,经由唐传奇小说对长安城的象征意涵、文化符号进行了深度地挖掘与阐发。该文无论是在内容上对"唐宋变革"论的补充,还是在方法论上的纠偏,均具有重要的示范与启迪意义。

如所周知,自20世纪70年代以来,空间的"社会转向"在学界逐渐引起广泛关注。受此影响,历史学界对城市空间的考察也已不再囿于地理空间的范畴,诸如政治空间、文化空间、社会空间、公共空间等概念,正日益成为当前学人所普遍热议的对象。譬如,中国学者宁欣便将城市空间析分为三个层面:其一是地域空间,包括城市区划、城市布局、城市建筑等;其二是社会与政治空间,包括居民结构、社会结构、社会流动、城市管理等;其三是精神空间,包括城市文化、城市社会心理等。[3] Feng 在其文章中虽未严格区分出不同层次的城市空间意涵,但事实上对上述概念多有所涉及。笔者以下就物理空间与社会空间两方面概述氏文之贡献。

在物理空间层面,作者以《李娃传》为例,试析唐宋变革之际长安城内宵禁制度与坊市制度的崩溃。一方面,Feng 敏锐地注意到李娃与其鸨母抛弃郑生的过程,并予之合理化的阐述:身为本地人的李娃通过来回地迁居换房以及利用宵禁制度的漏洞,成功使自己与同伙隐没在长安城的茫茫人海中;而身为外乡人的郑生,他对长安城的陌生、包括他对宵禁制度的不熟悉,都使他无法追赶上李娃消失的步伐——此处唐代后期宵禁制度的松动不仅为城市人口流动与犯罪创作了可能,也为传奇故事中两人的分别提供了一个真实可感的时空环境。另一方面,作者又围绕郑生与李娃初次相遇的经历,论述唐代后期长安城的空间结构。其时,

---

[1] Mark Elvin, *The Pattern of the Chinese Past*, Stanford: Stanford University Press, 1973.

[2] (美)施坚雅:《中华帝国的城市发展》,(美)施坚雅主编,叶光庭等译:《中华帝国晚期的城市》,中华书局,2000年。

[3] 宁欣、陈涛:《唐宋城市社会变革研究的缘起与历程》,李华瑞主编:《"唐宋变革"论的由来与发展》,天津古籍出版社,2010年,第330页。

大街小巷的交通网络正逐步形成,坊内众多的小巷不再相互隔离而直通街衢,旧有的、封闭式的街坊布局被打破。[1] 倘若我们将叙述视角转移至举子身上,那么不同于制度规划初期"棋盘式"的刻板印象,举子们置身于曲曲折折的街巷与小径中,时而倍觉新奇,时而又深感迷茫。他们眼中的唐代长安城是生动鲜活而立体的,即便是读者也会跟随他们一起迷失在街头巷尾,迷失在繁华而陌生的都市景象中。

至于社会空间层面,Feng 提出长安城是文人举子们积累声望的平台,诸如白居易、陈子昂等文士均是在这一场域中博得名声,并获得精英与公众的认可,而这又反过来大大增加了他们在科考中中榜的概率。事实上,有唐一代,在公众视线中对关注度、认可度的竞争与在科举考场上对分数的竞争同样激烈,成为制度化的科举体系之外另一种表现形式。譬如,皇甫湜、牛僧孺、孙棨、李文远等纷纷将造访题写在门楣上,薛涛将自己睹物所感题写在崇真观南楼的一侧,而新科进士则将金榜题名写在慈恩雁塔前。这里,门已不只是私人住所的一部分,道观、寺庙也不只是宗教场所,[2] 它们都成为长安城市民文化、公共空间的有机组成部分,成为供人观仰、创作、闲谈的文化景观。[3] 更有甚者,连妓女的身体也成为举子们文斗的舞台:如王垂休不仅将诗作题写在妓女的大腿上,此种带有情色意味的举动还使得其与该名妓女双双名噪一时。[4] 正是基于此,如何利用上述这些公共舞台以展现自己的文学才华成为由举子身份转变为士人身份的一大关键,亦成为科举文士们在长安城的共同经历。当然,唐传奇所赋予的长安城意象并不局限于是举子们仕途的起点,同时也是充满诱惑与危险的风月之所、堕落之地。小说中有关举子们情感经历的描写往往与他们追逐仕途的梦想形影相随。[5] 如前揭

---

[1] 有关唐代后期坊市制度的破坏、侵街现象的出现,可参见李孝聪:《唐代城市的形态与地域结构——以坊市制的演变为线索》,李孝聪主编:《唐代地域结构与运作空间》,上海辞书出版社,2003 年,第 248—306 页。

[2] 有关寺观作为公共空间的种种表现,可参见荣新江《从王宅到寺观:唐代长安公共空间的扩大与社会变迁》一文,《隋唐长安:性别、记忆及其他》,复旦大学出版社,2010 年,第 68—88 页。

[3] 另外,宁欣还经由对长安街衢的考察提出街亦是城市公共空间的构成之一,具有流动性、延伸性、开放性等特点,特别是在舆论的制造、信息的传播等方面起着不容小觑的社会功用。参见宁欣:《街:城市社会的舞台——以唐长安城为中心》,《文史哲》2006 年第 4 期。

[4] 郑志敏:《细说唐妓》,文津出版社,1997 年,第 206 页。

[5] 张同利:《长安与唐五代小说研究》,人民出版社,2015 年,第 335 页。

文,一个初出茅庐的举子初次踏入喧嚣繁盛的都城,那份生疏感、新鲜感夹杂着科考的压力,很容易使人堕入情网以找寻精神的慰藉,而这又涉及城市空间的第三个层面,即精神空间。因 Feng 在文中未有明确论述,故在此不赘言。

值得一提的还有作者在行文中对史料的深刻反思,中文系的专业背景使得 Feng 对唐传奇、唐诗等在史家看来的边缘性史料运用自如。以《李娃传》为例,如前所述,其故事情节的开展充分利用了唐代后期长安城的街巷与社会网络,由此不难窥见其时公共空间的扩大以及科举文化的繁荣、庶民文化的勃兴。无独有偶,日本学者妹尾达彦亦通过考察《李娃传》探析长安城中科举、市场、行旅、殡葬等问题,对城市空间结构及其内部的地域分化都有详尽的论述,[1]与 Feng 文有着异曲同工之妙。笔者以为,此二文最重要的示范作用即在于启迪后学,如果能对唐传奇中所出现的长安街景进行在地化地历史分析,那么我们不仅能够更加深刻地理解故事情节之展开,还能为我们了解唐代中后期长安城的空间结构、社会及文化面貌提供新的可能。另外,唐传奇中还很好地保留了那些在正史中被刻意遮蔽掉的、但却真实存在的历史记忆。譬如两《唐书》中对缙绅士僚的记载往往仅始于他们的为官经历,而更早之前他们的求学与科考经历则在唐传奇小说中被记录下来。也正是由于传奇小说所要展现的不是官僚体系中的一分子,而是在进入官僚体系之前士人/举子所拥有的城市生活,故而我们可以从中一窥他们早年步入长安城时的新鲜、惶恐、陌生,乃至放纵与沉沦。这些经历无疑可以超越时空获得人性的共鸣,使得原本略显干瘪的历史人物形象渐趋真实而丰满。

与此同时,Feng 在行文过程中也时刻怀揣着一份对于史料研读的警惕,反思文本"能指"与"所指"之间的差异性。氏文从书写史的角度出发,探讨唐宋之际《李娃传》的版本演变与流传问题。借用杜德桥(Glen Dudbridge)的观点,作者认为唐宋时期对《李娃传》的不同演绎恰恰反映的是其时所经历的社会变革以及时人对这一变革的感知。换言之,正是由于对唐人来说再熟悉不过的宵禁制度对后人来说已然陌生,在唐代还不甚普遍的人口流动在后世已不再新奇,因此为使受众更好地理解故事本身、吸引读者兴趣,无论是宋人编纂的《太平广记》,还是稍后杂剧、南戏以及明人冯梦龙笔下的版本,均对李娃通过来回迁居抛弃郑生的情节

---

[1] (日)妹尾达彦著,宋金文译:《唐代后期的长安与传奇小说——以〈李娃传〉的分析为中心》,刘俊文主编:《日本中青年学者论中国史》六朝隋唐卷,上海古籍出版社,1995 年,第509—553 页。

做了简化甚至删改处理。但问题是如果坊市制度在唐后期已经遭到了破坏,那么白居易《登观音台望城》中的"百千家似围棋局,十二街如种菜畦"两句又该作何理解呢? 此处,Feng 联系该诗的创作背景,从地理位置与书写者心境两个层面予以合理解释。其一,此处的白居易是从长安城以南的终南山上登极远眺,所见的街景面貌当然与置身其中的郑生近观所见不同。其二,此时的白居易在遭遇贬谪流寓的辛酸苦楚后重新回到长安城,他的心境固然不同于初来乍到的举子郑生,其内心对重返中枢的渴望深深地投射到其所见的长安城市形象上,而整齐划一的城市格局正是王朝秩序与帝王权威的象征。诚如林晓洁在《中唐文人官员的长安印象及其塑造》一文中所写:"长安作为都城,与中唐文人官员的政治志向联系在一起,并成为影响他们长安印象的重要因素。"[1]因此白诗中所描绘的规整如棋盘式的长安,与其说是长安城的实态,不如说是白氏心中长安城应然的模样。这种紧扣文本但又不拘泥于文本的治学思路可谓大大拓宽了学人的视域,引领我们思索城市与人、地理空间与人文空间之间的互动性、共生性。

不过,氏文亦存在着一些微瑕之处。例如,对城市空间的概念不甚明晰,故而文中关于精神空间的关照较为欠缺。再如作者过分关注《李娃传》中某些符号性的象征意象,而忽视了一些结构性的变迁,如唐代后期房屋租赁业的发达、城市人口流动性的增强、公众集会的流行、举子/士人以及市民的身份认同等等。这些问题仍留有许多可供深入探究的余地,有待后人在此基础上做进一步考究。最后值得商榷的是,仅以长安城的变化来考察唐宋城市变革是否具有可行性,是否存在以偏概全的嫌疑? 首先,如所周知,作为都城的长安,其在政权鼎革之初为显示其正统性、合法性进行了新的设计与规划,故其具有严密整齐的坊市格局是题中应有之义。相比之下,唐代其他地方性城市是否也具备如此规整的空间布局值得怀疑。其次,根据施坚雅的分析,中世纪的城市革命并没有在中国的所有地区或大部分地区同时发生,长江中下游地区在南宋时期所达到的商业化水平,在其他大部分中心地区要迟至明清时期才达到。[2]换言之,我们不应将考察的视野局限于长安、洛阳或者开封、杭州等都城,而是需要一方面将眼光向下,客观地讨论其他地方性城市中各个要素的变化,检视唐宋之际地方性城市到底发生了哪些变

〔1〕 林晓洁:《中唐文人官员的"长安印象"及其塑造——以元白刘柳为中心》,荣新江主编:《唐研究》第 15 卷,北京大学出版社,2009 年,第 267—360 页。

〔2〕 (美)施坚雅:《中华帝国的城市发展》,(美)施坚雅主编,叶光庭等译:《中华帝国晚期的城市》,第 27 页。

化,这些变化是否称得上变革;另一方面将视线拉长,将研究时段扩展至整个历史时期,在对各个要素进行考量的基础上综合分析中国古代城市的变化,最终确定是否存在"城市革命"一说,"革命"的发生时间又究竟在何时。[1]

从物理空间到社会空间,再到对以往有关唐代长安城的错误认知的历史学思考,Feng 的"Chang'an and Narratives of Experience in Tang Tales"一文无疑给我们带来了诸多深刻的启发。唐宋城市史研究本应兼具"纵向的宏观性"与"横向的多面性",[2]但遗憾的是,以往学界多聚焦在纵向的探讨上。所幸 Linda 此文成功跳脱了这一局限性,兼及两者。通过白行简的《李娃传》与白居易的《登观音台望城》比较分析,我们可以看到长安城在不同人眼中的诸多面相,并由此进一步追问产生不同面相的原因,这抑或是今后史家治学的新方向。

(作者系香港浸会大学历史系 2018 级博士研究生)

---

〔1〕 事实上,如成一农等学者已经对唐宋时期是否存在"城市变革"这一命题提出质疑。参见成一农:《"中世纪"城市革命的再思考》,《清华大学学报》2007 年第 2 期。

〔2〕 宁欣、陈涛:《唐宋城市社会变革研究的缘起与历程》,第 294 页。

用性别"解构"族群？

——评欧立德《满族寡妇和清代中国的族群性》[1]

王子恺

20世纪下半叶,随着新的社会思潮的出现,学术研究也发生了巨大的转向。在历史学领域,启蒙运动以来"大写历史"及其历史哲学的元叙事都遭到了怀疑,否定"大写历史",就是要将历史的分散性和多样性展现出来,把过去为"大写历史"所忽视的"他者",作为历史研究的主体。在这里,女权主义之于妇女史研究的新进展、后殖民主义之于西方中心史观的瓦解,都和"后现代主义思潮"有密切的联系。[2] 在中国语境下,这些"后现代主义"的历史研究很容易被打上"解构主义"的标签,而目前流行的西方学术理论,往往是用这样的方法来对民族、性别等社会身份进行研究。作为美国"新清史"的领军人物,欧立德在《满族寡妇和清代中国的族群性》(下简称《满族寡妇》)一文中在寡妇这一群体身上,展示了他对清帝国族群政治的分析和认识,同时因为他选择的这一群体,使得这篇文章和他的其他作品不太相同,而进入了性别史的论域,贡献了"新清史"以外的更多话题,提出性别史和性别视角下的族群认同等问题上的独特思考。

"新清史"被认为以反对"汉化论"的姿态而出现,起于罗友枝在1996年发表

〔1〕 Mark C. Elliott. "Manchu Widows and Ethnicity in Qing China." *Comparative Studies in Society and History*, Vol. 41, No. 1 (1999): 33 - 71.

〔2〕 参见王晴佳、古伟瀛著:《后现代与历史学——中西比较》,山东大学出版社,2003年,第59—66页。

的《再观清代》的演说,他强调不能把清朝的成功完全归功于"汉化"。[1] 欧立德在这篇文章中也是首先对传统观点表示商榷,他指出过去学者们认为清朝统治者对寡妇的旌表反映了他们对儒家伦理的拥护,但是欧立德认为这并不是故事的全部,作为"阿尔泰学派"的旗手,他揭示了满族殉死寡妇的文化起源和儒家的贞节观念并不相关,只是清朝入关以后,守节寡妇才逐渐取代殉死寡妇成为朝廷旌表的主流,由此他进一步研究守节观念能够在满人中深入传播的原因,并且讨论了满人女性在清朝"族群政治(ethnic politics)"中的地位。最后,欧立德在结论里从更普遍的意义上分析了女性在族群建构过程中的一般作用。[2]

《满族寡妇》一文很大程度上体现了"新清史"的观点和方法论,至少在欧立德看来,"新清史"的共同点在于全球化的视角、满洲因素的重要性和非汉族群的语言文献。[3]《满族寡妇》在追溯满族殉死寡妇的文化起源时,欧立德发现满语使用的词汇非常简单,实际意思是"从死(following in death)",而汉语中的"殉"带有"为……而死"的含义,尽管"殉"在汉语中最初的含义和满语比较一致,但用"殉"的概念描述陪葬的满族女性,定宜庄认为可能是"由汉人或者接受汉族影响的满人加上去的"。此外,满族殉死寡妇在清代前期的普遍存在,还和满人的主奴观念及关于死后世界的宗教观念有联系,而儒家所称的"殉节"强调背后的道德操守,至少在形式上是表现为自愿的,定宜庄指出这是满族的殉死风俗和儒家的殉节伦理之间的主要区别。[4] 这可以说是"新清史"重视满文和内亚因素的一个具体案例。

在研究满族寡妇的过程中,欧立德时刻注意清朝统治中"族群政治(ethnic politics)"的因素,他强调清朝长期处于维持作为征服者的满洲集团的特殊身份和统治广大地域里占绝对多数的汉人的矛盾之中,这种"合法性焦虑"和对汉人、汉文化的暧昧态度,始终是清朝皇帝心中挥之不去的阴影,欧立德在《满族寡妇》一文中两次引述到孔飞力对乾隆这种微妙心态的分析。近年来关于"新清史"的争

〔1〕 Evelyn S. Rawski, "Reenvisioning the Qing: The significance of the Qing Period in Chinese History", *The Journal of Asian Studies*, Vol. 55, No. 4 (Nov., 1996), pp. 829 - 850.

〔2〕 Mark C. Elliott, "Manchu Widows and Ethnicity in Qing China", pp. 33 - 71.

〔3〕 定宜庄、(美)欧立德:《21世纪如何书写中国历史:新清史研究的影响与回应》,彭卫主编:《历史学评论》,社会科学文献出版社,2013 年,第 124—125 页。

〔4〕 Mark C. Elliott, "Manchu Widows and Ethnicity in Qing China", pp. 42 - 54;定宜庄:《满族的妇女生活与婚姻制度研究》,北京大学出版社,1999 年,第 119—120 页。

论有意无意忽略了这一重要的学术渊源,米华健早在《嘉峪关外》一书中就提出"新清史"的三个源头是地域分区研究、内亚问题的凸显和18世纪政治史研究的推进,尤其在最后一点上,他举白彬菊、孔飞力和詹姆斯·波拉切克的作品为例,"这些著作都认为清朝国内政治竞争的情况大概是(不完全是)满、汉民族分离的结果",因而提出了族群关系在清代政治中的影响。[1] 孔飞力在他的《叫魂》中对乾隆皇帝做了精彩的分析:"满清统治者所使用的语言,既表现了大一统帝国宽广的普世主义,也反映了他们作为少数种族的狭隘的防卫心理。""在弘历看来,南方是汉族官僚文化的罪恶渊薮:腐败顽固,朋党比奸,懦弱虚伪。强健的旗人可能会陷入江南的魔咒;弘历会用最严厉的语言斥责受到江南文化蛊惑的满洲官员。""术士们窃取人们的灵魂,腐败的汉文化则窃取满洲的品德,哪一种危险对他来说更为真实呢?"[2] 在欧立德看来,维持满洲身份的特殊是清朝"族群区隔政策"的重要内容,而八旗为之提供了组织和制度的保障,[3] 他选择满族寡妇这个群体,正可以进一步观察满洲的族群建构过程中女性扮演的角色。

更进一步,欧立德比较了前现代时期殖民帝国中殖民者和土著人之间的两性关系,这可以说正是把清朝置于世界历史和比较帝国史研究的视角下。他发现,殖民者和被殖民者之间的通婚模糊了种族边界,是造成所谓"帝国的紧张"(tension of empire)的根源之一。[4] 清朝禁止满汉通婚的规定和西方殖民者在殖民地的政策非常类似,具体说来,清廷允许旗人娶民女为妻,而禁止旗女嫁与民人,旗人纳民女为妾的现象,也和西方殖民者与殖民地妇女"同居(concubines or "companions")"的情况颇有可比较之处。[5] 可以看到,对婚姻的管制是在多民族社会中实行"族群区隔"的重要手段,而对女性的管制尤其严格,在性别上体现为一种双重标准。欧立德还观察到,乾隆对寡妇守节的鼓励和重视国语骑射的

---

〔1〕 (美)米华健著,贾建飞译:《嘉峪关外:1759—1864年新疆的经济、民族和清帝国》,《清史译文新编》第九辑,网络电子本,第17—19页。参见(美)欧立德:《满文档案与新清史》,《故宫学术季刊》(台湾)第24卷第2期,2006年。

〔2〕 (美)孔飞力著,陈兼、刘昶译:《叫魂:1768年中国妖术大恐慌》,生活·读书·新知三联书店、上海三联书店,2012年,第75、281页。

〔3〕 Mark C. Elliott, *The Manchu Way: The Eight Banners and Ethnic Identity in Late Imperial China*, Stanford: Stanford University Press, 2001, pp. 347 - 348.

〔4〕 Mark C. Elliott, "Manchu Widows and Ethnicity in Qing China", p. 69.

〔5〕 Mark C. Elliott, "Manchu Widows and Ethnicity in Qing China", pp. 69 - 70;参见定宜庄:《满族的妇女生活与婚姻制度研究》,第331—348、354—356页。

"满洲之道(the Manchu way)"也构成了一种双重标准,用以维持满洲族群认同的"满洲特性(Manchuness)"并不包括对旗人女性的要求,而旌表荣誉则主要是对旗人寡妇的表彰,很少授予鳏夫和孝子。欧立德在这里发现男性和女性的族群边界是不一致的,[1]这就进入到性别史关注和思考的议题了。

实际上,如本文开篇所述,近来"新清史"的兴起和性别史的研究,在思想上有比较一致的地方,这不是"解构主义"或"后现代主义"这样简单的标签所能说明的,而有着基于学术理路的深刻演进。"新清史"每自言以满人为历史主体,常常为人误解,定宜庄和欧立德对此有一个很好的解释,赘引如下:

> 我们可以用社会性别(gender)的研究来做例子。社会性别当今在西方已经成为一个独立的研究领域。当这些社会性别的研究者将视野投射到对中国历史的研究时,已经不再将那时候的妇女仅仅看作是被压迫的被动的群体,而是脱离开以往男女二元对立的思维模式,转向对社会性别的关注。他们强调妇女在历史上的重要性,强调女性并不完全是被动的、受男人压迫的一方,而是与男人一样的历史主体。乃至于他们提出"赋历史以性别"的倡议。总之,将妇女的历史、将社会性别研究纳入研究范畴,并不意味着否认男人在历史上的主体性。新清史提出将满洲人作为历史主体,恰恰与"赋历史以性别"的诉求相合。[2]

这正可以用来说明西方当代历史学演变的一条学术理路。欧立德在《满族寡妇》一文中不仅演示了"新清史"的方法,而且敏锐地以满族寡妇这一特殊群体为切入点,对清朝族群问题发表了新的看法,这一论域属于性别和族群两个范畴的交汇。满洲族群的形成与发展是清史研究中的一个关键问题,而性别视角可以在这一问题上提出一些新的思路,欧立德在该文中引性别史的问题来重新思考满洲族群和清朝政治,理解了其中的学理也就无需视之为标新立异。

从性别的角度出发观察族群边界和族群的建构过程,确实展现出了一幅更为生动有趣的历史图景。清朝皇帝非常重视保持满洲传统,三令五申强调国语骑射

---

〔1〕 Mark C. Elliott, "Manchu Widows and Ethnicity in Qing China", p. 69.

〔2〕 定宜庄、(美)欧立德:《21世纪如何书写中国历史:新清史研究的影响与回应》,第130页。

的重要性,康熙皇帝就时时担忧"诚恐满洲武备渐驰",告诫八旗子弟"娴习骑射","满洲若废此业,即成汉人,此岂为国家计久远者哉?"〔1〕不过这些命令非常明显地针对八旗中的男性。有论者指出,清廷在区别满汉时,不仅强调满洲文化的特性,而且对汉文化进行了选择和改造,借助传统儒学中"文质之辨"的语境,建构出满人"质"的优异和汉人"文"的弊病,〔2〕于是满洲的军事技能和较低的文明程度,转而成为坚韧、力量、勇敢、强健以及战士的机敏等美德,乾隆皇帝有时会称之为"男性美德(即满文 hahai erdemu)",和汉人男性的柔弱形象形成鲜明对比。〔3〕朝鲜使节也观察到了这些现象,康熙时期来朝的金昌业写道:"清人……为人少文,少文故淳实者多,汉人反是,南方人尤轻薄狡诈。""北学派"的先驱洪大容在与满人交流时被告知"皇上令专习弓马及蒙汉语,无暇读书"时,他却道:"此真好汉勾当,寻章摘句济得甚事?"〔4〕但是用"男性美德"区分满汉并促进满洲族群认同的这一方法,并不见于满人女性身上,甚至相反,朝廷旌表寡妇的行为会加速满人女性接受儒家伦理而导致的涵化,应该说朝廷并不担心满人女性的涵化,这在一定程度上说明满洲族性的建构主要是以男性为基础的。不过清代族群和性别的关系带给我们的启发应不止于此,进一步或许我们可以认为,清代的满汉关系存在一种竞争,满洲统治者需要展示"他们其实能比汉人更好地统治中国,也特别有资格将儒家的道德箴言融入帝国的统治之中。满清朝廷因而需要两个展现言辞的舞台,一个用于表现政权的普遍性,另一个则用于捍卫政权的种族特性"〔5〕,基于性别的视角可以发现,满人男性和汉人男性的竞争展现了满洲(男性)美德的优越性,满人女性和汉人女性的竞争则展现了清朝继承儒家普世主义的文化立场。

不过女性在族群建构过程中的意义还有更值得关注之处。欧立德发现尽管不存在"满洲女性之道",但满人和汉人女性在婚姻制度和服饰、是否缠足等文化特点上仍然有明显的区别。〔6〕与之形成一个颇可玩味的对比是,清初激烈的"剃发易服"政策使得汉人男性不得不剃去传统的头发,穿上清朝的衣装,反而是汉人

〔1〕 《康熙起居注》第二册,中华书局,1984 年,第 1639 页。

〔2〕 参见杨念群:《何处是"江南"——清朝正统观的确立和士林精神的变异》,生活·读书·新知三联书店,2010 年,第 192—200 页。

〔3〕 (美)欧立德著,青石译:《乾隆帝》,社会科学文献出版社,2014 年,第 94 页。

〔4〕 金昌业:《老稼斋燕行日记(一)》,第 40 页;洪大容:《湛轩燕记(一)》,第 83 页。分别收入《韩国汉文燕行文献选编》,复旦大学出版社,2011 年,第九、十八册。

〔5〕 (美)孔飞力著,陈兼、刘昶译:《叫魂:1768 年中国妖术大恐慌》,第 75 页。

〔6〕 Mark C. Elliott, "Manchu Widows and Ethnicity in Qing China", pp. 65 - 66.

女性的服饰基本沿袭明制,这一点也很为朝鲜使者们注意,并且和所谓"男降女不降"的说法构成一种历史记忆,可能在满清统治者看来,女性的服饰并不构成反抗的族群象征。[1] 女性保持本民族文化传统,尤其是服饰等明显的外在文化特征,这种现象不仅是在清代,而且在不同历史时期乃至现当代社会都有体现。王明珂在一次讲座中提到,近代日本在建构自己的国族话语时,一方面宣扬"脱亚入欧",男人们纷纷穿上了西装,另一方面,女性在很长时间里仍然穿着象征日本民族特色的和服,这样的观察来自王明珂在羌族地区进行田野调查时,他注意到经常外出打工的羌族男性看起来和汉族几乎没有差别,因为过于表露自己的身份可能不利于他们融入外界的环境,而生活在村寨里的羌族女性平日里都会穿戴各具特色的服饰,使自己很容易和邻近村寨妇女区别开来。[2] 一些从事当代少数民族田野调查的学者发现这样的现象具有更为普遍的社会意义,少数民族中广泛出现的男性改装而背离传统民族服饰,女性则保留传统的民族服饰而且被要求这么做,族群认同实践通过男女性别表现出的差异,是政治、经济等领域中不平等的性别权力关系所造成。[3] 实际上,和阶级等大部分现代社会身份一样,族群的定义也主要是由男性权力建构的,但这不意味着不同历史时期出现的族群和性别的不对称是同一种或几种机制造成的。族群建构受到历史环境中具体的政治、经济等要素的推动,这些现象还需要深入地研究和诠释,在这个过程中,女性的角色有待更具体的考察。

族群建构过程中女性的作用,还有一个重要表现就是婚姻制度。女性的生育在一个族群的延续中占有重要地位,因此控制女性的婚姻和生育是保持族群边界的重要手段,《满族寡妇》一文比较了西方殖民者和八旗社会中女性比男性更受到严格的管制,一个可能的结论是,族群身份更容易受到女性和异族结婚的威胁,而不受男性和异族结婚的威胁,[4] 这种性的控制更具有普遍意义的社会文化命题,因为是女性而不是男性与族群的"纯洁性"形成联系。我们可以发现,这种认为女

---

〔1〕 葛兆光:《想象异域:读李朝朝鲜汉文燕行文献札记》,中华书局,2014 年,第 158—160 页。

〔2〕《讲座丨王明珂:如何练就火眼金睛洞察"社会本相"》,澎湃新闻网私家历史栏目,2016 年 3 月 20 日,http://www.thepaper.cn/newsDetail_forward_1446002,2017 年 6 月 26 日。

〔3〕 参见沈梅梅:《族群认同:男性客位化与女性主位化——关于当代中国族群认同的社会性别思考》,《民族研究》2004 年第 5 期。

〔4〕 Mark C. Elliott, "Manchu Widows and Ethnicity in Qing China", p. 70.

性带有"不洁"的观念,在不同时期和不同社会中都存在,女性被视作挑战家族或族群边界的潜在威胁,女性的性吸引力也可能直接为本族群带来"污染",使女人普遍蒙上"不洁"之名的,主要是以男性为主体的"我族"认同,一种强调血统和道德洁净的人群区分。[1] 因此欧立德特别指出,乾隆时期提倡的寡妇守节不仅是儒家伦理规范的胜利,也是控制满人族群再生产的一个手段。[2] 最后,尽管欧立德的这篇文章把性别史和清代族群关系的研究结合起来,提出了很多值得探究的问题,但正如他自己所说,这篇文章并没有为讨论寡妇自身的情感层面留下空间,当然这也和史料的性质及文章的主题本身有关。对于女性在族群建构过程中的作用这样一个重要问题,这篇1999年文章也只是做了社会政治经济层面的结构性分析,展现了社会性别视角下族群历史的一个新面向,而这个新面向还需要更多的细节来填充和丰富,确实这篇文章只是起点,远远不是结论。

（作者系华东师范大学思勉人文高等研究院2016级硕士研究生）

---

〔1〕 参见王明珂:《羌在汉藏之间》,中华书局,2008年,第102—103页。

〔2〕 Mark C. Elliott, "Manchu Widows and Ethnicity in Qing China", p. 71.

《性别宅邸的隐忧》及其学术借鉴[1]

蔡乐昶

　　2012 年美国亚洲研究学会年会上,贺萧教授作为年度主席作了题为"Disquiet in the House of Gender"(性别宅邸内的隐忧)的讲演,随后发表于当年的《亚洲研究学刊》[2]。文章讲述了三个发生于 1949 年后中国大陆的"故事",强调在地化研究的重要性,对性别研究提出新的展望。

　　第一个"故事"的主角是陕西妇女张朝凤。1960 年,她和丈夫在生育问题上发生分歧。她随后选择去往县城,通过司法途径办理离婚。这个故事看似普通,实则呈现出多个有异于宏大叙事的面向:其一,作为一个童养媳,她与本该作为"压迫者"的婆婆关系相当亲密;其二,她没有在 1950 年《婚姻法》颁布后就离婚,直到十年后才选择用法律捍卫自身权益;其三,本该支持"妇女解放"的乡村基层干部,担心"离婚会给党的形象抹黑",没有支持张朝凤离婚。贺萧教授指出,当国家政策下行到复杂的基层环境中时,会同当地习俗、实践和感情倾向发出意想不到的反映。而且,基层环境自身也在不断地发生改变,改变也不总是遂称国家权力的希望。[3]

　　第二个"故事"关乎家庭、劳动和赡养。毛时代的集体化虽旨在提高粮食产量,但客观上改变了原有的家族老幼抚养机制。老人通过调整家庭内工分和粮食,鼓励子女承担更多的抚养第三代的责任。改革开放后,农村人口涌向城市。

---

　　〔1〕 本文曾授权微信公众号 Herstoria 发布,链接:http://mp.weixin.qq.com/s/2lvKJeGmXPhd3argozXrMQ

　　〔2〕 Hershatter Gail, "Disquiet in the House of Gender", *The Journal of Asian Studies* Vol. 71, No. 4, pp. 873 - 894.

　　〔3〕 Hershatter Gail, "Disquiet in the House of Gender", p. 881.

此时第一代已渐老去,集体化时代的低保亦不复存在,其子女们需要承担抚养上下两代人的责任。毛时代多子化的影响下,每个子女的承担责任被削弱,遑论婆媳与翁婿关系了——孝顺婆婆逐渐淡出对女性美德的要求。在贺萧教授看来,要理解这种现象,必须回溯“政策、家庭劳动、继承权、寿命”[1]与女性性别定位之间的联系。

第三个“故事”是一个群像的考察。其主角是在“计划生育”时代奔走乡间的中年女性。她们是 20 世纪 50 年代社会主义农村的积极分子。当时鼓励生育的政策(如“光荣妈妈”等)大幅透支了她们的能量。所以在 80 年代,她们积极支持和推广“计划生育”的主要动机“不是忠实地执行国家的发展战略”,更不是为了充当“国家在当地的完美代理人”,而是指向对于鼓励生育政策的“一种隐性的批评”[2]。她们不满这种政策的姗姗来迟,一如当时年轻男女不满这种政策的初来乍到。后者在各类作品中屡见不鲜,前者却提供了另一个更广阔的思考维度。

作者根据上述三个“故事”发问:毛时代的革命究竟是什么?谁发动了它?谁从中获益?毛时代的人如何理解它?它在物质和社会实际层面留下了怎样的遗产?它如何淹留或重组于当代的记忆与理解中?最重要的是,性别在研究这些问题中该承担怎样的角色?在贺萧教授看来,性别这一研究范式的价值不是在于其从微观到宏观的同一性,而在于其多标量和不可单纯量化的特质。她认为,研究需要综合考量“个人、家庭、社区、地区、国家和更广阔的范围”[3]。这些不同范围的交界处充满了凹凸不平的政治领域,这也正是历史研究需要去探索的地方。

至 2012 年,美国学术界关于性别的研究已可谓汗牛充栋。学者们逐渐形成统一范式、理论和分析框架。诸多个案、群像和问题都可以被放到“性别”的范畴内然后庖丁解牛。这固然是学术研究日趋成熟的结果,但又恰恰阻碍了新的研究问世。当学者满足于待在这名为“性别”的学术宅邸中,舒服地鸟瞰历史长河时,往往会忽略了诸多细节、纹理背后的历史本相。贺萧教授希望研究者们不再“依赖于家庭和国家之间的同构性”,不再“假设跨区域之间的稳定联系”[4],走出这座学术府邸,动态地用“性别”观察历史图景。

贺萧教授本文的批评和展望,是基于对美国学术界的审视。与之相比,大陆

---

[1] Hershatter Gail, "Disquiet in the House of Gender", p. 886.

[2] Hershatter Gail, "Disquiet in the House of Gender", p. 887.

[3] Hershatter Gail, "Disquiet in the House of Gender", p. 891.

[4] Hershatter Gail, "Disquiet in the House of Gender", p. 892.

学界是否也存在类似问题呢? 自 21 世纪以来,大陆学界妇女史研究兴起。以中国近现代史领域为例,2009 年全年共 99 篇相关论文,是 2002 年的 5.5 倍。[1] 学者们关注女性身体、教育、职业,以及婚丧。同一时期,随着西方逐渐引入,学界开始两种转型。一是研究边界的拓宽,其核心是"社会性别"的提出和运用。它打破了以往妇女史研究以女性代言人身份,揭露传统伦理戕害,这种"压迫—解放"的固定模式,强调重视在传统社会中两性自己的声音。这一概念不再仅指代女性,而是以更高度抽象的视野统摄整个历史图景。二是研究视野下沉,其源头是后现代理论和新文化史的推动。学者们引入人类学的民族志方法,对具体历史场景作深描式分析。宏大叙事往往会遗漏基层与地方社会这种深层衔接点。研究者就是要通过观察这些微观结构与小进程,解构传统中国史叙事所建造的历史同一性和整体性。

这两种行进中的转型固然令人欣喜,但与西方学术界从 20 世纪 70 年代开始的轨迹相比,大陆学界仍道阻且长。比如,在古代史领域,学者研究的重心停留在传统命题(如妇女地位、生活、特殊妇女群体等)。[2] 这种现象与史料建设不足有关,既有研究成果反复利用已发掘的传统史料,大量新史料缺乏充分整理和利用,它包括且不限于简帛、卜辞、器物、墓志、碑铭、方志、族谱、契约文书、州县档案,以及神话传说、民歌诗赋、小说绘画等。史料的局限导致学术研究只堆砌了典籍中与妇女有关的历史信息——即贺萧教授批评的"增加妇女和搅动"[3] 的研究方式——从而至少呈现出以下三种缺憾:

一是对于性别视角中的男性群体缺乏关注。性别视角天然地包括男性,讨论社会性别也自当围绕两性与两性关系来展开。以近代中国"妇女解放"历程为例,最早发声呼吁女权的多为男性。在这一变迁中,男性对于女性问题的表述该如何分析? 男性与"妇女解放"关系如何? 要解决这些问题,自然需要深入历史的细部,做更加复杂和综合的考察。

二是基本概念及其适用范畴界定尚乏共识。研究视野下沉的一个影响是硕、博士论文多沉浸在讲述具体个案的层面。这些研究当然填补了史实层面的空白,

---

〔1〕 余华林:《新世纪以来中国本土近代妇女史研究检视》,《山西师大学报》(社会科学版)2015 年第 2 期,第 111 页。

〔2〕 王申:《近 10 年来唐宋妇女史研究的回顾与反思》,《妇女研究论丛》2012 年第 2 期,第 113 页。

〔3〕 Hershatter Gail, "Disquiet in the House of Gender", p. 878.

但鲜能回应概念、分析、理论层面上的问题。"碎片化"现象导致题目越做越细,宏观思考相对缺乏。[1] 晚清民国以来,"男女平等""妇女解放""女权""女界""女学""新女性""贤妻良母"等广为时人使用和争论的词汇在不同的文本中具体代表了什么? 它对当时的男性、女性意味着什么? 而今我们又该如何使用这些概念? 这些问题的背后,恰是社会性别史的关怀所在。

三是作为分析工具的"性别"正逐渐僵化为单一固定范式。在美国学界,"性别"是对人类历史的一种基本分析框架。当代学者多将之与其他框架并置,从多角度还原历史的复杂面貌。以欧立德的研究为例,他置满族寡妇于"族群、政治与性别复杂重叠之处的中心"[2],还原清朝政府对她们的控制。他据此提出,"性别塑造了族群,反之亦然",而帝国借此确保族群界限并实现生育控制。与之相比,国内学界鲜少将性别视角与阶级、民族等视角做有机结合,催生出不少仅以"性别"视角来切割历史的"成果"。

回看贺萧教授的批评。美国学界对基本概念的讨论和对两性及两性关系的分析业已不知凡几,这座名为"性别"的宅邸已巍巍大成。正是在这种背景下,才有"隐忧"之思。与之相比,如果说前两个问题是国内转型尚未完全所致,第三个问题则正在贺萧教授批评的范畴内。国内学界距离宅邸竣工尚有时日,反倒先有了闭门不出的毛病。究其原因,是我们尚未建立在地化的"实证—理论"研究习惯。现有研究,尤其硕、博士论文,很少能打通从史料考辨到理论分析的路径,多是讲完"故事"就挪用理论来嵌套。乍看之下,论文数量成倍在增长,实则没能为社会性别史研究添砖加瓦。这也就造成了史料不固、概念不清、对象不明等问题存在的同时,理论分析先走向僵化的局面。如贺萧教授所说,无论性别、族群,还是阶级、职业,都该被作为一种攀岩滑轮[3]而装入背包。学者当负起行囊直攀岩壁,触摸历史细部的凹凸和纹理。

(作者系华东师范大学历史系 2015 级硕士研究生)

---

　[1]　高世瑜:《从妇女史到妇女/性别史——新世纪妇女史学科的新发展》,《妇女研究论丛》2015 年第 3 期,第 121 页。

　[2]　Elliott, Mark C., "Manchu Widows and Ethnicity in Qing China", *Comparative Studies in Society and History*, Vol. 41, No. 1, pp. 33 - 71.

　[3]　Hershatter Gail, "Disquiet in the House of Gender", p. 891.

● 稿约

《海外中国学评论》(*Review of International Chinese Studies*) 是由华东师范大学海外中国学研究中心、海外中国学研究创新团队主办的学术研究集刊。每年下半年出版(第五辑由于朱政惠教授不幸逝世而延期)。

本集刊主要刊载有关海外中国学家、海外中国学名著、海外中国学研究思潮、海外中国学发展史、海外中国学档案、海外中国学文献、海外中国学研究学科建设的论文、译文及书评等。

我们谨向国内外的学术界朋友约稿。来稿须反映本领域最新的研究成果。篇幅控制在 6000—20000 字,文章提要控制在 500 字。所有来稿,均请誊写清楚,最好以电脑软盘或使用电子信箱投稿(纯文本文件或 Word 文件)。

为阅读方便,本刊注释采用脚注形式。

本刊编委会尊重作者观点,但有权进行技术处理。凡不愿修改者,请事先声明。5 个月后未收到录用通知者,可自行处理其稿件。

地址:上海市闵行区东川路 500 号历史系

　　　华东师范大学海外中国学研究中心

邮编:200241

E-mail:wangyan@history. ecnu. edu. cn

《海外中国学评论》编辑委员会

图书在版编目(CIP)数据

海外中国学评论. 第 6 辑 / 刘昶主编. —上海：上
海古籍出版社，2018. 12
ISBN 978 - 7 - 5325 - 9076 - 6

Ⅰ. ①海… Ⅱ. ①刘… Ⅲ. ①汉学—文集 Ⅳ.
①K207. 8 - 53

中国版本图书馆 CIP 数据核字(2018)第 287297 号

海外中国学评论(第 6 辑)

刘昶　　王燕　主编

上海古籍出版社出版发行

(上海瑞金二路 272 号　邮政编码 200020)

(1) 网址：www. guji. com. cn

(2) E-mail: guji1@guji. com. cn

(3) 易文网网址：www. ewen. co

上海商务联西印刷有限公司印刷

开本 710×1000　1/16　印张 14.5　插页 2　字数 245,000

2018 年 12 月第 1 版　2018 年 12 月第 1 次印刷

ISBN 978 - 7 - 5325 - 9076 - 6

K · 2590　定价：78.00 元

如有质量问题,请与承印公司联系